Karl Ditt

Sozialdemokraten im Widerstand

Hamburg in der Anfangsphase
des Dritten Reiches

VSA-Verlag, Hamburg 1984

VSA-Verlag, Hamburg 1984

Bildnachweis: »Als Hamburg erwachte« (Bruhns u.a.), Ernst-Thälmann-Gedenkstätte Hamburg, Forschungsstelle für die Geschichte des Nationalsozialismus in Hamburg, Otto Grot, Karen Hagemann, Bärbel Hebel-Kunze (»SPD und Faschismus«), Emmi und Hellmut Kalbitzer, KZ-Gedenkstätte Neuengamme, Landesbildstelle Hamburg, Museum der Arbeit Hamburg (Arbeiterkulturarchiv), Karl Schneider, Staatsarchiv Hamburg, Helmuth Warnke (»Der verratene Traum«)

Titelfoto: Otto Grot (vorn), Museum der Arbeit (Innenseiten und hinten)

Gesamtverzeichnis anfordern!
© VSA-Verlag 1984, Stresemannstr. 384a, 2000 Hamburg 50
Alle Rechte vorbehalten
Satz: Satz- und Repro-Kollektiv, Hamburg
Druck und Buchbinderarbeiten: Evert-Druck, Neumünster
ISBN 3-87975-281-8

Inhalt

Vorwort 8

Kapitel 1
Arbeiterbewegung und Widerstand 12

Kapitel 2
Hamburg in der Endphase der Weimarer Republik 18

1. Politische und wirtschaftliche Situation vor dem
   Umbruch vom 30. Januar 1933 18
   - Wirtschaftskrise und Aufstieg der NSDAP, 18
   - Wirtschaftspolitik der Freien Gewerkschaften, 20
   - Maßnahmen der SPD zur Verteidigung der Republik, 22
   - Krisenpolitik des Senats, 25

2. Politische Entwicklung und Alternativen zwischen
   dem 30. Januar und dem 5. März 28
   - Reaktion der Sozialdemokratie auf den 30 Januar 1933, 28
   - Vorbereitungen der NSDAP zur Machtübernahme in Hamburg, 30
   - Alternativen und Ursachen des Verhaltens der Sozialdemokratie, 36

Kapitel 3
Hamburg in der Anfangsphase des Dritten Reiches bis zum Parteienverbot 46

1. Aufbau der nationalsozialistischen Herrschaft 46
2. Reaktion der Sozialdemokratie im Reich 48
   - ADGB, 48
   - SPD, 51
3. Zerfall und Verbot der sozialdemokratischen
   Organisation in Hamburg 52
   - ADGB, 52
   - Partei und Fraktion der SPD, 58

Kapitel 4
Widerstand der Sozialdemokratie
in Hamburg 1933 - 1937 70

1. Organisierter Widerstand der Sozialdemokraten 70
   Zukunftsprognosen zur Herrschaft der Nationalsozialisten, 70
   Aufbau der Widerstandsgruppen, 71
   Ziele und Formen der illegalen Arbeit, 78
   Aufdeckung der organisierten Widerstandsgruppen, 87
2. Widerstand des Internationalen
   Sozialistischen Kampfbundes (ISK) 94
3. Resistenz der Arbeiterschaft 99
   Beispiele kollektiver Resistenz im Arbeitsbereich, 100
   Kontinuitäten des sozialdemokratischen Milieus im Freizeitbereich, 108

Kapitel 5
Zur Bedeutung des sozialdemokratischen
Widerstandes 118

Anmerkungen 126
Materialien 130
   Materialien 1: Ergebnisse der Bürgerschafts- und Reichstagswahlen in Hamburg 1928 - 1933, 130
   Materialien 2: Erklärung der sozialdemokratischen Senatoren Hamburgs zu ihrem Rücktritt am 3. März 1933, 131
   Materialien 3: »Rote Blätter«, illegale Zeitung Hamburger Sozialdemokraten, vom Juli 1934, 138
   Materialien 4: Bericht von Walter Schmedemann über die Methoden der Nationalsozialisten gegen ihre politischen Gegner vom Januar 1934, 142
   Materialien 5: Zielsetzungen der SOPADE Ende 1935, 146
   Materialien 6: Walter Schmedemann, Die Tätigkeit der Eilbeker Genossen in der Widerstandsbewegung nach dem Verbot der SPD im Jahre 1933, Hamburg 1948, 147
Quellen- und Literaturverzeichnis 157

Verzeichnis der Dokumente

Dokument 1: Merkblatt der SPD Hamburg vom Februar 1933, 31
Dokument 2: Maifeieraufruf des ADGB und Rede Ehrenteits vor Hamburger Gewerkschaftsfunktionären vom 13. April 1933, 55
Dokument 3: Anordnung des Chefs der Ordnungspolizei Ernst Simon vom 3. Mai 1933, 62
Dokument 4: Distanzierungen sozialdemokratischer Senatoren von ihrer Partei vom Juni 1933, 73
Dokument 5: Beispiele für Denunziationen von Regimegegnern 1933/34, 89
Dokument 6: Sonderrundschreiben der DAF vom 27. Juni 1933, 102
Dokument 7: Liste der verbotenen sozialdemokratischen Sportvereine vom 4. Oktober 1933, 109
Dokument 8: Verhalten von Sozialdemokraten gegenüber der Anforderung der NSDAP, bei offiziellen Anlässen die Hakenkreuzfahne herauszuhängen, 114

Abkürzungen

ADGB	—	Allgemeiner Deutscher Gewerkschaftsbund
ATSB	—	Arbeiter-Turn- und Sportbund
BDM	—	Bund deutscher Mädel
DAF	—	Deutsche Arbeitsfront
DDP	—	Deutsche Demokratische Partei
DMV	—	Deutscher Metallarbeiter Verband
DNVP	—	Deutschnationale Volkspartei
DVP	—	Deutsche Volkspartei
GEG	—	Großeinkaufsgesellschaft
Gestapo	—	Geheime Staatspolizei
HE	—	Hamburger Echo
HJ	—	Hitlerjugend
HT	—	Hamburger Tageblatt
IJB	—	Internationaler Jugendbund
ISK	—	Internationaler Sozialistischer Kampfbund
ITF	—	Internationale Transportarbeiter-Föderation
IWK	—	Internationale Wissenschaftliche Korrespondenz
KdF	—	Kraft durch Freude
KJVD	—	Kommunistischer Jugendverband Deutschlands
Kolafu	—	Konzentrationslager Fuhlsbüttel
Komintern	—	Kommunistische Internationale
KPD	—	Kommunistische Partei Deutschlands
KZ	—	Konzentrationslager
KzbV	—	Kommando zur besonderen Verwendung
MdBü	—	Mitglied der Bürgerschaft
MdR	—	Mitglied des Reichstags
Nd	—	Neudruck
NSBO	—	Nationalsozialistische Betriebszellen-Organisation
NSDAP	—	Nationalsozialistische Deutsche Arbeiterpartei
RFB	—	Roter-Frontkämpfer-Bund
RGO	—	Revolutionäre Gewerkschaftsopposition
SA	—	Sturm-Abteilung
SAI	—	Sozialistische Arbeiter-Internationale
SAJ	—	Sozialistische Arbeiterjugend
SAP	—	Sozialistische Arbeiterpartei
Schufo	—	Schutzformation
SOPADE	—	Sozialdemokratische Partei Deutschlands (im Exil)
SPD	—	Sozialdemokratische Partei
SS	—	Schutzstaffeln
StaHH	—	Staatsarchiv Hamburg
USG	—	Unabhängige Sozialistische Gewerkschaft
VfZg	—	Vierteljahresheft für Zeitgeschichte
v.H.	—	von Hundert
ZdA	—	Zentralverband der Angestellten
ZdK	—	Zentralverband deutscher Konsumvereine

Vorwort

Die vorliegende Arbeit geht auf einen Beschluß von Senat und Bürgerschaft der Freien und Hansestadt Hamburg aus dem Jahre 1982 zurück. Aufgabe war, die Geschichte des sozialdemokratischen Widerstandes in Hamburg während der Anfangsphase des Dritten Reiches für die politische Bildungsarbeit darzustellen. Mit der Durchführung wurde ich als Mitarbeiter der Forschungsstelle für die Geschichte des Nationalsozialismus in Hamburg beauftragt.

Diese Initiative kam dem anhaltenden Bedürfnis entgegen, einen wichtigen, bislang unzureichend aufgearbeiteten Strang der Hamburger Geschichte unter dem Nationalsozialismus darzustellen. Bereits unmittelbar nach dem Ende des Dritten Reiches hatten verschiedene Sozialdemokraten und Kommunisten ihre Erfahrungen im Widerstand aufgezeichnet. Im Jahre 1949 wurde die Forschungsstelle für die Geschichte des Nationalsozialismus in Hamburg gegründet. Ende 1965 schrieb Erich Lüth im ›Hamburger Kurs‹: »Schreibt endlich die Geschichte des Hamburger Widerstandes«. Im Jahre 1969 erschien schließlich zum ersten Mal ein Überblick über die Widerstandstätigkeiten in Hamburg von U. Hochmuth/G. Meyer. Eine eingehende monographische Darstellung fehlt noch immer.

Die vorliegende Arbeit war zur Publikation in der Schriftenreihe der Hamburger Landeszentrale für Politische Bildung gedacht. Sie sollte der historischen Orientierung einer breiten Öffentlichkeit dienen und darüber hinaus Vorstudie zu einer sozialgeschichtlich fundierten Darstellung des Widerstandes in Hamburg sein. In dieser Arbeit habe ich weder Vollständigkeit erstrebt noch Legitimationsbedürfnissen Platz gegeben, sondern mich um eine nüchterne Widergabe des Widerstandes der Sozialdemokraten Hamburgs bemüht. Ich hoffe, daß dadurch die noch lebenden Zeitzeugen angeregt werden, ihre Sicht der Geschehnisse vorzutragen, und daß damit ein weiterer Anstoß zu einer umfangreichen Geschichte des Widerstandes und der nationalsozialistischen Herrschaft in Hamburg gegeben wird.

Die intensiven Bemühungen des Leiters der Forschungsstelle für die Geschichte des Nationalsozialismus in Hamburg, Herrn Professor Dr. Werner Jochmann, und das bereitwillige Entgegenkommen der Landeszentrale für Politische Bildung schufen die Voraussetzung, daß diese Schrift nunmehr im VSA-Verlag erscheint. Die Behörde für Wissenschaft und Forschung in Hamburg hat die Drucklegung durch einen namhaften Zuschuß begünstigt.

Während der Arbeit erhielt ich vielfältige Unterstützung. Herr Claus Stukenbrock vom Staatsarchiv Hamburg hat mich freundlich betreut. Mehrere der Zeitzeugen, die sich für längere Befragungen zur Verfügung stellten, lasen das Manuskript und gaben wertvollen Rat. Ich möchte vor allem Herbert Dau, Heinz Gärtner, Otto Grot, Hellmut Kalbitzer sowie Gesa und Karl Schneider danken. Die Professoren Christoph Kleßmann, Jürgen Kocka und Dieter Langewiesche haben das Manuskript kritisch begutachtet, ebenso die Kollegen und Freunde Anthony McElligott, Michael Grüttner, Karen Hagemann, Falk Pingel und Michael Prinz. Schließlich möchte ich meiner Mutter danken. Aus einem sozialdemokratischen Elternhaus stammend, hat sie mir die familiäre Bedeutung von Widerstand vermittelt.

Münster, im Mai 1984
Karl Ditt

Kapitel 1
Arbeiterbewegung und Widerstand

Das nationalsozialistische Regime ist nicht am Widerstand der deutschen Bevölkerung, sondern an seiner eigenen Dynamik und Hybris gescheitert; bis zur bedingungslosen Kapitulation vor den Alliierten blieb der innere Umsturz aus. Prinzipien und Herrschaftspaxis der Nationalsozialisten blieben jedoch bis zum Zusammenbruch nicht ohne Widerstand. Die Haltung weiter Kreise der Bevölkerung zum Nationalsozialismus wechselte je nach außen- und innenpolitischer Situation zwischen aktiver Förderung, Anpassung oder Widerstand. Einzelne Menschen, bestimmte Familien und Gesinnungsgruppen, insbesondere in der Arbeiterschaft, blieben von Beginn an konstant in ihrer Ablehnung. Einige konservative Kreise, vor allem aus dem Bildungsbürgertum und dem Adel, änderten ihre Haltung im Verlauf des Dritten Reiches von der Zustimmung über die Tolerierung bis zur inneren Ablösung und versuchten schließlich gegen Ende des Krieges den Aufstand. Sichtbar wurde der Widerstand vor allem durch das Attentat auf Adolf Hitler am 20. Juli 1944.

Der Begriff des Widerstandes kann nach Motivation, Zielsetzung und Wirkung eng oder weit ausgelegt werden. Ausgehend von dem Attentat Stauffenbergs bildete sich während der 50er Jahre die Auffassung heraus, »daß erst volle Einsicht in den Unrechtscharakter des Regimes, der Besitz von Machtmitteln und große Wahrscheinlichkeit des Erfolges zum Widerstand legitimieren.«[1] Die folgenden historischen Untersuchungen zur Haltung und zum Handeln der sozialen Gruppen und Institutionen gegenüber dem Nationalsozialismus verdeutlichen jedoch, daß dieses Verständnis von Widerstand zu eng war. Die Beweggründe von Widerstandshandlungen waren verschiedenen Ursprungs. Teils stammten sie aus einer gegensätzlichen politischen Auffassung, teils aus christlicher Weltanschauung, aus der Empörung gegen die Verletzung humanistischer Ideale oder moralischer Prinzipien, teils aus der Beeinträchtigung von Ehre, Ansehen und materieller Existenz durch das Regime.

Im Jahre 1965 faßte Friedrich Zipfel eine neue, erweiterte Bestimmung von Widerstand in den Satz: »Wir können darunter jede Haltung sehen, die darauf gerichtert war, dem totalitären Staat in den Arm zu fallen, sei es, um die eigene oder die Gruppenexistenz zu behaupten oder um Unrecht im kleinen wie im großen zu verhüten, die sich darum bemühte, eine Staatsordnung zu erhalten oder vorzubereiten, die den Prinzipien des nationalsozialistischen Staates widersprach oder die danach strebte, die bestehenden Machtverhältnisse durch Propaganda oder mit den Mitteln der Gewalt zu ändern.«[2] Dieses Verständnis begrenzte Widerstand nicht auf moralisch begründete, erfolgversprechende Umsturzhandlungen, sondern erkannte alle Haltungen und Verhaltensweisen als Widerstand an, die darauf abzielten, sich der Herrschaft des Nationalsozialismus zu entziehen, sie zu begrenzen oder zu beseitigen.

Die breite Skala dessen, was seitdem von Historikern wie M. Broszat, C. Kleßmann, D. Peukert, F. Pingel, Politikwissenschaftlern wie R. Löwenthal u.a. in einem umfassenden Sinne Widerstand, Resistenz oder abweichendes Verhalten genannt wird, läßt sich nach verschiedenen Gesichtspunkten erfassen und gliedern. R. Löwenthal hat dazu einen akzeptablen Vorschlag gemacht. Er gliedert die zahlreichen Formen des Widerstandes in die bewußte politische Opposition, die gesellschaftliche Verweigerung und die weltanschauliche Dissidenz.[3] Bewußte politische Opposition bestand vor allem in der illegalen, konspirativen, organisierten Arbeit von politischen Gruppen; ihre Ziele waren meist Selbsterhaltung und eine aufklärerische Außenwirkung. Die gesellschaftliche Verweigerung bestand in der bewußten Ablehnung spezifischer sozialer oder politischer Ansprüche des Nationalsozialismus bei gleichzeitiger Aufrechterhaltung gewohnter Verhaltensweisen; sie konnte sich z.B. in anhaltenden Kontakten mit Juden oder der Weigerung äußern, in eine nationalsozialistische Organisation einzutreten und dort mitzumachen. Die weltanschauliche Dissidenz bestand in der bewußten Ablehnung der nationalsozialistischen Ideen und Denkschablonen, der Immunisierung und Bewahrung der eigenen Weltanschauung. Sie behauptete sich vor allem bei der politischen Linken und in bestimmten Kreisen der Konservativen, in Künstlerzirkeln ebenso wie unter überzeugten Christen, d.h. im kulturellen und relgiösen Leben.

Im Mittelpunkt der folgenden Darstellung steht ein örtlicher und zeitlicher Ausschnitt aus dem politischen Widerstand der Arbeiterbewegung. Schon in der Weimarer Republik hatte sie den Kampf gegen die Nationalsozialisten nahezu allein geführt. Deshalb wurden die Kommunisten und Sozialdemokraten von den Machthabern des Dritten Reiches als die gefährlichsten Gegner angesehen und von Beginn an mit allen Mitteln verfolgt. Welche Möglichkeiten und Grenzen, welche Formen und Ziele der Widerstand in der Arbeiterbewegung hatte, soll für die Sozialdemokratie in Hamburg während der Anfangsphase des Dritten Reiches untersucht werden.

Hamburg war seit der Mitte des 19. Jahrhunderts eine Hochburg der Arbeiterbewegung. Das hatte sich bereits im Vormärz, der Zeit der Revolution von 1848/49, gezeigt, als zum ersten Mal eine breitgefächerte, mitgliederstarke Arbeiterbewegung an die Öffentlichkeit trat. Im Kaiserreich wurde die Stadt Sitz des Zentralverbandes deutscher Konsumvereine (ZdK) und eine zeitlang auch Sitz der Generalkommission der Freien Gewerkschaften. Die Arbeiterschaft Hamburgs war im Vergleich zu anderen Städten des Deutschen Reiches außerordentlich stark in den

Reichstagspräsident **Paul Löbe** und Bürgermeister **Rudolf Roß** sprachen zu den Hamburger Wählern, warben für die Liste 1 der Sozialdemokratie

Hamburg wählt sozialdemokratisch

In allen Stadtteilen findet man solche Propagandazentralen der SPD., die Zeugnis ablegen von der intensiven Werbearbeit der Mitgliedschaft

MASSENMEETING in Hamburg-Nordpol

Die Massen des sozialdemokratischen Volksfestes am 20. September

Gewerkschaften und der Sozialdemokratischen Partei Deutschlands (SPD) organisiert. Zu Beginn der Weimarer Republik erreichte die SPD die absolute Stimmenmehrheit bei den Bürgerschaftswahlen und blieb während der Dauer der Republik ständig als stärkste Kraft im Senat des Stadtstaates vertreten. Am Ende der Republik stellte Hamburg mit rund 57.000 Mitgliedern den zweitstärksten Bezirk der SPD; die Partei erreichte hier nach der Revolution immer ein Wahlergebnis, das um sieben bis acht Prozent über dem Reichsdurchschnitt lag.

Trotz der Stärke der Sozialdemokratie kam aufgrund der Entwicklung im Reich im Jahre 1933 auch in Hamburg mit dem Nationalsozialismus eine Bewegung an die Macht, deren erklärtes Ziel die Vernichtung der Arbeiterbewegung und die Zerstörung der Weimarer Republik war.

Wie verhielten sich die sozialdemokratische Arbeiterschaft und ihre Organisationen in der Zeit des nationalsozialistischen Aufstiegs, zu welchen Reaktionen kam es bei der Machtübernahme der Nationalsozialistischen Deutschen Arbeiterpartei (NSDAP) und in den Anfangsjahren des Dritten Reiches? Hatte die NSDAP in der Arbeiterhochburg Hamburg besondere Schwierigkeiten sich durchzusetzen?

Um das Verhalten der sozialdemokratischen Arbeiterschaft und ihrer Organisationen in der Anfangsphase des Dritten Reiches verstehen und erklären zu können, werden zuerst im Kapitel 2 einige Elemente der politischen und wirtschaftlichen Entwicklung in der Endphase der Weimarer Republik wiedergegeben, die die Machtübernahme der Nationalsozialisten ermöglichten. Im Kapitel 3 werden die Errichtung des nationalsozialistischen Herrschaftssystems sowie die Auflösung der Sozialdemokratischen Partei und der Freien Gewerkschaften skizziert. Im Kapitel 4 soll dann der sozialdemokratische Widerstand untersucht werden.

Der sozialdemokratische Widerstand wird in die organisierte illegale Arbeit und in die vielfältigen Formen der Resistenz gegliedert. Das Thema der Resistenz kann hier nicht erschöpfend behandelt werden; es würde eine eigene sozialgeschichtliche Untersuchung erfordern. In dieser Arbeit sollen dafür nur einige Beispiele aus verschiedenen Lebensbereichen angeführt werden. Die Skizzierung solcher Verhaltensformen im Arbeits- und Freizeitbereich sowie die Einbeziehung der hochorganisierten und lange durchhaltenden Untergrundtätigkeit des Internationalen Sozialistischen Kampfbundes (ISK) sollen Einblicke vermitteln in die Spannweite des sozialistischen Widerstandes während der Anfangsphase des Dritten Reiches. Im abschließenden Kapitel 5 wird versucht, über eine Zusammenfassung der Ergebnisse hinaus einige Aspekte der politisch-moralischen Bedeutung des Arbeiterwiderstandes im Dritten Reich hervorzuheben.

Kapitel 2
Hamburg in der Endphase der Weimarer Republik

1. Politische und wirtschaftliche Situation vor dem Umbruch vom 30. Januar 1933

Wirtschaftskrise und Aufstieg der NSDAP

Im Unterschied zum Deutschen Reich waren in Hamburg die politischen Verhältnisse während der Weimarer Republik relativ stabil. Seit dem Jahre 1919 war die SPD die stärkste Partei und bildete zusammen mit der Deutschen Demokratischen Partei (DDP, seit Juli 1930: Staatspartei) und seit dem Jahre 1925 auch mit der Deutschen Volkspartei (DVP) den Senat der Hansestadt. Eine wesentliche Grundlage dieser politischen Stabilität waren die bereits in der Vorkriegszeit deutlich gewordene partielle programmatische Übereinstimmung und Zusammenarbeit zwischen der Sozialdemokratie und dem Linksliberalismus, die in der Weimarer Republik in einer reformorientierten Bildungs-, Wohnungsbau- und Sozialpolitik zum Ausdruck kamen. Diese Maßnahmen fanden breite Resonanz in der Bevölkerung und sicherten den Koalitionsparteien bis zum Beginn der 30er Jahre eine starke Mehrheit in der Bürgerschaft.

Erst die Weltwirtschaftskrise erschütterte das wirtschaftliche und soziale System sowie die politische Balance in Hamburg grundlegend. Sie führte zu einem drastischen Rückgang der Beschäftigung, der Umsätze und Gewinne sowie zu Zusammenbrüchen von Unternehmen. Beispielhaft deutlich werden die Auswirkungen der Weltwirtschaftskrise an der Beschäftigungsentwicklung des größten privatwirtschaftlichen Betriebes in Hamburg, des Schiffbaubetriebes Blohm & Voß:

Tabelle 1
Beschäftigte bei Blohm & Voß 1930 - 1932[4]

Datum	Arbeiter	Angestellte	Zusammen
30.06.1930	7.770	1.130	8.900
30.06.1931	3.270	840	4.110
31.12.1931	2.600	800	3.400
15.12.1932	2.200	640	2.840

Der Belegschaftsstand bei Blohm & Voß schrumpfte innerhalb von zweieinhalb Jahren auf rund 30 v. H.; die Arbeiter wurden in relativ höherem Maße als die Angestellten entlassen. Im Stadtstaat Hamburg betrug die Rate der Arbeitslosen im Jahre 1925 6,6 v. H., im Jahre 1933 29,2 v. H.[5] Am Ende der Weimarer Republik war damit in Hamburg fast jeder dritte Erwerbstätige arbeitslos. Viele Erwerbstätige, die ihre Arbeit behielten, mußten Kurzarbeit, Lohnabzug oder Einkommenseinbußen hinnehmen und arbeiteten in der ständigen Sorge, ihren Arbeitsplatz oder Erwerb zu verlieren.

Die anhaltende Wirtschaftskrise führte in weiten Kreisen der Bevölkerung zu einem Vertrauensschwund in die Leistungsfähigkeit des kapitalistischen Wirtschaftssystems und die Krisenbewältigungsfähigkeit der Demokratie überhaupt. Deshalb stieg die Bereitschaft, radikale Lösungsversuche der wirtschaftlichen und politischen Krise zu unterstützen, und die Flügelparteien der Weimarer Republik, die KPD, vor allem aber die NSDAP, erhielten großen Zulauf.

Die NSDAP war in Hamburg im Jahre 1922 gegründet worden; sie stand seit 1929 unter der Führung Karl Kaufmanns. In der Zeit seiner Führung nahm die Partei einen raschen Aufschwung; das verdeutlichen die Wahlergebnisse bei den Reichstags- und Bürgerschaftswahlen:

Tabelle 2
Anteil und Zahl der Stimmen der NSDAP im Deutschen Reich und in Hamburg 1928 - 1933[6]

| Wahldatum | Reichstagswahlen | | | Bürgerschaftswahlen | | Mandate |
	Reich	Hamburg		Stimmenanteil und -zahl		(insg.: 160)
19.02.1928	—	—		2,2	(14.760)	3
20.05.1928	2,6	2,6	(17.761)	—	—	—
14.09.1930	18,3	19,2	(144.684)	—	—	—
27.09.1931	—	—	—	26,3	(202.506)	43
24.04.1932	—	—	—	31,2	(233.750)	51
31.07.1932	37,3	33,7	(253.748)	—	—	—
06.11.1932	33,1	27,3	(207.057)	—	—	—
05.03.1933	43,9	38,8	(317.783)	—	—	—

Deutlich wird aus dieser Tabelle das sprunghafte, parallele Ansteigen der Wählerziffern der NSDAP im Reich und in Hamburg bei der September-Wahl des Jahres 1930. In der Folgezeit blieben die Erfolge der NSDAP in Hamburg jedoch um vier bis sechs Prozent hinter dem Reichsdurchschnitt zurück, ein Faktum, das vermutlich auf die besondere Immunität der stark sozialdemokratisch und kommunistisch orientierten Arbeiter zurückgeht.

Zentren der NSDAP-Wähler waren die Stadtteile Hohenfelde, Fuhlsbüttel, Groß- und Klein-Borstel, Rotherbaum und Eilbek. Der Zulauf der Partei kam wahrscheinlich aus den Kreisen der Nichtwähler und aus dem bürgerlichen Lager, aus dem »alten Mittelstand« der Kleingewerbebetreibenden und dem »neuen Mittelstand« der Angestellten und Beamten, die ihre Interessen nicht mehr angemessen von den bürgerlichen Parteien vertreten sahen. Obwohl sich die Lage weiter Kreise des Mittelstandes objektiv der der Arbeiterschaft annäherte, grenzten sich diese Gruppen nach wie vor subjektiv scharf von der Arbeiterschaft ab und wandten sich auf der Suche nach radikalen Lösungen in der Regel nicht der SPD oder KPD, sondern der NSDAP zu.

In dieser Partei sahen sie eine jugendlich-dynamische Bewegung, die sowohl gegen das »große Kapital« (Großunternehmen, Banken und Warenhäuser) als auch gegen »Marxismus und Bolschewismus« zu kämpfen schien. Die NSDAP wollte weder die Staatsform des Kaiserreiches neu beleben noch die Demokratie aufrecht erhalten, sondern pries in Parolen, die jedem etwas bieten sollten, eine ständisch gegliederte Führerdiktatur an. Sie sollte nicht von dem Gegensatz der Interessen und Klassen beherrscht, sondern auf dem Prinzip der »Volksgemeinschaft« gegründet sein. Mit den nationalistischen Parolen der Wendung gegen die »Kriegsschuldlüge«, der Forderung nach der Revision des Versailler Vertrages und der Gleichberechtigung Deutschlands im Konzert der Mächte sowie mit dem Antisemitismus und der Hochschätzung des Rasse- und Volkstumsgedankens kam die NSDAP dem nationalen Selbstverständnis und der verbreiteten Zivilisationskritik und -müdigkeit breiter Kreise aus der gesamten Bevölkerung entgegen.

Wie reagierten die Vertreter der Sozialdemokratie und der Freien Gewerkschaften darauf? Welche Maßnahmen ergriff der Hamburger Senat gegen die Wirtschaftskrise und die politische Radikalisierung?

Wirtschaftspolitik der Freien Gewerkschaften

Die Freien — sozialdemokratisch orientierten — Gewerkschaften waren im Allgemeinen Deutschen Gewerkschaftsbund (ADGB) zusammengeschlossen; sie zählten im Raum Groß-Hamburg (Hamburg, Altona, Wandsbek) Ende 1930 rund 200.000, Ende 1931 etwa 190.000 Mitglieder. Zwischen 40 bis 50 v. H. der Mitglieder waren arbeitslos. Die Maßnahmen des ADGB, um der Wirtschaftskrise und ihren sozialen Folgen zu begegnen, bestanden vor allem darin, die Versuche der Unternehmer abzuwehren, das Tarifrecht zu beseitigen und die Löhne zu reduzieren. Darüber hinaus forderte er, die Preise und die landwirtschaftlichen Zölle zu senken, die vorhandene Arbeit gerechter zu verteilen und Notstandsmaßnahmen durch den Senat finanzieren zu lassen. Die Arbeitszeit sollte auf 40 Stunden pro Woche gesenkt und Arbeitslose eingestellt werden. Aufgrund seiner engen Verbindungen zur SPD und der Beteiligung seines Vorsitzenden John Ehrenteit im Senat erreichte der ADGB, daß im Jahre 1930 in den Betrieben der Hansestadt nach einer Arbeitszeitverkürzung 1.500 Erwerbslose neu eingestellt wurden. Auch bei denjenigen

„Üm Gotteswillen, wat's dat?" — „Wat schall dat grot wesen — bi Blohm & Voß is 'ne Stell fri!"

Baubetrieben, die von staatlichen Aufträgen abhingen, wurden Arbeitszeitverkürzungen und Neueinstellungen durchgesetzt. In der Privatwirtschaft fand dieses Vorgehen jedoch keine Nachahmung.

Unter dem Eindruck der zunehmenden Wirtschaftskrise beschränkte sich der ADGB nicht mehr auf dieses traditionelle Arsenal der Wirtschaftspolitik, sondern griff das neu entwickelte Konzept des »deficit spending« auf. Es sah die staatliche Kreditaufnahme zur Finanzierung von Arbeitsbeschaffungsmaßnahmen vor. Im Frühjahr 1932 erhob ein Krisenkongreß des ADGB dieses Konzept im sogenannten WTB-Plan zum offiziellen Programm der Freien Gewerkschaften zur Bekämpfung der Arbeitslosigkeit. Dieser nach den Initialen seiner Autoren (W. Woytinsky, F. Tarnow, F. Baade) benannte Plan sah die Bereitstellung von zwei Milliarden Reichsmark durch den Staat zur Finanzierung eines öffentlichen Arbeitsbeschaffungsprogrames für eine Million Arbeitslose vor. Bei der Realisierung dieses Planes kam der ADGB auf Reichsebene jedoch nicht über Vorgespräche mit dem Reichskanzler Schleicher hinaus; auch in Hamburg, wo die SPD bis zum März 1933 Mehrheitspartei im Senat war, gab es keine Ansätze zu einer Realisierung. Große Teile der SPD standen diesem Plan aus wirtschaftlichen und politischen Gründen skeptisch gegenüber. Teils betrachteten sie eine staatliche Kreditaufnahme als inflationsfördernd, teils hielten sie eine Zusammenarbeit zwischen dem ADGB und der Regierung Schleicher für politisch gefährlich und gesinnungslos.

Aus der mangelnden Vertretung der gewerkschaftlichen Vorstellungen zur Wirtschaftsbelebung durch die SPD und der deutlich werdenden Bereitschaft des ADGB, sich mit dem politischen Gegner in Verhandlungen einzulassen, resultierte eine gewisse Entfremdung zwischen den beiden Säulen der sozialdemokratischen Arbeiterbewegung. Sie war auch in Hamburg spürbar. John Ehrenteit erklärte in einer programmatischen Rede Anfang Dezember 1932: »Grundgesetz unserer Gewerkschaftsarbeit ... ist immer noch, den Wert der Ware Arbeitskraft jederzeit zur Geltung zu bringen.«[7] Er betonte die Verhandlungsbereitschaft der Gewerkschaften mit jeder Regierung, vermied jedoch das traditionelle Bekenntnis zur Partnerschaft mit der SPD. Damit lag der Hamburger ADGB auf dem Kurs des Bundesvorstandes, der die Bekämpfung der Arbeitslosigkeit vor die Bindung an die politischen Empfehlungen der SPD stellte.

Maßnahmen der SPD zur Verteidigung der Republik

Die SPD zählte Ende 1931 im Stadtstaat Hamburg rund 57.000 Mitglieder; davon waren etwa 60 v.H. Arbeiter, 18 v.H. Hausfrauen, 11 v.H. Angestellte und je 4 v.H. Beamte bzw. Selbständige/Freiberufler.[8] Die Landesorganisation war in 34 Distrikte eingeteilt, die den Stadtteilen entsprachen. Die Distrikte waren wiederum in eine unterschiedliche Zahl von Bezirken gegliedert. Die Zentren der sozialde-

Mitglieder der »Vereinigung Republik« — die aus der SPD nahestehenden Mitgliedern der ehemaligen Einwohnerwehr in Hamburg entstand und als Vorgängerin des Reichsbanners betrachtet werden kann — im Jahre 1923

mokratischen Wählerschaft lagen auf der Veddel, in Billwerder Ausschlag, Steinwerder-Waltershof und Langenhorn.

Die Hamburger SPD sah ähnlich wie der ADGB, daß die Sparpolitik, mit der das Reich und der Senat der Wirtschaftskrise zu begegnen versuchten, die Probleme nur vergrößerte. Sie versuchte zunächst, den Senat zur Durchführung von Bauprogrammen zu bewegen. Hiervon versprach sie sich neue Beschäftigungsimpulse. Dieser Versuch scheiterte jedoch an den leeren Kassen des Stadtstaates. Der Senat erhielt weder vom Ausland genügend Kredite noch vom Reich finanziellen Spielraum. Deshalb mußte sich die SPD darauf beschränken, die Sparvorschläge des Senats, soweit sie die unteren Schichten belasteten, abzumildern und mitzutragen.

Auf die politische Radikalisierung im Zuge der Wirtschaftskrise reagierte die SPD durch eine Verstärkung der eigenen Agitationstätigkeit. Außerdem richtete das von Sozialdemokraten geführte Reichsbanner, eine im Jahre 1924 gegründete republikanische Kampforganisation zur Verteidigung der Demokratie, im Jahre 1929 schlagkräftige Schutzformationen (Schufos) mit jungen Leuten ein, die u.a.

die Versammlungen und Lokale der SPD gegen den Roten-Frontkämpfer-Bund (RFB) der KPD und die Sturm-Abteilungen (SA) der NSDAP schützen sollten.

Das Reichsbanner war in Gauen organisiert, die sich in Kreise gliederten. Hamburg bildete einen Kreis im Gau Hamburg-Bremen-Nordhannover; Gauführer war Heinrich Steinfeldt, Gaugeschäftsführer und zugleich Geschäftsführer für den Kreis Hamburg war Friedrich Wollmann. Der Kreis Hamburg wiederum gliederte sich in vier Bezirke mit insgesamt 24 Abteilungen; in jeder Abteilung gab es eine Schufo in der Stärke bis zu 150 Personen. Zwischen dem Reichsbanner und der Polizei gab es zahlreiche personelle Identitäten; sie wurden von dem sozialdemokratischen Polizeisenator Adolph Schönfelder und dem Leiter der Ordnungspolizei Lothar Danner wohlwollend akzeptiert. Die polizeiliche Ausbildung zahlreicher Mitglieder verschaffte dem Hamburger Reichsbanner einen guten Ruf in der Sozialdemokratie des Reiches.[9]

Nach der Bildung der »Harzburger Front«, in der sich u.a. Vertreter der DNVP, NSDAP, DVP, des Stahlhelms (Bund der Frontsoldaten) und anderer Verbände zur Bekämpfung der Regierung Brüning und der Republik vereinigten, gründeten das Reichsbanner, Teile des ADGB, Arbeitersportvereine und andere Verbände schließlich am 16. Dezember 1931 die »Eiserne Front« als Dachorganisation. Diese Anstrengungen zur Verteidigung der Republik verhinderten jedoch nicht den Abbau des Parlamentarismus. Das zeigte der sog. Preußenschlag. Am 20. Juli 1932 setzte der Reichskanzler von Papen mit der Scheinbegründung, in Preußen werde die öffentliche Ruhe und Ordnung nicht ausreichend gesichert, die von dem Sozialdemokraten Otto Braun geführte Regierung ab und bestellte einen Staatskommissar.

Entgegen weit verbreiteter Erwartungen bei Gegnern und Anhängern der NSDAP riefen die Vorstände von SPD und ADGB keinen Generalstreik aus. Vielmehr forderten sie die Arbeiterschaft auf, ihr Urteil über das Vorgehen der Regierung von Papen bei den bevorstehenden Reichstagswahlen mit dem Stimmzettel zu geben.[10] Es ist zweifelhaft, ob zu diesem Zeitpunkt ein Generalstreik befolgt worden wäre und zur Aufhebung dieser Maßnahme geführt hätte. Unbestritten ist jedoch, daß die widerstandslose Aufgabe der wichtigsten Bastion der SPD im Deutschen Reiche wesentlich zur Entmutigung und Demoralisierung der sozialdemokratischen Anhängerschaft beitrug. Dazu kam das Ergebnis der Reichstagswahl vom 31. Juli 1932, bei der die NSDAP den Anteil ihrer Stimmen von 18,3 auf 37,3 v.H. mehr als verdoppelte und zur stärksten Partei im Reichstag wurde, während die SPD 2,9 v.H. ihrer Stimmen verlor.

Die Antwort der Hamburger SPD auf diese Niederlage bestand nach einer ersten Diskussionsphase in der Verstärkung der Versammlungs- und Demonstrationstätigkeit, die unter der Devise »für die Wiedererringung der Demokratie« und die Schaffung der »unmittelbarsten Vorbedingungen für die sozialistische Gestaltung« in der Wirtschaft stand. Die neue Kampfbereitschaft kam vor der Reichstagswahl vom 6. November 1932 darin zum Ausdruck, daß mehrere Kandidaten auf der sozialdemokratischen Wahlliste durch neue, überwiegend jüngere Kandidaten ersetzt wurden. Vor allem der langjährige Spitzenkandidat der Hamburger SPD, der zweite Vorsitzende des ADGB-Bundesvorstandes Peter Graßmann, wurde auf Betreiben des Fraktionsvorsitzenden Hans Podeyn und des Parteivorsitzenden der SPD Karl Meitmann durch den ehemaligen Staatssekretär im preußischen Handelsministerium Hans Staudinger abgelöst. Die offizielle Begründung für diesen ungewöhnlichen Schritt lag darin, ihn »unabhängig zu machen von den zeitraubenden Verpflichtungen einer Wahlkreisarbeit«.[11] Dahinter stand jedoch, wie Staudinger in seinen Erinnerungen schreibt, der Vorwurf, daß Graßmann in seinem Wahlkreis zuwenig Aktivitäten gezeigt habe.[12] Außerdem sollte durch diese Maßnahme ein Zeichen des Protestes gegen die Politik des ADGB-Bundesvorstandes gesetzt werden. Seine Vertreter waren wohl die stärksten Gegner eines außerparlamentarischen Vorgehens beim »Preußenschlag« gewesen. Die Ablösung Graßmanns, die de facto ein Mißtrauensvotum gegen einen Spitzenvertreter des ADGB war, deutet jedenfalls darauf hin, daß die Hamburger SPD nicht mit der Haltung der Freien Gewerkschaften zufrieden war und größere Kampfbereitschaft wünschte.

Als bei den Reichstagswahlen vom 6. November 1932 die NSDAP mehr als zwei Millionen Wähler und 35 Mandate verlor, erklärten die Vorstände der Sozialdemokratischen Partei des Städtegebietes Hamburg, genauso schnell, wie Hitler aufgestiegen sei, werde er fallen, von jetzt ab werde »die Geschichte den Zerfall der Nationalsozialistischen Deutschen Arbeiterpartei rechnen«; die Politik der SPD und die Treue ihrer Anhänger seien damit gerechtfertigt. Nachdem »das Zentrum der reaktionären Front erschüttert« sei, gelte es jetzt, »nachzustoßen, um die gesamte Reaktion von Hitler bis zu Papen-Hugenberg zu schlagen.«[13] Noch am 26. Januar 1933 vertrat der Gauvorsitzende des Reichsbanners Heinrich Steinfeldt in einem Rückblick auf das vergangene Jahr die Auffassung, daß »wir den Vormarsch des Nationalsozialismus gestoppt« haben, aber »die Reaktion in Deutschland noch nicht in die Knie gezwungen« sei. Den Gerüchten um die bevorstehende Verkündung eines Staatsnotrechtes stellte er »das Notwehrrecht des Volkes« entegen und erklärte das Jahr 1933 zum »Jahr des Angriffs«.[14]

Krisenpolitik des Senats

Der Senat der Hansestadt Hamburg, der von der SPD, DVP und der Staatspartei getragen wurde, mußte Antworten auf die beiden großen Herausforderungen der Zeit, die Weltwirtschaftskrise und die politische Radikalisierung finden. Den Folgen der Wirtschaftskrise, die sich für seinen Haushalt auf der einen Seite in einer

Verlasst uns nicht!

Schützt die soziale Fürsorge!

Wählt Liste 1 Sozialdemokraten

Verminderung der Steuereinnahmen, auf der anderen Seite in steigenden Ausgaben für die Wohlfahrtsunterstützung bemerkbar machten, versuchte er durch den Erlaß neuer Steuern und die Erhöhung alter Steuern zu begegnen. Als die defizitäre Entwicklung des Haushalts anhielt, setzte der Senat im August 1931 ein einschneidendes Sparprogramm durch. Er reduzierte die Zahl der Senatoren von 16 auf 12, verringerte das Personal der Verwaltung, verhängte einen Einstellungsstopp, legte Verwaltungszweige zusammen, senkte Löhne und Gehälter und schränkte die öffentliche Bautätigkeit stark ein. Die Verschärfung der Richtlinien für die Wohlfahrtsbehörde führte schließlich zur Kürzung der Unterstützungssätze, so daß zahlreiche Bedürftige aus dem ohnehin unzureichenden sozialen Netz herausfielen.

Die Bürgerschaftswahl vom 27. September 1931 brachte — wie bereits ein Jahr zuvor bei der Reichstagswahl — die Mißstimmung der Bevölkerung über die Verschlechterung der Lebenshaltung, die Wirkungslosigkeit der Sparpolitik und die Ohnmacht der Parteien zum Ausdruck. In dieser Wahl verloren die Senatsparteien ihre Mehrheit: die Zahl ihrer Mandate sank bei insgesamt 160 Sitzen von 103 auf 69. Die NSDAP wurde zur zweitstärksten Partei in der Bürgerschaft. Der Anteil ihrer Stimmen erhöhte sich gegenüber der Bürgerschaftswahl des Jahres 1928 von 2,2 auf 26,3 v.H.; die Zahl ihrer Mandate stieg von 3 auf 43. Da die Oppositionsparteien NSDAP, DNVP und KPD miteinander nicht koalititonsfähig waren und keine der Senatsparteien ausscherte, trat der alte Senat nach dem Verlust der Mehrheit zurück, führte jedoch gemäß der Hamburger Verfassung die Geschäfte kommissarisch weiter.

Auch die Bürgerschaftswahl vom 24. April 1932, die von der NSDAP in der Erwartung eines neuen Stimmengewinnes beantragt worden war, brachte keine grundlegende Wandlung der Kräftekonstellation. Die SPD verbesserte ihren Stimmenanteil von 27,8 auf 30,2 v.H., die Staatspartei von 8,7 auf 11,3 v.H., während die DVP von 4,8 auf 3,2 v.H. weiter zurückfiel. Den größten Zulauf erhielt die NSDAP, die mit 31,2 v.H. oder 51 Mandaten zur stärksten Fraktion der Bürgerschaft anwuchs. Jetzt war in Hamburg zum ersten Mal in der Weimarer Republik eine Senatsbildung ohne die SPD möglich. Da die DNVP und die DVP im Prinzip bereit waren, mit der NSDAP eine Koalition einzugehen, hing die Bildung eines neuen Senats von der Haltung der Staatspartei ab. Diese hielt jedoch aufgrund ihrer langen Zusammenarbeit mit der SPD und der Ablehnung der personellen Forderungen der NSDAP nach wie vor an der Koalition fest, so daß der geschäftsführende Senat weiteramtierte.

Überblickt man die Situation der sozialdemokratischen Arbeiterbewegung auf Reichsebene zu Beginn des Jahres 1933, so zeigt sich, daß die Partei seit der Reichstagswahl des Jahres 1928 kontinuierlich an Stimmen verloren hatte, in der Defensive stand und sich aufgrund ihrer Einschätzung der Kräftekonstellationen nicht zu großen außerparlamentarischen Kampfaktionen für die Verteidigung der

Republik in der Lage sah. Zudem bestanden zwischen SPD und ADGB Differenzen über den Kurs, der aus der Wirtschaftskrise herausführen sollte.

Allerdings gab es erste Anzeichen einer Wende. Der Vormarsch des Hauptgegners der Republik, der NSDAP, schien gestoppt — darauf deuteten die Reichstagswahlergebnisse vom November 1932 — und sein allmählicher Zerfall aufgrund einer schweren Finanzkrise und interner Auseinandersetzungen über die Frage einer Regierungsbeteiligung bevorzustehen. Schließlich begann sich auch die wirtschaftliche Lage zu bessern. Mit dem Ende der Krise, so hoffte man, würde die Sozialdemokratie einen neuen Aufschwung erfahren und nicht mehr von der Regierung ausgeschlossen werden können.

2. Politische Entwicklung und Alternativen zwischen dem 30. Januar und dem 5. März 1933

Reaktion der Sozialdemokratie auf den 30. Januar 1933

Der Stimmenverlust der NSDAP und die Bemühungen Schleichers, zu einer tragfähigen Präsidialregierung zu kommen, die für die Sozialdemokratie Anlaß zur Hoffnung auf die Wiederherstellung der Demokratie unter ihrer Beteiligung waren, bedeutete für die rechtsstehenden Kreise um den Reichspräsidenten von Hindenburg Anlaß zur Besorgnis, schien doch die Chance zur Restaurierung autoritärer Verhältnisse in Politik und Gesellschaft ungenutzt vorüberzugehen. In dieser Situation versuchten sie erneut Hitler, der seine Fähigkeit zur Bändigung der Massen unter Beweis gestellt hatte, in eine neue Präsidialregierung zu integrieren und ihr damit gleichsam eine tragfähige Massenbasis zu geben. Seine Ernennung am 30. Januar zum Kanzler des Deutschen Reiches war keine Machtergreifung, sondern eine wohlbedachte Machtübergabe. Der Parteiführer und seine beiden nationalsozialistischen Minister Frick und Göring waren in der neuen Regierung deutlich in der Minderheit. Der »starke Mann« des neuen Kabinetts schien der Vorsitzende der DNVP, Alfred Hugenberg, zu sein, der die Ämter des Wirtschafts- und des Ernährungsministers sowie Kompetenzen aus dem Arbeitsministerium auf sich vereinigte.

Die Berufung Hitlers kam für die Arbeiterbewegung überraschend; wie die Hamburger Sozialdemokratie darauf reagierte, soll im folgenden chronologisch genauer dargestellt werden. Zunächst erklärte das »Hamburger Echo« in Übereinstimmung mit dem Aufruf der Vorstände von SPD und ADGB auf Reichsebene, daß es jetzt darauf ankomme, »ein äußerstes Maß von Kaltblütigkeit und Disziplin zu zeigen«, um nicht durch unüberlegte Aktionen der Regierung »die Gele-

henheit [zu geben], die Grenzen der Verfassung zu sprengen«.[15] Die Haltung des Abwartens bestimmte auch in den folgenden Wochen die Politik der Hamburger Sozialdemokratie. Auf den unmittelbar nach der Machtübernahme Hitlers angesetzten Großkundgebungen hoben die sozialdemokratischen Spitzenvertreter Karl Meitmann und Hans Staudinger, der Parteivorsitzende der SPD Altona, Paul Bugdahn, und der Parteivorsitzende der SPD Wandsbek, Paul Künder, sowohl die Kampfbereitschaft der Sozialdemokratie als auch die Notwendigkeit zu Disziplin und geschlossenem Handeln hervor.

Dementsprechend warnte das »Hamburger Echo« vor den Massen- und Generalstreikplänen der KPD: »Die sinn- und gewissenlosen Radau- und Revoluzzermethoden der Kommunisten sind der faschistischen Reaktion nur erwünscht. Sie sehnt den Tag herbei, wo ihr Gelegenheit gegeben ist, unter der Maske »legitimer Notwehr« zum Schlag ausholen zu können. Sie will die Arbeiterschaft provozieren, aber sie wird sich täuschen. Die sozialdemokratische Arbeiterbewegung ist mit ihrer disziplinierten Geschlossenheit mit Bismarcks Gewaltmethoden fertig geworden. Die sozialdemokratische Arbeiterbewegung hat mit ihrer disziplinierten Geschlossenheit das Kaiserreich Wilhelms II niedergerungen, die sozialdemokratische Arbeiterbewegung wird durch disziplinierte Geschlossenheit auch mit der neuen, faschistisch-großkapitalistischen Reaktion fertig werden.«[16] Die Aufrufe zur Disziplin betonten zugleich, daß die Entscheidungsbefugnis über ein Vorgehen gegenüber der neuen Regierung ausschließlich bei der Parteileitung liegen sollte. Über den Zeitpunkt, zu dem der Kampf beginnen sollte, gab es nur wenig konkrete Aussagen. So erklärte der Reichstagsabgeordnete Dr. Kurt Schumacher auf einer Versammlung im Gewerkschaftshaus am 5. Februar: »Nur eine Stelle darf es geben, die den Generalstreik anzuwenden hat; das ist die Eiserne Front. Überhaupt darf der Generalstreik nur als letztes Mittel im letzten Augenblick angewandt werden. Vielleicht wird dieser Augenblick dann da sein, wenn die Reaktion glaubt, sich eine demokratische Legitimation verschafft zu haben, um die politischen Rechte der Arbeiterschaft abzubauen, das heißt also, wenn die Reaktion zum offenen Staatsstreich übergeht. Dann ist unsere Stunde gekommen.«[17] Mit diesen Sätzen deutete Schumacher an, daß erst nach der Reichstagswahl vom 5. März außerparlamentarische Aktionen im Falle der politischen Entrechtung der Arbeiterschaft in Erwägung gezogen werden könnten. Auch der Parteivorsitzende der Hamburger SPD, Karl Meitmann, erklärte auf der letzten Demonstration der »Eisernen Front« am 26. Februar, daß erst nach der Wahl »die entscheidende Auseinandersetzung« komme (vgl. Dokument 1).[18]

Der ADGB rückte unter dem Eindruck der Machtübernahme Hitlers eng an die Seite der SPD. Der Ortsausschußvorsitzende Ehrenteit erklärte Anfang Februar: »Die Gewerkschaften ... kämpfen in treuer Waffenbrüderschaft Schulter an Schulter mit den Organisationen der Eisernen Front gegen die Knechtschaft. Wir denken nicht daran, unsere Anhänger lediglich auf den Stimmzettel zu vertrösten ... Wir werden uns genau so legal verhalten wie die neuen Machthaber! ... Was wir verlangen müssen, Genossen, ist grenzloses Vertrauen zu den Führern in diesen entscheidenden Wochen und äußerste Kampfbereitschaft ... Wir tun, was im Interesse der Arbeiterklasse notwendig ist!«[19] Eine ähnlich deutliche Position bezog auch das Mitglied des Bundesvorstandes des ADGB, Clemens Nörpel, der auf einer großen Konferenz der Arbeiter- und Angestelltenräte des 11. Bezirks des ADGB in Hamburg den Vorwurf, daß sich die Freien Gewerkschaften von der Sozialdemokratie trennen wollten, scharf zurückwies. Die alten Ziele der Freien Gewerkschaften seien die Erhaltung der Republik, der Demokratie und des Parlamentarismus sowie die Schaffung des Sozialismus. Die Sozialdemokratie sei die einzige Partei, die sich hierfür eingesetzt habe. »Darum sind wir nach wie vor bei unseren Gesinnungsgenossen in der »Eisernen Front« und darum fordern wir alle Gewerkschafter auf ... wählt Liste 2 der Sozialdemokratie.«[20]

Vorbereitungen der NSDAP zur Machtübernahme in Hamburg

Während die SPD und der ADGB die weitere Entwicklung abwarteten, erklärte das nationalsozialistische »Hamburger Tageblatt« am 3. Februar: »Hamburg gehört dem Kanzler von heute und dem Kanzler von morgen, Hamburg gehört dem Kanzler des Dritten Reiches.«[21] Um in Hamburg die Macht zu übernehmen, verfolgte die NSDAP zwei Wege. Der erste Weg bestand in neuen Koalitionsverhand-

Dokument 1
Merkblatt der SPD Hamburg vom Februar 1933

Merkblatt

16. Jahrgang • Nr. 2
Februar 1933

der Sozialdemokratischen Partei, Landesorganisation Hamburg

Herausgegeben vom Parteivorstand Hamburg 36, Gr. Theaterstr. 44, I. Et. Fernruf: C 4 Dammtor 5521, Postscheck-Kto.: Hamburg 40573

Auf zur Entscheidungsschlacht!

Das Hitler-Kabinett hat den Reichstag aufgelöst und die Neuwahl auf den 5. März festgesetzt. Allen, die noch immer den gleißnerischen Worten der Hitler-Leute vertrauten, ist damit ein böses Erwachen bereitet worden. Das Zentrum, noch im September den Nazi-Goering zur „nationalen Mehrheit" gerechnet, sieht die von den nationalsozialistischen Unterhändlern verschiedentlich angebotenen „Garantien" in Nichts zerfließen, die bürgerlichen Politiker und Wirtschafter, die sich von der Mitbeteiligung der Hitler-Partei an den Regierungsgeschäften eine Beruhigung des öffentlichen Lebens versprachen, sehen sich bitter enttäuscht. Und auch die Kommunisten, die jahrelang gegen die Sozialdemokratie und die von ihnen beeinflußten Regierungen eine schlimme Hetze entfalteten, müssen jetzt erfahren, welcher Unterschied zwischen Regierungsmethoden der von ihnen als „Bluthunde" beschimpften sozialdemokratischen Minister und denen einer faschistischen Regierung besteht.

Schon die ersten Tage des Hitler-Kabinetts haben bewiesen, wie recht die Sozialdemokratie hatte, wenn sie die Ueberlassung der Regierungsgewalt an die Hitler-Leute — und sei es auch nur eine teilweise Ueberlassung — als eine ungeheure Gefahr für das deutsche Volk, für die deutsche Wirtschaft, insbesondere aber für die Arbeiterbewegung und die Freiheit der Massen betrachtete. Das generelle Aufmarschverbot für die KPD. in ganz Preußen, das offenbar nur der Vorläufer für noch weitergehende Maßnahmen sein soll, die im Augenblick der Niederschrift dieser Zeilen noch nicht endgültige, aber als unmittelbar bevorstehend gemeldete Ernennung des SA.-Führers Helldorf zum Berliner Polizeipräsidenten, das Verbot der Sonntagskundgebung der Berliner Sozialdemokratie, die Suspendierung von Polizeibeamten, die gegen schießende Nazirowdys vorgegangen waren — alles das kündigt ein Terrorregiment an, das manchem Verächter der Demokratie noch gründlichst die Augen öffnen wird.

Die Sozialdemokratie hat ein solches Terrorregiment nie auf die leichte Schulter genommen, sie ist sich bei allen ihren politischen Entscheidungen stets der Tatsache bewußt gewesen, daß die Uebernahme des Staatsapparates durch die Nazis eine Periode rücksichtslosester Unterdrückungsmaßnahmen gegen die Arbeiterschaft einleiten wird. Darum hat die Sozialdemokratie mit aller Kraft versucht, die Nazis aus der Regierungsmacht fernzuhalten. Dank der kommunistischen Wühlarbeit gegen die SPD. und die freien Gewerkschaften, dank der von der KPD. herbeigeführten Zersplitterung der Arbeiterklasse ist den Nazis der Sprung in die Macht nun

doch gelungen. Schon die erste Woche der Hitler-Regierung zeigt, daß sie alle Hebel in Bewegung setzt, um dem Machtapparat ihrer Parteiherrschaft dienstbar zu machen. Der von ihnen im Gegensatz zu ihrer bisherigen Haltung schleunigst herbeigeführte Wahlkampf stellt ein großangelegtes Ablenkungsmanöver dar. Die Massen der Wähler sollen von unangenehmen Fragen nach Hitlers Rettungsprogramm, nach dem Verbleib der versprochenen Hilfsmaßnahmen für Arbeitslose und Rentner, nach den Maßnahmen für Arbeitsbeschaffung und dem Kampf gegen das „raffende Kapital" abgelenkt werden. Es soll ein nationalistischer Rauschzustand erzeugt werden ähnlich wie in den ersten August-Tagen 1914. In „Fackelzugstimmung" wollen die Nationalsozialisten den Wahlkampf führen. Die Rundfunkrede Hitlers, die sich in allgemeinen Redewendungen erschöpfte und mit großen Worten und Verheißungen arbeitete, ohne auch nur einen einzigen greifbaren technischen Kern über die Wege zur Bekämpfung der Arbeitslosigkeit zu haben, zeigt, in welcher Weise der Wahlkampf geführt werden wird. Ueberste Marxistenhetze und Bolschewistenhetze sollen die Grundlage für die Aufpeitschung nationalsozialistischer Instinkte abgeben. Der Mangel an tatsächlicher politischer und wirtschaftlicher Leistungsfähigkeit soll durch nationalistisches Theater und, wo das nicht ausreicht, durch ein brutales Gewaltregiment verdeckt werden.

Die Sozialdemokratie wird den Kampf gegen dieses Faschistenregiment mit eiserner Entschlossenheit und glühender Leidenschaft führen. Es gilt, in diesen vier Wochen, die uns vom Wahltag trennen, die gesamten Kräfte des werktätigen Volkes zu mobilisieren. Es gilt, die Entscheidungsschlacht gegen den Faschismus zu schlagen. Der Faschismus muß am 5. März geschlagen werden, wenn Deutschland nicht völlig unter die Gewalt der Herrenmenschen geraten soll. Dabei rufen wir allen Genossen zu, sich unter keinen Umständen, von wem immer es auch sei, provozieren zu lassen. Leidenschaftliche Kampfentschlossenheit; aber keine Unbesonnenheit. Eingedenk des Kampfrufes der Eisernen Front: „Einigkeit, Aktivität, Disziplin" gilt es den Kampf zu führen. Unter der Parole „Freiheit gegen Knechtschaft" ruft die Sozialdemokratie alle Arbeiter, Angestellten und Beamten, kleinen Handwerker und Gewerbetreibenden auf, um ihrer selbst und des Schicksals ihrer Kinder wegen die Entscheidungsschlacht gegen den Faschismus zu schlagen.

Vorwärts, greift an!
Freiheitsfront gegen Harzburger Front!

Quelle: Forschungsstelle, Kasten 833.

lungen. Anfang Februar führten die Vertreter der NSDAP Gespräche mit der DNVP, DVP und der Staatspartei. Die anvisierte Koalition scheiterte jedoch an der Haltung der Staatspartei. Die nationale Parteileitung ging am 7. Februar 1933 eine Listenverbindung mit der SPD ein, und die Hamburger Parteileitung erklärte am 14. Februar, daß es angesichts der schwierigen Zeiten ein Fehler wäre, Männer ohne Erfahrung in der Hamburger Politik und Verwaltung in den Senat und insbesondere auf die Posten des Bürgermeisters und des Polizeisenators zu berufen.

Diese Absage, so schrieben die »Hamburger Nachrichten« am 22. Februar 1933, »hat einigen führenden Hamburger Kaufleuten, die zum Teil auch der Staatspartei nahe standen, Anlaß gegeben, auf die staatsparteiliche Fraktion einen mehr oder weniger starken Druck auf Änderung ihrer Haltung auszuüben.« Darauf kam es in der zweiten Februarhälfte wiederum zu Verhandlungen. Über der Frage der neuen Koalition spaltete sich die Staatspartei beinahe; jedoch blieb auch diese Gesprächsrunde ergebnislos, weil sich jetzt die DNVP für die Besetzung der Ämter des Schulsenators und des zweiten Bürgermeisters mit Vertretern der eigenen Partei oder der NSDAP aussprach. Darauf wurden die Verhandlungen auf die Zeit nach der Reichstagswahl vertagt.

Für die NSDAP kam dieser Lauf der Dinge unerwartet. Gauleiter Kaufmann hatte nach einem Gespräch mit dem nationalsozialistischen Reichsinnenminister Frick bereits am 3. Februar den Hamburger Kaufmann C.V. Krogmann gefragt, ob er Bürgermeister in einem von der NSDAP geführten Koalitionssenat werden wolle:[22] für die Partei war die Übernahme des Senates nur noch eine Frage der Zeit.

Nach dem Scheitern der Verhandlungen intensivierte die NSDAP ihre Bemühungen, auf einem anderen Wege an die Macht zu kommen. Durch zahlreiche Beschwerden über die angeblich mangelnde Sicherheit in der Stadt versuchte sie, die Voraussetzungen dafür zu schaffen, daß das Reich einen Reichskommissar zur Wiederherstellung der öffentlichen Ordnung einsetzen konnte. Frick erklärte in einer Rede am 22. Februar in Hamburg, daß die Regierung auch dann im Amte bleiben werden, wenn sie bei den Reichstagswahlen nicht die Mehrheit erreichen würde, da in diesem Falle der Staatsnotstand gegeben sei. »Auch die derzeitigen Machthaber in Hamburg müßten nach den Wahlen noch mehr lernen, sich den Richtlinien der Reichsregierung anzupassen.«[23]

Dieser Wink mit den Eingriffsmöglichkeiten der Reichsregierung und die wachsenden Bereitschaft in der Staatspartei, eine Rechtskoalition einzugehen, die letztlich erst an den Forderungen der DNVP scheiterte, verdeutlichten der Sozialdemokratie in Hamburg die allmähliche Kräfteverschiebung und ihre Isolierung. Reichsweit zeigten sich die Konsequenzen nach dem Reichstagsbrand vom 27. Februar. Der kommissarische preußische Innenminister Hermann Göring legte die Brandstiftung sofort den Kommunisten zur Last, verbot die kommunistische Presse in Preußen auf vier Wochen und verfügte, daß alle kommunistischen Abgeordneten und Funktionäre in »Schutzhaft« genommen werden sollten. Außerdem wurden Marinus van der Lubbe, dem Mann, der im Reichstagsgebäude als Brandstifter verhaftet wurde, Verbindungen zur SPD zugeschrieben. Das gab den Vorwand dafür ab, die sozialdemokratische Presse auf vierzehn Tage zu verbieten und die Wahlagitation durch Flugblätter und Plakate in Preußen zu unterdrücken.

Der Vorstand der SPD erklärte darauf, daß das Presseverbot »durch kein Gesetz und keine Notverordnung gedeckt« werde. Es sei unsinnig, die Sozialdemokratie mit dem Reichstagsbrand in Verbindung zu bringen. Auch das »Hamburger Echo« bestritt in einem Artikel unter der Überschrift: »Was steckt dahinter?« Verbindungen des Verhafteten zur SPD, bezweifelte eine Schuld der Kommunisten und stellte die rhetorische Frage: »Wem kommt die Tat zu gute?«

Mit den Verboten, die die Regierung nach dem Reichstagsbrand erließ, war für die sozialistische Arbeiterschaft ohne ihr Zutun eine Situation entstanden, in der sie in ihren politischen Rechten entscheidend eingeschränkt war. »Das Signal zum Losschlagen« wurde jedoch nicht gegeben; vielmehr schrieb das »Hamburger Echo« in der Erwartung des Kommenden: »Es ist alles schon da gewesen. Nun, die Sozialdemokratie hat Bismarcks Sozialistengesetz siegreich überwunden. Bismarck stürzte, die Sozialdemokratie kehrte gestärkt aus der Unterdrückung wieder. Mag heute eine Flut von Schauermärchen, eine Flut von Verleumdungen sich über die »Eiserne Front« des werktätigen Volkes stürzen, mag das herrschende Regime es mit Unterdrückung versuchen, das arbeitende Volk wird auch aus diesem Kampf siegreich hervorgehen.«[24]

Die hinter der öffentlichen Zukunftsgewißheit stehende Resignation kommt auch in den Erinnerungen des prominenten sozialdemokratischen Reichstagsabgeordneten Wilhelm Hoegner zum Ausdruck, der einen Tag nach dem Reichstagsbrand, am 28. Februar, in Hamburg auf einer Wahlversammlung sprach. Zu diesem Zeitpunkt hatte die Notverordnung »zum Schutz von Volk und Staat« die Maßnahmen Görings nicht nur legitimiert, sondern auch weitere, wesentliche Grundrechte beseitigt. Diese Notverordnung, die als »Grundgesetz des Dritten Reiches« bezeichnet wird, erlaubte, die persönliche Freiheit, die freie Meinungsäußerung und das Postgeheimnis einzuschränken, ermöglichte die Beschlagnahme von Eigentum und gab dem Reich das Recht, in die Kompetenzen der Länder einzugreifen, wenn dort nicht mehr die öffentliche Sicherheit aufrechterhalten werden konnte.

Hoegner schildert in seinen Erinnerungen den Eindruck, den er am Tage der Reichstagsbrandverordnung von der Partei- und Gewerkschaftsleitung und den versammelten Massen erhielt: Während der Parteivorsitzende Meitmann und der Gewerkschaftsvorsitzende Ehrenteit der Lage desorientiert und kopflos gegenüberstanden, sei die Haltung seiner Versammlungsbesucher kampfentschlossen gewesen.[25]

Der Reichstagsbrand ließ viele, überwiegend bürgerliche Wähler, die noch schwankten, in das Lager der NSDAP oder der anderen Rechtsparteien rücken.

Plakate zur Reichstagswahl am 5. März 1933

Der unmittelbar darauf einsetzende nationalsozialistische Terror scheint die Kampfbereitschaft der Leitung der Hamburger Sozialdemokratie entscheidend geschwächt zu haben. Jedenfalls setzten die Parteien und die sozialdemokratischen Senatoren den jetzt folgenden Repressalien durch NSDAP und Reichsregierung kaum noch Widerstand entgegen.

Um keine Zwischenfälle und damit ein Eingreifen des Reichs zu provozieren, wurden die für den 3. März geplanten Demonstrationen der »Eisernen Front« abgesagt. Als der Reichsinnenminister Frick nach entsprechenden Informationen durch die Gauleitung der NSDAP aufgrund der Notverordnung vom 28. Februar den Hamburger Senat zu schärferem Vorgehen die KPD aufforderte, kam der sozialdemokratische Polizeisenator Adolph Schönfelder dieser Anmahnung durch eine verschärfte Verfolgung der kommunistischen Funktionäre nach.[26]

Das Reichsinnenministerium blieb jedoch von diesem Entgegenkommen unbeeindruckt. Mit der Aufforderung an den Senat, das »Hamburger Echo« wegen seines Artikels über den Reichstagsbrand zu verbieten, zog Frick die Schraube der Repressionsversuche weiter an. Der sozialdemokratische Bürgermeister Rudolf Roß sowie die SPD-Senatoren Emil Krause, Adolph Schönfelder, Paul Neumann, Heinrich Eisenbarth und John Ehrenteit lehnten, vor die Entscheidung gestellt, entweder gegen ihr eigenes Parteiorgan vorzugehen oder die Einsetzung eines Reichskommissars zu riskieren, die Forderung nach dem Verbot des »Hamburger Echo« ab. Im Unterschied zu Regierungen in anderen deutschen Ländern oder preußischen Provinzen, an die ähnliche Aufforderungen ergingen, warteten sie jedoch nicht den weiteren Gang der Handlung ab, sondern traten aus ihren Ämtern zurück. Dieser Schritt erfolgte, wie sie wenig später in einem ausführlichen Schreiben über die Vorgänge um ihren Rücktritt darlegten, »weil wir der Hamburger Regierung und der Hamburger Bevölkerung durch unser Votum, mit dem wir einen Beschluß des Senats, das Verbot auszusprechen, hätten verhindern können, etwa sonst entstehende Schwierigkeiten ersparen zu müssen glaubten.«[27] Darauf verbot der bürgerliche Rumpfsenat das Erscheinen des »Hamburger Echos« auf vierzehn Tage.

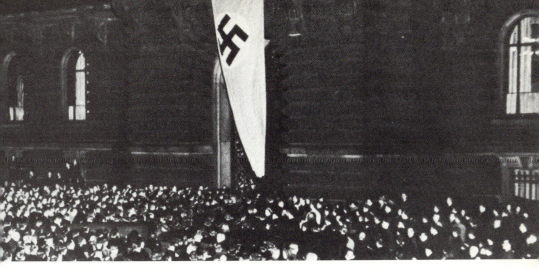

Am Abend des Wahltages vor dem Hamburger Rathaus

Der nächste Schritt der Gauleitung der NSDAP bestand darin, daß sie dem neuen Polizeisenator Paul de Chapeaurouge von der DVP Klagen über das Verhalten der Polizei vorbrachte und auf die Möglichkeit der Einsetzung eines Reichskommissars hinwies. Nach der Darstellung de Chapeaurouges ersuchte er darauf den sozialdemokratischen Leiter der Ordnungspolizei Lothar Danner, um seine Beurlaubung einzukommen. Am 4. März trat Danner zurück. An die Stelle des von der NSDAP vorgeschlagenen SA-Standartenführers Alfred Richter wurde jedoch der deutschnationale Oberstleutnant Werner Huber zum neuen Leiter bestimmt.

Damit hatte die Sozialdemokratie in Hamburg bereits vor der Reichstagswahl die wichtigsten Machtpositionen im Hamburger Stadtstaat aufgegeben. Ihr blieb nichts anderes mehr übrig, als zu hoffen, daß die Regierungskoalition bei der Wahl die Mehrheit verfehlen würde. Die Reichstagswahl vom 5. März brachte der Regierungskoalition aus NSDAP und DNVP jedoch 51,9 v.H. der Stimmen. In Hamburg nahm mit 88,9 v.H. ein außerordentlich hoher Prozentsatz der Wahlberechtigten an der Wahl teil. Im Vergleich zur Reichstagswahl vom 6. November behaupteten sich die SPD mit 26,9 und einem Verlust von 1,7 v.H. sowie die KPD mit 17,6 und einem Verlust von 4,3 v.H. relativ gut; sie lagen damit um 8,7 bzw. 5,4 v.H. über dem Reichsdurchschnitt. Die NSDAP nahm jedoch in Hamburg von 27,2 auf 38,8 v.H. zu und wurde damit auch bei den Reichstagswahlen zur stärksten Partei in Hamburg (vgl. Materialien 1, S. 130).

Noch am Tage der Wahl hißten verschiedene nationalsozialistische Polizeibeamte die Hakenkreuzfahne auf der Polizeikaserne in der Bundesstraße und widersetzten sich der Aufforderung, die Fahne wieder einzuholen. Eine Stunde nach Wahlschluß ordnete Reichsinnenminister Frick die Übergabe der Polizeigewalt an den SA-Standartenführer Richter an. Unter juristischen Vorbehalten stimmte der bürgerliche Rumpfsenat zu. Damit gab es auch keine praktische Möglichkeit zum Widerstand mehr, als die Nationalsozialisten am Abend des 5. März auf dem Rathaus die Hakenkreuzfahne aufzogen. Vor der Bildung eines neuen Senats hatte die NSDAP in Hamburg demonstrativ die Macht ergriffen.[28]

Alternativen und Ursachen des Verhaltens der Sozialdemokratie

Welche Pläne wurden zwischen dem 30. Januar und dem 5. März von der Sozialdemokratie diskutiert, um den absehbaren Vormarsch der NSDAP aufzuhalten und die Kraft der Arbeiterschaft und der Arbeiterbewegung für die Bewahrung der Demokratie einzusetzen?

Einer dieser Pläne zielte darauf ab, die Spaltung der Arbeiterbewegung durch die Bildung einer Einheitsfront zwischen SPD und KPD zu überwinden. Am 8. Februar machte der Bürgerschaftsabgeordnete der KPD, Franz Jacob, dem Vorsitzenden des ADGB, John Ehrenteit, und der SPD bei einer Bürgerschaftssitzung das Angebot, einen 24-stündigen Proteststreik beider Arbeiterparteien gegen die Hitlerregierung zu organisieren. Zugleich gab die Bezirksleitung der KPD Wasserkante jedoch ein Rundschreiben an ihre Mitglieder heraus, das scharfe Angriffe gegen die SPD richtete. Der Parteivorstand der Hamburger SPD stellte darauf knapp drei Wochen später in einem offenen Brief an die Bezirksleitung der KPD mehrere Bedingungen für eine Zusammenarbeit. Sie zielten auf die Einstellung aller Angriffe der KPD auf die SPD und ihre Führung und auf die Auflösung der Roten Gewerkschaftsopposition (RGO).[29]

Diese wechselseitige öffentliche Behandlung der Frage einer Einheitsfront war wenig ernsthaft und scheint mehr das Ziel verfolgt zu haben, den Anhängern zu demonstrieren, daß der Zusammenschluß beider Flügel der Arbeiterbewegung, der angesichts des Vormarsches der NSDAP breit diskutiert wurde, aufgrund der unzumutbaren Forderungen der anderen Partei nicht verwirklicht werden konnte. Zu stark waren die Erfahrungen der langjährigen ideologischen und politischen Gegensätze. Die KPD sah im Zuge ihrer seit dem Jahre 1929 geltenden »ultralinken« Grundsätze die SPD als den Hauptgegner an, bezeichnete ihre Führer als »Sozialfaschisten« und versuchte, sie als »Hauptstütze der Bourgeoisie« zu entlarven. Die SPD ihrerseits sah in der KPD nur den Befehlsempfänger der Kommunistischen Internationale (Komintern), der in Deutschland die Demokratie beseitigen und den Bolschewismus einführen wolle. Außerdem waren gerade in Hamburg die Auseinandersetzungen zwischen der sozialdemokratisch geführten Polizei und den Kommunisten besonders aggressiv und emotionsgeladen geführt worden. Nicht zu Unrecht hoben die sozialdemokratischen Senatoren in dem Schreiben, in dem sie die Motive für ihren Rücktritt darlegten, hervor, »daß wohl in keinem Ort Deutschlands zwischen den Kommunisten einerseits und der Sozialdemokratischen Partei und den Gewerkschaften andererseits ein so großer, scharfer Trennungsstrich gezogen und stets bis auf diesen Tag gehalten worden ist wie in Hamburg.« (vgl. Materialien 2, S. 131) Deshalb ging von Hamburg kein ernsthafter Versuch zur Bildung einer Einheitsfront aus.

Eine zweite, in der Arbeiterbewegung viel diskutierte Möglichkeit, außerparlamentarischen Widerstand gegen den Vormarsch der NSDAP zu leisten, bestand in der Ausrufung des Generalstreiks. In der Tat erweckte die Haltung der Vorstände von SPD und ADGB unmittelbar nach dem 30. Januar bei den Funktionären und Mitgliedern den Eindruck, daß im Falle eines offenen Verfassungsbruches der Hitler-Regierung das »Signal zum Losschlagen« gegeben werden. Das Signal kam jedoch nicht, obwohl die weitere Entmachtung der formal noch bestehenden preußischen Regierung Braun-Severing durch die Notverordnung vom 6. Februar oder die Verhängung der Reichstagsbrandverordnung vom 28. Februar offenkundige Legalisierungen von Unrechtsmaßnahmen waren und Formen des Widerstandes begründen konnten.

Es ist jedoch fraglich, ob dieses Signal bei Unrechtsmaßnahmen anderer Qualität gegeben worden wäre. Die Machtkonstellation hatte sich seit dem 20. Juli 1932 für die sozialdemokratische Arbeiterbewegung nicht verbessert: Die Haltung der Reichswehr zur Republik war nicht freundlicher geworden und die Befürchtung, daß die Kommunisten den Sozialdemokraten in den Rücken fallen würden, war groß. Der ADGB verwies zudem auf seine leeren Kassen, die hohe, 40-50 v.H. betragende Quote von Arbeitslosen unter seinen Mitgliedern und die Gefahr, daß die Millionen von Arbeitslosen einen Generalstreik unterlaufen könnten. Die überschwengliche Hochstimmung in großen Teilen der Bevölkerung nach der Ernennung Hitlers zum Reichskanzler zeigte der Partei- und Gewerkschaftsführung, daß ein Generalstreik vermutlich zu einem Bürgerkrieg eskalieren würde. Den ersten Schritt auf dem Weg zu gewaltsamen Auseinandersetzungen zu tun, widersprach aber der Geschichte und dem Selbstverständnis der Sozialdemokratie. Schließlich war auch nicht kar, wie die Hitler-Regierung vorgehen und wie lange sie sich halten würde.

Selbst unter den Anhängern der Nationalsozialistengab es solche, die schnelle Erfolge einer neuen Politik nicht für möglich hielten. Viele Gegner waren vom baldigen Mißerfolg dieser Regierung überzeugt. Für die Überlebensmöglichkeit in der Opposition und Illegalität zogen die Sozialdemokraten Vorbilder aus historischen und zeitgeschichtlichen Erfahrungen. Ihnen standen die Verhältnisse unter dem Sozialistengesetz in Deutschland und unter dem Faschismus in Italien vor Augen. Die gegebene Kräftekonstellation, die damals sichtbaren Perspektiven und die eigenen, der Demokratie verpflichteten Prinzipien ließen sie vor den Nationalsozialisten zurückweichen.

Warum wurde von keiner der Hochburgen der Arbeiterbewegung — Berlin oder Hamburg — durch eine eigenständige Aktion ein Zeichen gesetzt, daß die Sozialdemokratie das Feld nicht kampflos zu räumen gedachte? Überlegungen dazu gab es. Der stellvertretene technische Leiter des Reichsbanners, Gau Hamburg-Bremen-Nordhannover, Otto Grot, erinnert sich an ein Gespräch mit dem Gausekretär Friedrich Wollmann, das wenige Tage vor dem 5. März stattfand. Die »letzte Möglichkeit, das Schicksal zu wenden, sahen wir in einem Bürgerkrieg, der irgendwo im Reich beginnen könne — auch in Hamburg — um dem Reichspräsidenten die Möglichkeit zu geben, den Ausnahmezustand oder den Belagerungszustand zu verhängen. Dann könnten alle Wehrverbände (Stahlhelm, SA, SS, Rotfrontkämpferbund, aber auch das Reichsbanner) verboten werden. Statt einer Nazidiktatur hätten wir dann eine Militärdiktatur. Unsere Frage war, was dann? Was macht die Reichswehr? Wir hätten als kleineres Übel einen strammen Rechtsstaat und vielleicht keine Konzentrationslager« bekommen.[30]

Diese lokalen Überlegungen gingen von der Bereitschaft aus, einen Bürgerkrieg zu riskieren; zugleich verdeutlichten sie die Hoffnung, daß die Reichswehr gleichsam als parteipolitisch neutrale Kraft das Ruder in die Hand nehmen würde. Diese Hoffnung spielte jedoch, wie die Protokolle des Parteivorstandes und -ausschusses zeigen, bei den führenden Sozialdemokraten kaum eine Rolle. Vermut-

Die Schufo 11 des Reichsbanners in Hamburg-Barmbek bei einem Einsatz vor 1933 (mit Kartentasche: Otto Grot, stellvertretender technischer Leiter des Reichsbanners, Gau Hamburg-Bremen-Nordhannover)

lich glaubten sie, daß sich die Reichswehr in einer Bürgerkriegssituation eher auf die Seite der NSDAP als auf die Seite der demokratischen Kräfte stellen würde und nicht zu einer Militärdiktatur bereit wäre.

In Hamburg hätte man anläßlich des Verbotes der SPD-Zeitung die Möglichkeit gehabt, Widerstand energischer zu demonstrieren. Die sozialdemokratischen Senatoren hätten z.B. die Aufforderung, ihr Parteiorgan zu verbieten, ablehnen und versuchen können, im Amt zu bleiben. Damit hätten sie die Grundsatzfrage nach der Legitimität der Notverordnungen der Hitler-Regierung gestellt und sie zur Offenlegung der Prinzipien ihrer Politik provozieren können. Das Ausbleiben dieses oder eines ähnlichen Zeichens des Widerstandes erklärt sich nicht nur aus der aktuellen Einschätzung der Machtverhältnisse, sondern auch aus der spezifischen Geschichte der Hamburger Sozialdemokratie und der im Frühjahr 1933 herrschenden Stimmung in ihrer Führung.

Aus der Argumentation, die die sozialdemokratischen Senatoren zur Erklärung ihres Rücktritts entwickelten, wird deutlich, daß die Nachkriegsgeschichte der Hamburger Sozialdemokratie von dem Bestreben zur Abgrenzung von den Kommunisten, dem Willen zur Zusammenarbeit mit dem Bürgertum und der

> # Für die sozialistische Republik
> ## Wahlveranstaltungen der Sozialdemokratie
>
> ### Zentrale Kundgebungen:
> **Sonntag, 26. Febr.: Demonstration der Eisernen Front**
> Abmarsch 16 Uhr, vom Heiligengeistfeld durch St. Pauli, Eimsbüttel und Hoheluft nach dem Kaiser-Friedrich-Ufer. 17 Uhr, Vorbeimarsch vor den Führern der Eisernen Front bei dem Lokal von Struck, Fruchtallee 70.
>
> **Dienstag, 28. Febr.:** 20 Uhr, **Kundgebung der Eisernen Front bei Sagebiel** Redner: Dr. **HOEGNER**, München, und Dr. **HANS STAUDINGER**
>
> **Freitag, 3. März: Fackelzug der Eisernen Front**
> vom Lübeckertorfeld nach dem Schleidenplatz. Abmarsch 20.30 Uhr Lübecker Tor.
>
> ### Stadtteil-Kundgebungen
>
> **Sonntag, 26. Februar:**
> **Langenhorn,** Abmarsch 9 Uhr, bei der Friedrich-Ebert-Eiche.
>
> **Sonntag, 26. Februar:**
> **Bergedorf,** Abmarsch 16 Uhr, vom Gewerkschaftshaus. Redner: Staudinger.
>
> **Billwärder an der Bille,** 20 Uhr, in der Schule Nettelnburg. Redner: Jacob Rieper.
> **Horn-Billbrook,** 20 Uhr, im „Horner Park". Redner: Dr. Kurt Adams, M. d. B., und Dr. Hans Staudinger.
> **Farmsen-Berne,** 20 Uhr, in der Turhalle Farmsen. Redner: Karl Olfers, M. d. B.
>
> **Donnerstag, 2. März:**
> **Veddel,** 20 Uhr, im „Veddeler Hof". Redner: Karl Olfers, M. d. B., und Erna tum Suden.

Förderung der Hamburger Wirtschaft bestimmt war. Der Rückzug und die Zurückstellung der eigenen Rechte erfolgte bewußt aus dem Verständnis einer Tradition, die zu Beginn der Weimarer Republik offen zum Ausdruck gekommen war. Sie lag in dem Verzicht, die volle Macht der Sozialdemokratie auszureizen und auszuspielen, wenn darunter die Interessen des »Volkes« zu leiden drohten. 1919, als die SPD die absolute Mehrheit bei den Bürgerschaftswahlen errang, erfolgte deshalb die machtpolitisch nicht notwendige Integration des linksliberalen Bürgertums in den Senat. Die darauf folgende Regierungstätigkeit der Sozialdemokratie hatte das Denken im Sinne der Gesamtverantwortung für die Stadt und ihre Bevölkerung noch verstärkt. Auch 1933 glaubten die Senatoren, die eigenen Rechte zurückstellen zu müssen, um nicht eine Beeinträchtigung der Stadtstaatsouveränität und das Risiko eines Bürgerkrieges heraufzubeschwören. Sie zogen es vor, ihren Rücktritt als persönliches und sozialdemokratisches Opfer zugunsten des Gesamtwohls darzustellen, obwohl ein Zeichen des Widerstandes gerade von denjenigen, die immer wieder ihre Genossen zum Kampf gegen die Nationalsozialisten aufgerufen hatten, dem Gemeinwohl, d.h. hier dem Einblick der noch schwankenden Bevölkerungskreise in die nationalsozialistische Herrschaftspraxis, und der Selbstachtung der Partei dienlicher gewesen wäre.

Abgesehen von diesem Prinzip sozialdemokratischer Politik hatte sich in der Phase zwischen dem 30. Januar und dem 5. März auch aus der Erkenntnis der Kräf-

tekonstellationen eine Stimmung der kampflosen Resignation in der sozialdemokratischen Führung herausgebildet. Hoegner schildert in seinen Erinnerungen die Stimmung der Hamburger Partei- und Gewerkschaftsführung am 28. Februar. Sie konzentrierten sich nach der Bekanntgabe des Reichstagsbrandes und der entsprechenden Notverordnung nicht auf Pläne zu einem Gegenschlag, sondern darauf, den Bestand der Organisation und des Vermögens zu sichern. Das verzweifelte Bemühen John Ehrenteits am Abend des 28. Februars, Kontakt mit dem ADGB-Vorstand in Berlin aufzunehmen, um in dieser schwierigen Situation Direktiven zu erhalten, blieb jedoch vergebens. Die feste Organisation und Disziplin, die auf der einen Seite die sozialdemokratische Arbeiterbewegung stark gemacht hatten, behinderten auf der anderen Seite selbständiges Handeln.

Die Entmutigung erfaßte auch große Teile der Mitglieder- und Anhängerschaft der SPD. Sie waren gerade seit dem 30. Januar der verstärkten Terrorisierung durch die SA ausgesetzt: täglich standen im »Hamburger Echo« Berichte über die Gewalttätigkeiten der Nationalsozialisten gegen Angehörige der SPD und des Reichsbanners und offene Klagen über das mangelnde oder zu lasche Eingreifen der Polizei in solchen Fällen. Die Abhaltung von Wahlveranstaltungen war nur noch bei starkem Schutz durch das Reichsbanner möglich; je nach Stadtteil mußten Sozialdemokraten, die als solche durch Abzeichen etwa der »Eisernen Front« erkennbar waren, mit Anpöbeleien und Überfällen rechnen. Die um sich greifende

Die Schufo 11 bei einem privaten Sonntagsausflug im Juli 1930

resignative Stimmung bereits vor den Märzwahlen wird auch aus den Erinnerungen der Parteiangestellten Irma Keilhack deutlich: »Bei den letzten Wahlen im März wollte mich meine Partei noch als Kandidatin aufstellen, weil viele Genossen nicht mehr auf einer sozialdemokratischen Liste kandidieren mochten, aus Angst, dadurch ihre Existenz zu verlieren. Sie haben an meine Kameradschaft appelliert und gesagt: ›Du mußt jetzt einfach rein, du bist Parteiangestellte, dir kann nichts passieren.‹«[31]

Jedoch gab es gerade in Hamburg auch zahlreiche Sozialdemokraten, die zum offenen Widerstand bereit waren. So gewann der Reichstagsabgeordnete Hoegner auf der Parteiversammlung am 28. Februar den Eindruck, «daß in Hamburg die beste sozialdemokratische Parteiorganisation des Reiches noch immer unerschüttert stand. Sie hatte sich in allen Wahlen der letzten Jahre behauptet, weder Kommunisten noch Nationalsozialisten brachen in unsere Reihen ein. Im »Reichsbanner« waren viele Tausende junger, kräftiger Menschen, die Blüte der Hamburger Arbeiterschaft. Ich kannte diese schweren ernsten Männer von der Wasserkante und schätzte sie hoch. Sie schwankten nicht wie Schilfrohr im Wind, wer ihr anfängliches Mißtrauen überwunden, wer sie einmal zu Freunden gewonnen hatte, mit dem gingen sie durch dick und dünn. Wären ihnen Waffen zur Verteidigung der Demokratie gegebenworden, sie hätten gekämpft bis zum letzten Mann.«[32]

In der Tat hatten sich in der Nacht vom 30./31. Januar und vom 5./6. März zahlreiche Sozialdemokraten unaufgefordert auf ihren Sammelplätzen zusammengefunden, lagen in Alarmbereitschaft, warteten oder hofften auf das angekündigte Zeichen zum Losschlagen. So erinnert sich Helmut Weidt, Mitglied der Schufo in Rothenburgsort: »In der Nacht des 30. Januar harrten wir in der Stresowstraße des Abrufs. In einer Zusammenkunft auf »höhere Stufe« wurde entschieden, daß nicht gekämpft werden sollte. Bei uns auf der unteren Ebene waren Wille und Mut, gegebenenfalls das eigene Leben zu opfern, vorhanden. Waffen zu beschaffen wäre sicher auch unseren führenden Helfern und Mitarbeitern möglich gewesen. Daß nichts geschah, ist nicht unsere Schuld gewesen.«[33]

Die Führung der Sozialdemokratie sah sich in einem prinzipiellen Dilemma. Auf der einen Seite glaubte sie, die Anhänger durch Kampfparolen ermutigen zu müssen, auf der anderen Seite rechnete sie damit, daß außerparlamentarischer Widerstand kaum oder gar nicht mehr erfolgversprechend war. Gerade in Hamburg wartete die Führung der Sozialdemokratie nicht auf ein Zeichen der »Massen«; dagegen die »Massen« auf ein Zeichen der Führung.[34] Diese beschwor jedoch aufgrund ihrer Einschätzung der Machtverhältnisse und der langjährigen Strategie der Gewaltvermeidung immer wieder die traditionell gute Disziplin ihrer Anhänger, um spontanen Eruptionen und den damit verbundenen Gefahren vorzubeugen. Aus dieser selbsterrichteten propagandistischen Scheinwelt der Kampfbereitschaft konnte sich die sozialdemokratische Führung vor der Märzwahl kaum ohne Schaden für die eigene politische Position und die Stimmung unter den Anhängern lösen.

Viele der einfachen Wähler und Mitglieder bis in die mittleren Funktionärskreise hinein hatten jedoch die immer wieder vom Parteivorstand beteuerte Kampfbereitschaft ernst genommen und sahen nicht, wollten auch zum Teil nicht sehen, daß die Entscheidung, offenen Widerstand zu vermeiden, spätestens seit dem Reichstagsbrand, wahrscheinlich aber schon durch die kampflose Hinnahme des »Papenstreiches« gefallen war. Bei ihnen führte deshalb der ständige Aufruf zur Kampfbereitschaft, die permanente Vertröstung und dann der kampflose Rückzug vor und nach der Märzwahl teils zu weiterer Entmutigung, teils zur Erbitterung gegen die eigene Führung. Unabhängig von dem wachsenden Terror der Nationalsozialisten schwand das Vertrauen zur Führung; die ideologischen und organisatorischen Bindungen lockerten sich; die Partei begann durch den wachsenden Austritt ihrer Mitglieder zu zerfallen. Nur wenige ihrer Mitglieder trafen Vorkehrungen, um die Organisation angesichts des drohenden Verbotes und Zerfalls fortführen zu können.

Kapitel 3
Hamburg in der Anfangsphase des Dritten Reiches bis zum Parteienverbot

1. Aufbau der nationalsozialistischen Herrschaft

Die Nationalsozialisten begannen seit dem 30. Januar 1933 ihre Herrschaft systematisch auszubauen und die potentiellen Zentren, von denen eine Gefährdung ihrer Herrschaft hätte ausgehen können, zu beseitigen oder gleichzuschalten. Mittel hierzu waren Terror und Manipulation. Sie wurden durch die Notverordnungen und Gesetze, die zwischen Ende Februar und Mitte Juli erlassen wurden, zum Teil juristisch legitimiert. Abgesichert durch die Notverordnung vom 28. Februar begann zuerst die Verfolgung der Kommunisten, dann der Sozialdemokraten.

In Hamburg erfolgte nach der Bildung des neuen Senats am 8. März zunächst die »Säuberung« der Polizei von »politisch unzuverlässigen Elementen«. Außerdem wurde ihr am 20. März die SA in einer Stärke von 310 Mann als Hilfstruppe zur Seite gestellt. Sie führte vor allem Razzien in Arbeitervierteln durch, bei denen flüchtige Arbeiterfunktionäre und verbotene Schriften aufgespürt werden sollten. Außerdem übernahm sie die Bewachung des Lagers Wittmoor, das am 31. März zur Unterbringung der politischen Gefangenen aus dem Raum Hamburg eingerichtet wurde. Die Gefängnisse hatten sich sehr schnell als zu klein erwiesen. Am 24. März schließlich wurde in Hamburg das »Kommando zur besonderen Verwendung« (KzbV) aufgestellt. Es sollte als eine Art Greiftrupp bekannte und aktive Kommunisten und Sozialdemokraten suchen und verhaften. Insgesamt wurden zwischen dem 6. März und dem 30. Juli 1933 850 Haussuchungen und Razzien vorgenommen. Dabei wurden etwa 2.000 Personen verhaftet.[35] Diese Maßnahmen führten zu einer starken Einschüchterung der widerstandsbereiten Mitglieder der Sozialdemokratie.

Zu den ersten Maßnahmen der Reichsregierung nach dem 5. März gehörte es, im Reichstag ein Gesetz einzubringen, das die Regierung ermächtigen sollte, ohne die Einschaltung des Reichstages Gesetze zu erlassen, die von der Verfassung abweichen konnten. Diesem sog. Ermächtigungsgesetz (»Gesetz zur Behebung der Not von Volk und Reich«) stimmte der Reichstag am 23. März 1933 gegen die

Stimmen der SPD und bei Abwesenheit der kommunistischen Abgeordneten, die teils verhaftet waren, teils ihre Verhaftung befürchten mußten, mit einer Zwei-Drittel-Mehrheit zu. Die Selbstentmachtung des Reichstages ermöglichte die Ausschaltung weiterer potentieller Widerstandszentren, vor allem der Länder, der Bürokratie und der Parteien.

Am 31. März 1933 erließ die Regierung ein »Vorläufiges Gesetz zur Gleichschaltung der Länder mit dem Reich«. Danach mußten die Parlamente in den Ländern aufgelöst und die Mandate der Parteien gemäß dem Reichstagswahlergebnis vom 5. März neu verteilt werden; die Mandate der KPD wurden jedoch gestrichen. Mit diesem Gesetz sicherte sich die Regierung in den Ländern eine parlamentarische Mehrheit. Eine Woche später, am 7. April 1933, folgte das zweite Gesetz zur Gleichschaltung der Länder. Es schuf für die Länder das Amt eines Reichsstatthalters. Die Reichsstatthalter, meist die Gauleiter der NSDAP, wurden auf Vorschlag des Reichskanzlers vom Reichspräsidenten ernannt; sie hatten »für die Beobachtung der vom Reichskanzler aufgestellten Richtlinien der Politik zu sorgen« und erhielten wesentlichen Einfluß auf Exekutive, Legislative und Judikative. Damit sicherte sich die Regierung seine zusätzliche Einflußmöglichkeit auf die Länder.

Am gleichen Tage, dem 7. April, wurde das »Gesetz zur Wiederherstellung des Berufsbeamtentums« erlassen. Es diente u. a. dazu, Widerstand in den Verwaltungen auszuschalten: »Beamte, die nach ihrer bisherigen politischen Betätigung nicht die Gewähr dafür bieten, daß sie jederzeit rückhaltlos für den nationalen Staat eintreten, können aus dem Dienst entlassen werden.«[36] Aufgrund dieser Bestimmung des Gesetzes wurden in Hamburg schätzungsweise 4 v. H. der Beamten aus politischen Gründen entlassen oder in den Ruhestand versetzt;[37] darunter stellten die Lehrer und Polizeibeamten wohl den größten Anteil.

Parallel zu dem systematischen Individual- und Massenterror, der Gleichschaltung der Länder und der Einschüchterung des Beamtentums übte die NSDAP Druck auf die gesellschaftlichen Interessenorganisationen aus. Sie sollten sich durch die mehrheitliche Besetzung ihrer Vorstände durch Nationalsozialisten selbst gleichschalten, oder sie wurden zwangsweise unter nationalsozialistische Führung gestellt. Die in Hamburg ansässigen großen Wirtschaftsunternehmen der Sozialdemokratie, die »Volksfürsorge« und der »Zentralverband deutscher Konsumvereine« (ZdK) sowie eine »Großeinkaufs-Gesellschaft« (GEG) erhielten Anfang Mai Staatskommissare. Die bürgerlichen Interessenverbände vom »Bezirksverband der Zahnärzte Deutschlands«, der sich am 4. April »einmütig« hinter die neue Regierung stellte, bis zur Handelskammer, die am 16. Juni einen neuen Präses erhielt, schalteten sich mehr oder weniger freiwillig selbst gleich.

Darüber hinaus zielte die Politik der NSDAP auf eine Monopolisierung des öffentlichen Lebens im nationalsozialistischen Geiste. Dazu gehörte das Verbot bzw. die Zensur der Presse, die Übernahme des Rundfunks sowie die Beeinflussung des kulturellen Lebens in Theater, Film und Kunst. Am 13. März wurde dazu das Reichsministerium für Volksaufklärung und Propaganda unter der Leitung von Dr. Joseph Goebbels errichtet.

Dieser breit angelegten Welle der Gleichschaltung erlagen auch die bürgerlichen Parteien. In Hamburg ging die DVP bereits am 10. April mit der Selbstauflösung voran; es folgten am 26. bzw. 28. Juni die Staatspartei und die DNVP, am 5. Juli auch das Zentrum. Am 14. Juli 1933 erließ die Reichsregierung das »Gesetz gegen die Neubildung von Parteien«, so daß Deutschland, da die NSDAP als einzige Partei übrig blieb, zu einem Einparteienstaat wurde. In Hamburg stellte der Regierende Bürgermeister C. V. Krogmann in einem Schreiben vom 4. September 1933 an den Präsidenten der Bürgerschaft fest, »daß für eine regelmäßige Betätigung der Hamburger Bürgerschaft kein Bedarf und kein Raum mehr ist« und bat den Präsidenten, die Bürgerschaft nur noch in Ausnahmefällen einzuberufen, »wenn ich aus besonderem Anlaß dies beantrage.«[38] Am 28. Juni 1933 fand die letzte Sitzung der Bürgerschaft statt; damit war auch der Parlamentarismus in Hamburg ausgeschaltet.

2. Reaktion der Sozialdemokratie im Reich

ADGB

Die Organisationen der Sozialdemokratie reagierten auf das Vorgehen der Nationalsozialisten in unterschiedlicher Weise. Der ADGB schien durch die Machtübernahme der Nationalsozialisten nicht in dem Maße wie die SPD bedroht. Er gab seine Frontstellung gegen den Nationalsozialismus auf und versuchte, einen Platz im neuen Staat zu finden. In einem Brief vom 21. März an den Reichskanzler Adolf Hitler und in einer Bundesausschußsitzung des ADGB vom 5. April wurden die Verdienste der Gewerkschaften für das »Ganze des Volkes« hervorgehoben. Zugleich erklärte der Vorsitzende des ADGB, Theodor Leipart, die Bereitschaft der Freien Gewerkschaften, unter »staatlicher Aufsicht« zu arbeiten. Mitte April nahmen die Vorstände der drei Richtungsgewerkschaften, d. h. der freien, christlichen und liberalen Gewerkschaften Gespräche auf, um sich organisatorisch und programmatisch zusammenzuschließen. Damit hofften sie, den Plänen aus dem Reichsarbeitsministerium, die auf die Entpolitisierung und Vereinheitlichung, letztlich auf die Bildung einer Einheitsgewerkschaft zielten, in eigener Regie zuvorzukommen. Zugleich rief der Bundesausschuß des ADGB am 19. April

Der neue Bürgermeister Krogmann und der NSDAP-Gauleiter Kaufmann am 8. März 1933 auf dem Balkon des Hamburger Rathauses

seine Mitglieder auf, sich an der Feier zum 1. Mai zu beteiligen. Die Regierung hatte den Kampftag der Arbeiterschaft in einen »Feiertag der nationalen Arbeit« umgewandelt. Die Aufforderung zum Mitmachen war ein letztes Zeichen des ADGB, mit dem er den Nationalsozialisten seine Bereitschaft demonstrierte, im neuen Staat mitzuarbeiten.

Dieses Entgegenkommen verhinderte jedoch nicht, daß die Nationalsozialisten den Plan, die Gewerkschaften unter ihre Kontrolle zu bringen, weiterverfolgten. Am 21. April versandte Robert Ley ein geheimes Rundschreiben, das die Vertreter der Nationalsozialistischen Betriebszellenorganisation (NSBO), Sturm-Abteilungen (SA) und Schutzstaffeln (SS) aufforderte, am 2. Mai die Gewerkschaftshäuser und Verbandsleitungen der Freien Gewerkschaften zu besetzen. Kurze Zeit später wurde der Inhalt dieses Rundschreibens führenden Funktionären der Freien Gewerkschaften bekannt.[39]

Trotz dieser Information und der Vorhaltung des Parteivorsitzenden Wels, der Maiaufruf vom 19. April »sei der moralische Zusammenbruch. Die schwerste Schädigung, die die Gewerkschaften noch erfahren könnten, und außerdem würde dies Opfer ganz umsonst gebracht,«[40] zog der ADGB den Aufruf zur Beteiligung an der Maifeier nicht mehr zurück. Vielmehr appellierte die »Gewerkschafts-Zeitung«, das Organ des Allgemeinen Deutschen Gewerkschaftsbundes, noch in ihrer letzten Nummer vom 29. April an die Regierung, diesen Tag zu nutzen, um die überlieferten Werte und Träger der deutschen Arbeiterbewegung »in der neuen Ordnung des Lebens von Staat und Volk« anzuerkennen.

Am 2. Mai wurden die Gewerkschaftshäuser besetzt, die führenden Funktionäre verhaftet; am 10. Mai das Vermögen der Gewerkschaften beschlagnahmt, die Organisationen zusammengefaßt und in die neugebildete »Deutsche Arbeitsfront« (DAF) unter der Führung Robert Leys eingegliedert. Am 24. Mai gab der Leiter des »Gesamtverbandes der Deutschen Arbeiter«, einer der Gliederungen der DAF, Walter Schuhmann, ein Rundschreiben heraus, das die Verwaltungsstellen aufforderte, dafür zu sorgen, daß bis zum 1. Juli 1933 alle führenden Funktionäre der Freien Gewerkschaften ausgeschieden wären; ihre Funktionen sollten von bewährten NSBO- und NSDAP-Mitgliedern übernommen werden.

Damit hörten die Freien Gewerkschaften auf zu bestehen. Die Auffassung ihrer Spitzenvertreter, ihre insgesamt etwa 4,5 Millionen Mitglieder starken Organisationen mit einer generationenlangen Geschichte und der fundamentalen Aufgabe, die Interessen der Arbeiterschaft gegenüber Unternehmern und Staat zu wahren, könnten nicht aus dem öffentlichen Leben ausgeschaltet werden, hatte sich damit ebenso als Illusion erwiesen wie die Hoffnung, durch Entpolitisierung und Selbstgleichschaltung ihre Existenz zu sichern.

SPD

Auf der ersten Parteiausschußsitzung der SPD am 14. März, vier Tage nach der Besetzung der Reichsbanner-Zentrale in Magdeburg durch die SA, machte der Vorsitzende Otto Wels seine Einschätzung der Situation deutlich: Er rechnete mit dem Abfall der Gewerkschaften, erwartete weitere Verfolgungen und hielt das Verbot der SPD für möglich. Die Sozialdemokratie müsse wieder von vorne anfangen.[41] Trotz dieser klaren Worte steuerte die SPD in der Folgezeit einen Kurs, der zwischen Selbstauflösung und Selbsterhaltung lag. Sie versuchte in ihren Verlautbarungen die Geschlossenheit, die Identität und das Gesicht zu wahren und durch ein strikt legales Verhalten der Regierung keinen Angriffspunkt zu bieten.

Am 23. März lehnte Wels als Sprecher der SPD im Reichstag das Ermächtigungsgesetz ab. In seiner Rede hob er die Allmacht hervor, die dieses Gesetz der Regierung gab, wies auf die Beschränkung der Pressefreiheit und der Rechtssicherheit hin, sprach von den Verfolgungen, denen sich Sozialdemokraten ausgesetzt sahen und stellte die »Grundsätze der Menschlichkeit und der Gerechtigkeit, der Freiheit und des Sozialismus« gegen die herrschenden Verfassungsbrüche und allgemeinen Rechtsunsicherheit. Darüber hinaus verwies er auf die Leistungen der Sozialdemokratie und sprach den Verfolgten und Freunden Mut zu. Diese Rede zählte zu den letzten Äußerungen des öffentlichen Widerstandes der Sozialdemokratie in einer Situation, in der der Gegner bereits nahezu alle Machtpositionen in der Hand hatte und die Partei mit ihrer Unterdrückung und Auflösung rechnen mußte.

Weiterreichende Konsequenzen als die Ablehnung des Ermächtigungsgesetzes wurden aus dieser Rede jedoch nicht gezogen. Vielmehr trat Wels am 30. März aus der Sozialistischen Arbeiter-Internationale (SAI) aus, weil sie angeblich unzutreffende Berichte über die Lage in Deutschland nach der Machtübernahme der Nationalsozialisten verbreitet habe. Außerdem trat die Partei Anfang April einem Versuch der Berliner Sozialistischen Arbeiterjugend (SAJ), den Übergang in die Illegalität vorzubereiten, entgegen, indem sie deren Leitung aus der Partei ausschloß. Auch auf der letzten Reichskonferenz vom 26. April 1933, die anstelle eines Parteitages abgehalten wurde und auf der Vertreter aus allen Parteibezirken teilnahmen, fand die Politik, keinen Anstoß zu erregen, noch eine Mehrheit, obwohl der Parteivorsitzende erneut »auf die Möglichkeit einer Zerschlagung der Organisation und die Notwendigkeit der illegalen Fortführung der Bewegung« hinwies.[42] Als am 2. Mai die Gewerkschaftshäuser besetzt wurden, rechnete der Parteivorstand mit einem unmittelbar bevorstehenden Verbot der Partei. Nach der Beschlagnahme des Parteivermögens am 10. Mai faßte er schließlich den Beschluß, den Sitz des Parteivorstandes ins Ausland zu verlagern.

Eine Minderheit im Parteivorstand um den ehemaligen Reichstagspräsidenten Paul Löbe glaubte jedoch nach wie vor, durch Anpassung die Organisation erhalten zu können. Diese Gruppe und die Fraktion der SPD unterstützte am 17. Mai im Reichstag die außenpolitische Erklärung Hitlers, in der er die Respektierung der geltenden außenpolitischen Verträge zusicherte, aber die Revision des Versailler Vertrages forderte. Mitte Juni 1933 bildete sie einen neuen Parteivorstand, distanzierte sich von der Auslands-SPD und erklärte sich statt dessen als die berufene Vertretung der Partei. Diese Maßnahme verhinderte jedoch nicht, daß am 22. Juni über die SPD ein Betätigungsverbot verhängt wurde. Dadurch fiel der Prager Exilleitung die Vertretung der Partei zu.

3. Zerfall und Verbot der sozialdemokratischen Organisation in Hamburg

ADGB

Da die Entscheidung gefallen war, keinen Generalstreik zu beginnen, blieben dem ADGB angesichts der Übergriffe der Nationalsozialisten nur mehr Restformen des Widerstandes oder der Weg der Anpassung unter möglichster Wahrung der Selbständigkeit. Der ADGB in Hamburg folgte dem Kurs der Anpassung, der vom Bundesvorstand vorgegeben wurde. Gleichsam symbolisch deutlich wurde dieses Verhalten am 6. März, einen Tag nach dem Wahlsieg der Nationalsozialisten. Um 8.00 Uhr morgens betraten sieben SA-Männer des Sturmes 3/45 das ungeschützte Gewerkschaftshaus am Besenbinderhof und hißten auf dem Dach die Hakenkreuzfahne. Damit dokumentierten sie wie bei der Flaggenhissung auf dem Rathaus am Abend zuvor den Herrschaftsanspruch der Nationalsozialisten. Angestellte des ADGB entfernten die Fahne wieder, gaben sie auf der Polizeiwache 4 ab und ersuchten den kommissarischen Leiter der Polizei, den Nationalsozialisten Alfred Richter, »die Wiederholung eines derartigen Vorganges zu unterbinden.«

Gemäß der Linie des Bundesvorstandes begann der ADGB in Hamburg im Verlauf des März, sich parteipolitisch zu neutralisieren. In seinem Mitteilungsblatt »Die freie Gewerkschaft« erklärte er in sehr bedachten und vorsichtigen Formulierungen:

»Die Gewerkschaftsbewegung lehnt eine Bevormundung durch die politischen Parteien, welche es auch seien, ab... Wir heißen jeden, ganz gleich wo er parteipolitisch stehen mag, in unseren Reihen willkommen. Wir verbieten niemandem das parteipolitische Glaubensbekenntnis.« Diese Sätze bedeuteten eine Absage an die politischen Ziele sowohl der SPD als auch der NSDAP und enthielten eine Einladung an die Nationalsozialisten zum Beitritt. Der ADGB war bereit, die Mitgliederschaft, die überwiegend der Sozialdemokratie nahestand, durch Nationalso-

Nationalsozialisten verbrennen am 2. Mai 1933 vor dem Gewerkschaftshaus die Schwarz-Rot-Goldene Fahne

zialisten zu erweitern und damit hinzunehmen, daß sich auch seine Basis parteipolitisch neutralisierte.

Hauptziel der gewerkschaftlichen Arbeit sollte die Wahrnehmung der wirtschaftlichen und sozialen Interessen der Arbeiterschaft bleiben. Darunter verstand man, bei der Arbeitsbeschaffung mitzuwirken, die Sozialpolitik und das Arbeitsrecht zu sichern und letztlich »den Versuch zu machen, täglich sozial zu helfen.« Das Endziel, am Umbau der kapitalistischen zu einer sozialistischen Wirtschaft mitzuwirken, das im Zuge der programmatischen Radikalisierung unter dem Eindruck der Weltwirtschaftskrise im Jahre 1932 immer wieder in Erinnerung gerufen worden war, wurde nicht mehr erwähnt. Der ideologische Rückzug und die Betonung, »daß im politischen Durcheinander die Gewerkschaftsbewegung immer der ruhende Pol ist und daß von diesem ruhenden Pol aus um die Erhaltung der Arbeiterbewegung zu ringen ist,« gründeten auf der Hoffnung, damit der Arbeiterschaft eine Bastion zu erhalten.[43]

In der Tat schien im März 1933 das Existenzrecht der Gewerkschaften nicht zur Debatte zu stehen. Am 21. März erklärte der nationalsozialistische Bürgermeister Carl Vincent Krogmann in einer Umschreibung der Worte Hitlers aus »Mein Kampf«, daß die Gewerkschaften ein wertvolles Glied im Wiederaufbau des Staates bilden könnten, wenn sie sich von ihrem »klassenkämpferisch-marxistischen

Einfluß befreien« würden.[44] Dies schien eine Brücke zu sein, die der ADGB bereitwillig beschritt. »Die freie Gewerkschaft« schrieb am 4. April: »Das deutsche Volk hat den Weg bezeichnet, den es zu gehen wünscht und es hat in seiner großen Mehrheit den Willen, sich der vom Reichspräsidenten bestimmten Führung anzuvertrauen. Wir sind zu gut geschult, um nicht zu wissen, daß es sinnlos ist, vor den Tatsachen den Kopf in den Sand zu stecken... Wir werden ... gezwungen sein, eine Erklärung zu finden, die unsere Stellung im Staate und zum Staate zum Inhalt hat... Dieses Bekenntnis soll Hand und Fuß haben. Es soll und es wird ehrlich sein, und wir hoffen, daß es dazu beiträgt, Brücken zu bauen selbst zu denen, die aus mangelnder Kenntnis über Wesen und Werdegang der deutschen Gewerkschaftsbewegung lieber heute als morgen ihre Vernichtung vornehmen möchten.«

Nach der Bundesausschußsitzung des ADGB vom 5. April, an der John Ehrenteit teilnahm, berief er für den 13. April 1933 eine große Versammlung ein, zu der angeblich etwa 3.000 Funktionäre der Hamburger Freien Gewerkschaften kamen. Auf dieser Versammlung stellten Ehrenteit die Frage: »wollen sich die Gewerkschaften in die Neugestaltung einschalten oder wollen sie die ihnen von den Lohn- und Gehaltsempfängern zugewiesenen Aufgaben als erledigt betrachten?« In der Antwort, die er darauf gab, demonstrierte er das neue Selbstverständnis des ADGB: »Wir fühlen uns nicht als Fremdkörper, sondern als einen gewichtigen Teil der vom Reichskanzler Hitler proklamierten Volksgemeinschaft.«

Die Aufgaben der Freien Gewerkschaften im Dritten Reich sah er in der »Wahrung des sozialen Rechts und [der] Wahrnehmung der wirtschaftlichen Belange der Arbeitnehmerschaft. Bei der Verfechtung und Lösung dieser Aufgaben haben wir mit jeder Regierung Verbindung zu suchen. Demgemäß haben wir uns auch zur heutigen Regierung positiv einzustellen! Das heißt alte gewerkschaftliche Gedanken konsequent weiter verfolgen. Wir sind willens und fähig mit den neuen Trägern der staatlichen Macht die Wünsche und Erwartungen der Arbeiterschaft auf sozialem und wirtschaftlichem Gebiet erfüllen zu helfen.« Eine Diskussion dieser programmatischen Rede unterblieb; statt dessen wurde der Antrag auf Billigung der Haltung des Ortsausschusses und des Bundesvorstandes des ADGB »gegen nur zwei Stimmen unter demonstrativem Beifall der Versammelten angenommen.« Allein in Versammlungen des Deutschen Metallarbeiterverbandes (DMV) kam es zu Auseinandersetzungen über die Politik und den künftigen Charakter der Gewerkschaften.[45] (Vgl. Dokument 2).

Die Bereitschaft zur Zusammenarbeit dokumentierte sich besonders im Verhalten Ehrenteits wenige Tage später, als er mit dem Senatsrat Georg Ahrens über die Gestaltung des Ersten Mai und vermutlich auch über das Verhalten der sozialdemokratischen Gewerkschafter in der Bürgerschaft verhandelte. Noch Ende April hielt er die weitere Existenz der Gewerkschaften in einer akzeptablen Weise für gesichert. Hierin wurde er durch die Ausführungen des nationalsozialistischen »Hamburger Tageblattes« vom 19. April bestärkt. Sie erweckten den Eindruck,

Dokument 2
Maifeieraufruf des ADGB und Rede Ehrenteits vor Hamburger Gewerkschaftsfunktionären vom 13. April 1933

Die freie Gewerkschaft

Offizielles Mitteilungsblatt des ADGB. Ortsausschuß Groß-Hamburg

| 12. Jahrgang. Nr. 14 | Mittwoch, den 19. April 1933 | Preis 5 Pfennige |

An die Mitglieder der Gewerkschaften!

Kollegen und Kolleginnen!

Im Zeichen des 1. Mai

habt Ihr alljährlich Euch zu der großen Aufgabe bekannt, in der deutschen Arbeiterschaft den hohen Gedanken der gegenseitigen Hilfe durch Erziehung zu Standesbewußtsein, Gemeinschaftswillen und Kameradschaftsgeist unermüdlich zu wecken, zu pflegen und zu fördern, wie er in unseren Gewerkschaften seinen organisatorischen Ausdruck gefunden hat.

Am Tage des 1. Mai

erglühte stets erneut das Bekenntnis der von leidenschaftlichem Kulturwillen beseelten deutschen Arbeiter, den werktätigen Menschen einem dumpfen Arbeitsdasein zu entreißen und ihn als freie, selbstbewußte Persönlichkeit in die Gemeinschaft des Volkes einzuordnen.

So habt Ihr im Zeichen des 1. Mai Euch den gesetzlichen Achtstundentag, das Recht auf menschenwürdige Existenz erobert. Wir begrüßen es, daß die Reichsregierung diesen unseren Tag zum gesetzlichen Feiertag der nationaeln Arbeit, zum deutschen Volksfeiertag erklärt hat.

An diesem Tage soll nach der amtlichen Ankündigung der deutsche Arbeiter im Mittelpunkt der Feier stehen.

Der deutsche Arbeiter soll am 1. Mai standesbewußt demonstrieren, soll ein vollberechtigtes Mitglied der deutschen Volksgemeinschaft werden. Das deutsche Volk soll an diesem Tage seine unbedingte Solidarität mit der Arbeiterschaft bekunden. Kollegen und Kolleginnen in Stadt und Land!

Ihr seid die Pioniere des Maigedankens. Denkt immer daran und seid stolz darauf.

In herzlicher Kameradschaft mit Euch allen unerschütterlich verbunden, senden wir Euch zu diesem Tage unseren gewerkschaftlichen Gruß.

Berlin, 15. April 1933.

Der Bundesvorstand des Allgemeinen Deutschen Gewerkschaftsbundes

Zur Mitarbeit am Aufbau von Staat, Wirtschaft und Nation bereit!

In einer am Donnerstag, 13. April, vom Ortsausschuß Groß-Hamburg des ADGB. einberufenen Versammlung sprach John Ehrenteit vor annähernd

3000 ehrenamtlichen Gewerkschaftsfunktionären

des Wirtschaftsgebiets Groß-Hamburg über

die gewerkschaftliche Situation.

Wir geben aus dieser fast zweistündigen Rede folgendes wieder:

„Wir haben früher mehr als einmal betont, daß die Gewerkschaften in jeder Wirtschaftsumgebung, in jedem Staat ihre natürlichen Aufgaben zu erfüllen haben.

Diese Aufgaben sind

Wahrung des sozialen Rechts

und

Wahrnehmung der wirtschaftlichen Belange

der Arbeitnehmerschaft.

Bei der Verfechtung und Lösung dieser Aufgaben haben wir mit jeder Regierung Verbindung zu suchen. Demgemäß haben wir uns auch zur

heutigen Regierung positiv einzustellen!

Das heißt gar nicht gewerkschaftliche Grundsätze aufgeben. Das heißt alte gewerkschaftliche Grundgedanken konsequent weiter verfolgen. Wir sind willens und fähig, mit den neuen Trägern der staatlichen Macht die Wünsche und Erwartungen der Arbeiterschaft auf sozialem und wirtschaftlichem Gebiet erfüllen zu helfen.

Wir sind dies um so mehr, als das, was sich am 5. März zutrug, unzweifelhaft

eine Revolution von größtem Ausmaß und größter Tragweite war.

Eine Revolution, die nicht abgeschlossen, deren Auswirkung nicht abzusehen ist. Eine Revolution, die traditionelle Auffassungen über den Haufen warf und mit Gewohnheitsbegriffen aufräumt, eine Revolution, die drauf und dran ist, das

liberalistisch-kapitalistische Wirtschaftssystem

zu überrennen.

Eine Revolution, die mit dem demokratischen Parlamentarismus brach, eines Parlamentarismus, der gerade den Gewerkschaftern in den letzten Jahren eine Enttäuschung nach der anderen brachte.

Wir befinden uns inmitten einer Revolution, die mit einer Offenheit, einer Konsequenz und einem Tempo von atemberaubendem Umfang vor sich geht.

Die entscheidende Frage ist, wollen sich die

Gewerkschaften in die Neugestaltung einschalten

oder wollen sie die ihnen von der Lohn- und Gehaltsempfängerschaft zugewiesene Aufgabe als erledigt betrachten?

Diese Frage ist es, die zur Entscheidung steht. Sie findet ihre Antwort in den verflossenen Geschehnissen. Was ist denn eigentlich geschehen und in welcher Situation befinden wir uns?

Mit der Eröffnung des Reichstages am 21. März und der Annahme des Ermächtigungsgesetzes ist für die Politik Deutschlands eine Entscheidung vollzogen worden, die auch für die Stellung der Gewerkschaften als den berufenen Vertretern der Arbeitnehmerinteressen von weittragender Bedeutung ist. Das deutsche Volk hat den Weg bezeichnet, den es zu gehen wünscht, und es hat in seiner großen Mehrheit den Willen, sich der vom Reichspräsidenten bestimmten Führung anzuvertrauen. Wir sind zu gut geschult, um nicht zu wissen, daß es sinnlos ist, vor den Tatsachen den Kopf in den Sand zu stecken. Die heutige Lage ist staatspolitisch das Ergebnis, ist die Synthese aus der Wiederwahl des Reichspräsidenten v. Hindenburg am 10. April 1932 und der Bestätigung des Reichskanzlers Hitler durch den Wahlausfall am 5. März 1933.

Zwangsläufig ergibt sich aus dieser Entwicklung und der bisherigen Stellung der Gewerkschaften im Rahmen der Verfassung eine Folge von Auseinandersetzungen, die Form und Inhalt unserer Bewegung wesentlich beeinflussen.

Jedes einzelne Mitglied wird diesen Vorgang spüren. Die Gewerkschaften haben zum

Staat und seiner Führung Brücken zu schlagen.

Es handelt sich dabei weniger um persönliche Fragen, als vielmehr um unsere Haltung zum Staate und zur Nation. Dieses Bekenntnis wird Hand und Fuß haben. Es soll und es wird ehrlich sein, und wir hoffen, daß es dazu beiträgt, Brücken zu bauen selbst zu denen, die aus mangelnder Kenntnis über Wesen und Werdegang der deutschen Gewerkschaftsbewegung lieber heute als morgen ihre Vernichtung vornehmen möchten.

Deutschlands Gewerkschaften vernichten heißt nichts anderes, als den Lebensstandard des deutschen Arbeitnehmers zu beseitigen, und der Nation kann nicht damit gedient sein, wenn Hunderttausende, ja Millionen Männer und Frauen in tiefster Erbitterung sich immer daran erinnern müßten, daß ihre Organisation, die ihren Arbeits-, Lebens- und Kulturwillen verkörperte, ihrer Bewegungsfreiheit beraubt ist.

Arbeit und Beruf zu schützen, das ist die gewerkschaftliche Aufgabe. Daß darüber hinaus die Gewerkschaften bestrebt sind, am Aufbau einer Wirtschaft teilzunehmen, die bessere Lebens- und Aufstiegsmöglichkeiten bietet, wird ihm niemand zum Vorwurf machen können. Wie oft haben wir an den Staat appelliert, seine Macht zu steigern, um der deutschen Wirtschaft Bahnen zu weisen, um das Chaos zu bändigen, das durch das Versagen der wirtschaftlichen Kräfte entstanden ist. Die Krisis der letzten Jahre hat uns gezeigt, wo anzusetzen gewesen wäre. Wir wissen, daß der Wunsch vieler Millionen ist und daß hier die Aufgabe besteht, die den Gewerkschaften ein für allemal gestellt bleibt.

Die Gewerkschaftsbewegung wirkt in der Tiefe des sozialen Lebens, sucht dem unmittelbaren sozialen Gegner, dem Unternehmertum, Vorteile abzuringen und schafft, indem sie das Bild der sozialen Machtverhältnisse verschiebt und die Bedingungen des sozialen Lebens verändert, neue soziale Tatsachen. Dann aber strebt sie danach, ihre Errungenschaften, die in diesen sozialen Tatsachen zum Ausdruck kommen, durch die Gesetzgebung rechtlich zu sichern. Die Geschichte der deutschen Sozialpolitik enthält zahlreiche Beispiele für diesen Werdegang sozialpolitischer Gesetze.

Stets haben die maßgebenden Gewerkschaftsinstanzen als Ziel ihrer Tätigkeit betrachtet

die Hebung des Arbeiterstandes in wirtschaftlicher, sozialer, geistiger und kultureller Beziehung.

Auch in diesem Augenblick wird und kann die Gewerkschaftsbewegung nicht nachlassen in ihrem Bestreben, an der Erfüllung ihrer sozialen und wirtschaftlichen Aufgabe weiterzuarbeiten.

Das gleiche Ziel hat die heutige Reichsregierung als das ihre bezeichnet. Diese Tatsache ermöglicht ohne Schwierigkeiten eine

Einschaltung der Gewerkschaften in das Programm der Reichsregierung.

Sollen die in der Gewerkschaftsbewegung ruhenden Kräfte für den Aufbau des neuen Staates mobilisiert werden, dann muß u. E. die Selbstverwaltung und der freiwillige Solidaritätsgedanke in den Gewerkschaften gesichert werden.

Eine auf

freiwillige Mitgliedschaft aufgebaute Einheitsgewerkschaft,

der Unabhängigkeit und Selbstverwaltung gesichert wird, ist der beste Garant, daß die Millionen, die zu uns stehen, in den

Aufbau von Staat, Wirtschaft und Nation

eingeschaltet werden können.

John Ehrenteit

> Und zu einer solchen Mitarbeit, darüber haben die Auslassungen der gewerkschaftlichen Instanzen, darüber hat insbesondere des Bundesvorsitzenden
>
> **Theodor Leiparts Brief an den Kanzler Adolf Hitler**
>
> keinerlei Zweifel gelassen, sind die Gewerkschaften durchaus bereit.
>
> Aus unserer Bereitwilligkeit zur aktiven Mitarbeit ist auch die Schreibweise unseres Organs „Die freie Gewerkschaft" zu verstehen. Wir fühlen uns nicht als Fremdkörper, sondern als einen gewichtigen Teil der vom Reichskanzler Hitler proklamierten Volksgemeinschaft.
>
> In dieser unserer Haltung läßt uns der u. a. auch von der Arbeitgeberzeitung erhobene hämische Vorwurf: „Ihr sucht Anschluß" kalt. Wir schlagen Brücken, **um der Arbeiterschaft und damit dem deutschen Volke dienen zu können!**
>
> Was nun die Zukunft der Gewerkschaften anlangt, so ist die Prognose nicht schwer. Es wird von den Mitgliedschaften der Organisationen abhängen, wie sich der Weg der Gewerkschaften gestalten wird.
>
> Wird in diesen Entscheidungsstunden die Treue und die Disziplin gewahrt, werden Miesmacher und Schwarzseher in die Schranken verwiesen, dann brauchen wir um die **Erhaltung der Selbsthilfeorganisation der Arbeiterschaft keine Befürchtungen haben."**
>
> Diese, immer wieder von lebhafter Zustimmung der Versammlung unterbrochenen Ausführungen, fanden an ihrem Schluß stürmischen Beifall.
>
> Amlung, vom Gesamtverband, beantragte, von einer Aussprache Abstand zu nehmen und als Willenskundgebung folgende Entschließung anzunehmen:
>
> „Die am 13. April stattgefundene, von etwa 3000 Funktionären der freien Gewerkschaften Groß-Hamburgs besuchte Versammlung billigt ausdrücklich die Haltung des Bundesvorstandes und des Vorstandes des Ortsausschusses.
>
> Die Versammlung billigt auch ausdrücklich die Schreibweise der „Freien Gewerkschaft" und spricht Bundesvorstand und Ortsausschußvorstand ihr volles Vertrauen aus."
>
> Der Antrag Amlung wurde mit allen gegen nur zwei Stimmen unter demonstrativem Beifall der Versammelten angenommen.

Quelle: Die freie Gewerkschaft. Offizielles Mitteilungsblatt des ADGB, Ortsausschuß Groß-Hamburg, vh. in der Staatsbibliothek Hamburg.

daß die Organisationen der Gewerkschaften bei einer Distanzierung von der SPD Bestand haben würden. Das Blatt referierte zustimmend den Brief Theodor Leiparts vom 21. März an Hitler und wandte sich explizit gegen die Beseitigung der Gewerkschaften: »Die Reaktion will diese Organisationen zerschlagen, der Nationalsozialismus will sie erobern.« Deutlich wird aus diesem von dem Hamburger ADGB-Organ hervorgehobenen Satz allerdings, daß das »Hamburger Tageblatt« den Preis für die Existenzwahrung der Gewerkschaften in ihrer Unterwerfung unter die Führung der Nationalsozialisten sah.[46]

Für Ehrenteit war zu diesem Zeitpunkt die künftige Organisationsform die entscheidende Frage. Auf einer Versammlung des »Gesamtverbandes« am 26. April erklärte er: »Die Tatsache, daß auch der neue Staat der Gewerkschaftsbewegung bejahend gegenübersteht, bietet uns die beste Möglichkeit, ohne Aufgabe irgendwelcher gewerkschaftlicher Grundsätze uns in diesen neuen Staat einzuschalten und positiv am Aufbau von Staat und Wirtschaft mitzuarbeiten. Dabei... kommt es gar nicht darauf an, ob es künftig nur eine Einheitsgewerkschaft geben wird oder eine andere Form gewählt wird. Allerdings ist Voraussetzung dafür, daß der Gewerkschaft nach wie vor das Selbstverwaltungsrecht auf Grund ihrer Mitgliederbeschlüsse zusteht.«

Nach der Erklärung, im neuen Staat positiv mitzuarbeiten und bereit zu sein, die bisherige eigenständige Organisationsform aufzugeben, ging der ADGB schließlich noch einen Schritt weiter und druckte in der — letzten — Nummer seines Mitteilungsblattes einen Artikel aus der »Rhein-Ems-Zeitung« und Worte des Leiters der NSBO in Hamburg, Rudolf Habedank, ab, die die Mitglieder der Freien Gewerkschaften zum Eintritt in die NSBO aufforderten. Eine Doppelmitgliedschaft sei deshalb möglich, weil die NSBO keine Gewerkschaft, sondern die politische Kampforganisation der NSDAP in den Betrieben sei. Die Schriftleitung beschränkte sich bei der Wiedergabe des Zeitungsartikels auf die Erklärung, daß »er den Unterschied zwischen gewerkschaftlichen Aufgaben und denen der NSBO völlig klärt.«[47] Dieses Verfahren konnte als Empfehlung des Hamburger ADGB zum Eintritt in die NSBO angesehen werden. Die Gewerkschaftsmitglieder erhielten keine Stellungnahme ihres Vorstandes zur Frage, wie sie sich zur NSBO verhalten sollten.

Diese Taktik der nahezu vorbehaltlosen Anpassung hat das Schicksal des ADGB in Hamburg nicht aufzuhalten vermocht. Am 2. Mai 10.00 Uhr morgens wurden das Gewerkschaftshaus am Besenbinderhof besetzt und die anwesenden Gewerkschaftsfunktionäre in »Schutzhaft« genommen.[48]

Partei und Fraktion der SPD

Partei

Die SPD in Hamburg hatte nach der Reichstagswahl vom 5. März erwartet, daß die nähere Zukunft Zustände wie unter dem Sozialistengesetz (1878-1890) bringen würde. Das bedeutete ein Verbot der Partei, aber die Möglichkeit, bei Reichstagswahlen auftreten und über den Reichstag auf die Bevölkerung einwirken zu können. Das Mitteilungsblatt des ADGB Hamburg deutete am 8. März vorsichtig die Perspektive und Hoffnung der sozialdemokratischen Arbeiterbewegung an: »Auch das Sozialistengesetz ist an unserer Gesetzmäßigkeit zugrunde gegangen! Aus den damaligen schweren Bedrängnissen ging die moderne Arbeiterbewegung gefestigter und organisatorisch stärker denn je hervor.«

Am 2. März besetzten SA-Männer das Gewerkschaftshaus am Besenbinderhof

Während Partei- und Gewerkschaftsführung sich bemühten, den Mitgliedern durch Erinnerungen an die Geschichte Hoffnung zu geben, sank die Stimmung an der Basis drastisch. In den Deutschland-Berichten der Exil-SPD heißt es rückblickend auf die Zeit nach der Reichstagswahl: »Die Massen unserer Anhänger, die seit September 1930 einen beispiellos zähen und opfervollen Abwehrkampf gegen die drohende faschistische Gefahr geführt hatten und die noch in den Terrorwahlen vom 5. März 1933 ein Bespiel bewunderungswürdiger Treue zur Partei lieferten, waren nach dem Zusammenbruch aufs Schwerste deprimiert und fast völlig gelähmt.«[49] Zu dieser Stimmung trug nicht nur die offenbar gewordene Niederlage der Sozialdemokratie bei, sondern auch die nun unverhüllt praktizierte Unterdrückungspolitik der Nationalsozialisten.

Unter Vorwegnahme des am 7. April 1933 erlassenen »Gesetzes zur Wiederherstellung des Berufsbeamtentums« erklärte der Hamburger Senat am 29. März, daß für Beamte, Angestellte und Arbeiter de Zugehörigkeit zu einer »marxistischen« Partei oder Organisation oder deren Unterstützung mit einer Tätigkeit im Dienste des Stadtstaates Hamburg unvereinbar sei. Darauf wurden viele Sozialdemokraten und Kommunisten entlassen; ihre Arbeitsplätze erhielten zum Teil die »alten Kämpfer« der NSDAP. Ein Teil der im Staatsdienst beschäftigten Sozialdemokraten, aber auch andere Mitglieder der SPD traten seit dem März 1933 aus der Partei aus, um persönliche Nachteile für sich und ihre Familien abzuwenden. Auch zwölf sozialdemokratische Bürgerschaftsabgeordnete, die von dem Senatserlaß betroffen wurden, traten mit Billigung des Vorstandes aus der Partei aus und legten ihre Mandate nieder.[50] Fritz Kessler berichtete aus Altona, daß der stellvertretende Parteivorsitzende August Blume das Parteibüro Tag und Nach offen hielt, um die Mitgliedsbücher von Sozialdemokraten zurücknehmen zu können.

Parallel dazu verdrängte der Senat prominente Sozialdemokraten aus den Aufsichtsräten und Verwaltungsspitzen derjenigen Betriebe, auf die der Stadtstaat Hamburg finanziellen oder politischen Einfluß hatte. Der Direktor der Hamburgischen Beleihungskasse, Max Leuteritz, der bis zum Jahre 1929 Parteivoristzender der SPD Hamburg gewesen war, wurde Ende März beurlaubt; Hans Podeyn, der Fraktionsvorsitzende der SPD, Anfang April vom Senat aus dem Finanzausschuß der Landwirtschaftskammer zurückgezogen, und Ende April erfolgte die Entlassung der Sozialdemokraten aus den Führungspositionen der AOK. Im Mai nahm die Polizei mehrere bekannte Sozialdemokraten (M. Leuteritz, K. Meitmann, E. Lindstaedt u.a.) unter dem Vorwurf der Urkundenvernichtung bzw. des Konkursvergehens fest. Die hiermit verbundenen Korruptionsvorwürfe sollten »die Bonzen« bei den Sozialdemokraten und in der Bevölkerung diskreditieren. In der Regel mußten die Verfahren jedoch wenig später wegen völliger Haltlosigkeit der Vorwürfe eingestellt werden.

Außerdem traf der Senat Maßnahmen, um die Bewegungsfreiheit und das Auftreten der Sozialdemokratie einzuschränken. Mitte März verbot die Polizei das

Heraushängen von Fahnen der SPD und KPD. Am 6. April erließ sie ein Verbot »marxistischer Propaganda« durch Plakate. Die Grundeigentümer waren bei Strafandrohung verpflichtet, entsprechende Plakate von ihren Häusern, Mauern oder Zäunen zu entfernen. Außerdem entzog der Senat den »marxistischen« Organisationen die Benutzungsgenehmigung von öffentlichen Gebäuden (Schulen, Turnhallen etc.). Am 26. April erfolgte ein Verbot der politischen Versammlungen und Demonstrationen der SPD, Mitte Mai schließlich das Verbot, SPD-Abzeichen in der Öffentlichkeit zu tragen (vgl. Dokument 3). Diese mit der Reichstagsbrandverordnung legitimierten Maßnahmen führten dazu, daß die Symbole der Sozialdemokratie allmählich aus der Öffentlichkeit verschwanden.

Die SPD sah nur begrenzte Möglichkeiten für eine aktive Politik. Am 1. April rief die Partei offenbar durch Mund-zu-Mund-Propaganda zur Durchbrechung des von der NSDAP und SA inszenierten Boykotts der jüdischen Geschäfte auf. Nach den Erinnerungen des Hamburger Reichstagsabgeordneten Hans Staudinger besuchten darauf viele Sozialdemokraten in verstärktem Maße jüdische Geschäfte. Außerdem soll das demonstrative Auftreten von Gruppen ehemaliger Reichsbannermitglieder einige Posten stehende SA-Männer zum Abzug veranlaßt haben.[51]

Zur Hauptaufgabe der Sozialdemokratie wurde jedoch, organisatorische Vorbereitungen für die erwarteten Verfolgungen zu treffen. Kurz nach der Märzwahl wurde den Parteiangestellten zum 31. Juli vorsorglich gekündigt. Am 22. März 1933 lösten der Vorsitzende Heinrich Steinfeldt und der Geschäftsführer Friedrich Wollmann das Reichsbanner im Gau Hamburg, Bremen und Nordhannover auf. Im April/Mai machte der Kassierer Claus Umland das Parteivermögen flüssig und schaffte es zum Teil ins Ausland. Dennoch wurden in Hamburg bei der SPD, dem »Hamburger Echo« und dem Reichsbanner Werte in der Höhe von 3.790.682,46 RM beschlagnahmt. In der SAJ empfahl der Jugendsekretär Erich Lindstaedt mehreren Jugendlichen, darunter dem Vorstandsmitglied Heinz Gärtner, Zurückhaltung in ihren öffentlichen Äußerungen. Sie sollten nicht auffallen, weil sie in der Illegalität die Führung der Jugendlichen übernehmen sollten. Ebenso besorgten in einzelnen Bezirken und Distrikten die Organisationsleiter Papier und Abzugsapparate, um die ihne zur Verfügung stehenden Gelder für die Illegalität sinnvoll anzulegen.

Nach dem Verbot des »Hamburger Echo« und der Versammlungstätigkeit waren die Verbindungen zwischen der Parteileitung und den Mitgliedern gestört. Der Kontakt wurde nun durch die Ausgabe von Merkblättern aufrecht erhalten. Sie nahmen u.a. gegen die von der nationalsozialistischen Presse verkündeten Meldungen und die Gerüchte Stellung, die den Sozialdemokraten Abfall von der Partei oder Korruption vorwarfen. Grundlegende Erörterungen über die »Schuldfrage« oder die Perspektiven der Sozialdemokratie wurden darin nicht geführt. Vielmehr versuchte der Parteivorstand der Hamburger SPD immer wieder, Optimis-

Dokument 3

Anordnung des Chefs der Ordnungspolizei Ernst Simon vom 3. Mai 1933

Befehlsheft I Nr. 93

Chef der Ordnungspolizei

Hamburg, den 3. Mai 1933

IV/

Besondere Anordnung Nr. 93

Betr.: Polizeiverordnung zur Bekämpfung kommunistischer und marxistischer Betätigung. (Hamburgisches Gesetz= und Verordnungsblatt Nr. 37. Vom 30. April 1933.)

Die auf Grund der Verordnungen zum Schutze des deutschen Volkes und zum Schutze von Volk und Staat vom 4. und 28. Februar 1933 bisher erlassenen Polizeiverordnungen werden in nachfolgender Verordnung zusammengefaßt.

I.

Auf Grund § 1 der Verordnung des Reichspräsidenten zum Schutze von Volk und Staat vom 28. Februar 1933 wird angeordnet:

a) Sämtliche Aufzüge, Demonstrationen, Sprechchöre usw. und alle Versammlungen – auch in geschlossenen Räumen – der K.P.D. und ihrer Hilfs= und Nebenorganisationen, der S.P.D., der S.A.J., ihrer Nebenorganisationen und aller sonstigen marxistischen Vereinigungen sind bis auf weiteres verboten.

b) Die gesamte kommunistische und sozialdemokratische Presse wird bis auf weiteres verboten. Sämtliche kommunistischen und sozialdemokratischen Flugblätter, Plakate und Transparente sind zu beschlagnahmen und einzuziehen. Die Herstellung, das Vorrätighalten und die Verbreitung derartiger Erzeugnisse ist verboten. Das Sammeln von Beträgen für Anzeigenaufträge und Zeitungsbestellungen für die verbotene kommunistische und sozialdemokratische Presse – auch soweit der Erscheinungsort nicht Hamburg ist – wird untersagt.

c) Das Zeigen marxistischer Fahnen wird aus Gründen der Aufrechterhaltung der öffentl. Sicherheit und Ordnung bis auf weiteres verboten.

II.

Auf Grund § 14 der Verordnung des Reichspräsidenten zum Schutze des deutschen Volkes vom 4. Februar 1933 werden Sammlungen von Geld und Sachspenden für die K.P.D. und ihre Nebenorganisationen sowie für die „ Rote Hilfe " und die „ Internationale Arbeiterhilfe " auf Straßen und Plätzen und von Haus zu Haus sowie in öfftl. Gaststätten und an anderen öfftl. Orten verboten.

III.

Die bisher erlassenen Polizeiverordnungen werden, soweit sie in der vorstehenden Verordnung enthalten sind, hiermit aufgehoben.–

Hamburg, den 29. April 1933.

Die Polizeibehörde.

F. d. R.

Verteiler:
wie „ Besondere Anordnung "

Quelle: Privatbesitz.

mus zu zeigen und seine Mitglieder zu ermutigen, indem er seiner Überzeugung Ausdruck gab, »daß auf die Dauer nicht die Gewalt, sondern das Rechtsbewußtsein den Sieg davontragen wird« und daß man versuchen müsse, »auch unter veränderten Verhältnissen seiner Aufgabe gerecht zu werden und seinen Idealen zu dienen.« Die Sozialdemokratie werde diese Regierung überstehen, es komme darauf an, auf dem Boden der Gesetzmäßigkeit zu bleiben und vor allem den Zusammenhalt zu wahren: »Wie immer auch sich die organisatorischen Verhältnisse gestalten werden, eines müssen wir uns unter allen Umständen erhalten: unsere Partei als feste und unzertrennliche Gesinnungsgemeinschaft, die in der Zukunft ebenso wie in der Vergangenheit den Mutterboden bildet für alle Zweige der Arbeiterbewegung. Für diesen engen gesinnungsmäßigen Zusammenhalt Sorge zu tragen, auch wenn die bisher gewohnten organisatorischen Formen nicht in jedem Fall aufrechtzuerhalten sind, muß die Aufgabe jedes einzelnen Parteimitgliedes sein.«[52]

Fraktion

Nach dem 5. März 1933 kam es auf Initiative der NSDAP zu neuen Koalitionsverhandlungen zwischen den Parteien. Unter dem Eindruck des Reichstagswahlergebnisses zeigten sich jetzt die Vertreter aller bürgerlicher Parteien koalitionswillig. Die Bürgerschaft wählte darauf am 8. März einen Senat, in dem die NSDAP 6, die DNVP und der Stahlhelm je 2 und die DVP und die Staatspartei je einen Senatsposten besetzten. Die kommunistische Fraktion erklärte in einem Schreiben vom gleichen Tag an den sozialdemokratischen Bürgerschaftspräsidenten Dr. Herbert Ruscheweyh die Übernahme der Polizeibehörde am 5. März durch einen Nationalsozialisten als einen offenen Verfassungsbruch, bezeichnete die Senatswahl als »Komödie«, warf der Führung der SPD und des ADGB den Willen zu einer »Einheitsfront der Unterwerfung« vor und kündete dem Senat den »offensten unversöhnlichsten Kampf« an. Die Abgeordneten der KPD nahmen an der Senatswahl nicht teil, da sie aufgrund der »Verordnung zum Schutz von Volk und Staat« teils verhaftet waren, teils ihre Verhaftung befürchten mußten. Ruscheweyh weigerte sich, diese kompromißlose Erklärung vor der Bürgerschaft zu verlesen, »da sie Wendungen enthalte, die er ›als Präsident zu beanstanden haben würde, wenn sie im Hause gebraucht würden.‹«[53]

Auch die sozialdemokratische Fraktion beteiligte sich nicht an der Wahl des neuen Senates. Ihr Vorsitzender Podeyn begründete diese Entscheidung in einer Grundsatzrede, die wesentliche Aussagen der Erklärungen von Otto Wels zum Ermächtigungsgesetz vorwegnahm. Nach der Darlegung des Regierungsprinzips der Hamburger Sozialdemokratie (nicht einseitige Parteiherrschaft, sondern »Mitwirkung aller Volksschichten«) und der Anerkennung, »daß hinter dem neuen Senat einstweilen noch große Volksmassen stehen«, gab er der Skepsis Ausdruck, ob die Reichsregierung und der neue Senat in der Lage sein würden, mit der

Der am 8. März 1933 neu gewählte Senat: Stehend (von links nach rechts) Senatoren Klepp, v. Pressentin, Witt, Richter, Rothenberger, Ahrens, Osterdinger, Engelken. Sitzend: Senatoren Stavenhagen, v. Allwörden, Regierender Bürgermeister Krogmann, Zweiter Bürgermeister Burchard-Motz, Senator Matthaei

bisher gezeigten bloßen Machtpolitik und den sich andeutenden Autarkiemaßnahmen aus der Wirtschaftskrise herauszufinden. Er kündete an, daß die SPD die Politik des Senats trotz der Erschwerung ihrer Oppositionsstellung »mit schärfster Aufmerksamkeit« verfolgen und daß sie auch die »zweite Periode der Verfolgung und des Terrors überwinden« werde.[54]

Die NSDAP begann ihre neue Macht sofort zur Verfolgung ihrer politischen Gegner einzusetzen. Der nationalsozialistische Polizeisenator Richter ließ im Verlauf des März mehrere Bürgerschaftsabgeordnete der SPD und KPD in »Schutzhaft« nehmen. Darauf wandte sich der Bürgerschaftspräsident Ruscheweyh beschwerdeführend an den Senat und kündigte an, den Bürgerausschuß für den 20. März einzuberufen. Der Bürgerausschuß, der für die Wahrung der Immunität der Abgeordneten zuständig war, hätte unzweifelhaft die Maßnahmen des Polizeisenators verurteilen müssen. Der Präsident des Senates C.V. Krogmann bat deshalb die Senatsparteien, keine Mitglieder in diesen Ausschuß zu entsenden und erklärte, daß auch der Senat keinen Vertreter delegieren werde. Dr. Ruscheweyh sagte darauf die Ausschußsitzung ab. Danach erfolgte die Verhaftung dreier weiterer sozialdemokratischer Bürgerschaftsabgeordneter, des Parteivorsitzenden der SPD, Karl Meitmann, des Reichstagsmitgliedes Gustav Dahrendorf und des Bezirksvorsitzenden Willi Schmedemann. Ruscheweyh protestierte darauf erneut beim Senat. Am 30. März, dem Tage der Verkündung des »Vorläufigen Gesetzes zur Gleichschaltung der Länder mit dem Reich«, beschied ihn der Präsident des Senats

Hans Podeyn

Karl Ullrich

Gustaf Dahrendorf

Heinrich Steinfeldt

durch seinen Vertreter mit den Sätzen: »Ich beabsichtige nicht, mich zu den von dem Polizeiherren[senator] getroffenen Maßnahmen in irgendeiner Weise zu äußern. Der Polizeiherr verfährt, wie es im Interesse des Staates richtig ist, und seine Maßnahmen werden vom Senat gebilligt.«[55] Damit war die Entmachtung der Bürgerschaft und die Rechtlosigkeit ihrer Abgeordneten offenkundig geworden.

Nach dem Erlaß des ersten Gleichschaltungsgesetzes wurde die alte Hamburger Bürgerschaft aufgelöst, die Mandate gemäß dem Hamburger Wahlergebnis bei der Reichstagswahl vom 5. März 1933 neu verteilt und von 160 auf 128 herabgesetzt. Ihre Zahl reduzierte sich schließlich auf 106, da die 22 Sitze der KPD nicht zugeteilt wurden. In der neuen Bürgerschaft waren die NSDAP mit 51, die SPD mit 35, die Kampffront Schwarz-Weiß-Rot (DNVP, Stahlhelm u.a.) mit 10, die Deutsche Staatspartei mit 4, die DVP mit 3, das Zentrum mit 2 und der Christlich-Soziale Volksdienst mit einem Mandat vertreten. Am 10. April löste sich der Landesverband der DVP auf; seine drei Mandatsträger schlossen sich den Nationalsozialisten an. Damit hatte die NSDAP allein mit insgesamt 54 Mandaten die Mehrheit in der neuen Bürgerschaft.

In der konstituierenden Sitzung der neuen Bürgerschaft am 10. Mai 1933 erklärte der Regierende Bürgermeister Krogmann, daß nach den Gleichschaltungsgesetzen jetzt keine Verantwortung des Senats mehr gegenüber der Bürgerschaft bestehe. Die SPD-Fraktion blieb der Sitzung aus Protest fern, weil der Staat am gleichen Tage das Vermögen der SPD beschlagnahmt hatte. Der Fraktionsvorsit-

Hugo Schotte

Georg Amlung

Alfred Ehlers

Wilhelm Petersen

Emil Krause

Peter Haß

zende Podeyn, der noch am Vortrag für die sozialdemokratischen Abgeordneten die »Bereitwilligkeit zu positiver, sachlicher Mitarbeit zum Wohle Hamburgs« zum Ausdruck gebracht hatte, teilte dem Alterspräsidenten der Bürgerschaft J. Henningsen mit, daß der Fraktion »zur Zeit jede Möglichkeit [fehle], zu übersehen, ob, wie und in welchem Umfange uns ein Spielraum für unsere Mitarbeit gelassen wird.«[56]

Über den Kurs der SPD kam es Ende April innerhalb der Partei zu Auseinandersetzungen. Am 28. April berichtete das »Hamburger Tageblatt« über eine Abspaltung und die Bildung einer eigenen Fraktion durch zwölf Abgeordnete der SPD. In der Tat traten vor der zweiten Bürgerschaftssitzung am 31. Mai die sozialdemokratischen Abgeordneten John Ehrenteit, Hugo Schotte, Georg Amlung und Wilhelm Petersen aus der Fraktion aus. Mit Schreiben vom 8. Juni schloß sich das MdBü Alfred Ehlers, der solange in »Schutzhaft« gewesen war, dieser Entscheidung an.[57] Die Mitglieder dieser Gruppe erklärten, daß sie ihre Mandate künftig als Gewerkschafter wahrnehmen wollten. Am 21. Juni schied auch das MdBü Peter Haß aus der Fraktion »infolge der innerorganisatorischen und politischen Vorgänge innerhalb der SPD« aus und erklärte, sein Mandat parteipolitisch ungebunden ausüben zu wollen. Die erstgenannten Abgeordneten schlossen sich der NSDAP als Hospitanten an.

Dieses Ereignis hatte einen Vorläufer in der Abspaltung und Verselbständigung von sechs Gewerkschaftern aus der Stadtverordnetenfraktion der SPD in Kiel Anfang Mai: das deutet darauf hin, daß zumindest auf der Ebene des 11. ADGB-Bezirkes, zu dem Kiel und Hamburg gehörten, entsprechende Vereinbarungen getroffen worden waren. Zudem waren der Abspaltung der Ehrenteit-Gruppe Gespräche mit führenden Vertretern der Hamburger SPD vorausgegangen. Am 28. April hatten die ehemaligen sozialdemokratischen Senatoren Schönfelder und Krause sowie der Fraktionsvorsitzende Podeyn mit den Spitzenvertretern des ADGB Hamburg, Ehrenteit, Klus und Schotte, beschlossen, daß die fünf zuerst ausgetretenen Abgeordneten der SPD »die Interessen der Arbeiter in der Bürgerschaft unter der Bezeichnung« »Gewerkschaftsfraktion« weiterhin ... vertreten« sollten.[58] Offenbar rechneten sie Ende April mit einem Verbot der SPD und hofften, wie John Ehrenteit nach dem Zweiten Weltkrieg schrieb, mit der Bildung einer Gewerkschaftsfraktion bzw. mit dem Anschluß an die NSDAP-Fraktion einen »Teil der Arbeiterbewegung und eine parlamentarische Vertretung ... zu retten.«[59]

Folgt man dieser Argumentation, die zur Erklärung dieses Schrittes vorgebracht wurde, so glaubten die Gewerkschaftsführer noch nach dem 2. Mai, d.h. nach der Besetzung ihrer Organisationen und der Verhaftung ihrer führenden Funktionäre — unter ihnen auch John Ehrenteit — die Interessen der Arbeiterschaft in nationalsozialistischen Organisationen und unter nationalsozialistischen Prämissen wahrnehmen zu können. Ob ihr Vorgehen auch nach dem 2. Mai von den Vertretern des Parteivorstandes, mit denen sie diesen Schritt vereinbart hatten, noch als politisch sinnvoll anerkannt und gebilligt wurde, muß offen bleiben. Darauf, daß dieser Schritt unter den Beteiligten umstritten war, deutet die Tatsache hin, daß sich der zweite Vorsitzende des Ortsausschusses des ADGB und erster Bevollmächtigte des Einheitsverbandes der Eisenbahner Deutschlands, Ortsgruppe Hamburg, Karl Klus, trotz der vorherigen Absprache daran nicht beteiligte. Die Motive für die Abspaltung waren jedenfalls nur einem Teil der sozialdemokratischen Spitzenfunktionäre bekannt und konnten auch nicht offen gelegt werden. Dieser Schritt mußte vielen Sozialdemokraten als Anpassungsversuch und Zeichen politischer Gesinnungslosigkeit erscheinen; in diesem Sinne wurde er auch von der KPD angeprangert. Er wirkte außerordentlich demoralisierend und verbitternd und war noch nach dem Zweiten Weltkrieg Gegenstand öffentlicher Auseinandersetzungen und Vorhaltungen.

Angesichts der politischen Situation kamen die Mitglieder des Hamburger Parteivorstandes und -ausschusses am 15. und 16. Juni zusammen, um über ihr weiteres Vorgehen zu beraten. Auf der Tagesordnung stand offiziell das vom Gauleiter Kaufmann über den ehemaligen Schulsenator Emil Krause und den Reichstagsabgeordneten Gustav Dahrendorf gemachte Angebot, das »Hamburger Echo« als ein Blatt herauszubringen, das gemeinsam von der SPD und der NSDAP getragen werden sollte. Angeblich wollte Kaufmann damit eine Verbindung zwischen NSDAP und der Hamburger Arbeiterschaft herstellen.

Die Teilnehmer dieser angemeldeten und genehmigten Sitzung wurden von der Staatspolizei verhaftet.[60] Sie blieben mehrere Wochen in Haft und wurden z.T. mißhandelt; erst Ende August kam der letzte von ihnen wieder auf freien Fuß. Am 22. Juni 1933 erließ Reichsinnenminister Frick mit dem Hinweis auf die Verhaftungen in Hamburg, dem angeblichen Fund hochverräterischer Materialien und der Berufung auf die »Verordnung zum Schutz von Volk und Staat« ein Betätigungsverbot gegen die SPD. Die sozialdemokratischen Mandate wurden in Hamburg am 10. Juli für erloschen erklärt.

Auch die Mandate derjenigen Abgeordneten, die im Mai und Juni aus der sozialdemokratischen Fraktion ausgetreten waren, wurden annulliert. Der Gauobmann der DAF, Rudolf Habedank, erklärte am 28. Juni: »Die angeblich aus der SPD ausgetretenen Abgeordneten sind als Marxisten zu bewerten, ganz gleich, ob sie äußerlich der Partei angehören oder nicht. Innerlich können es nur Marxisten sein, denn niemand kann über Nacht seine Weltanschauhung [!], für die er bis zur letzten Minute gekämpft hat, ändern. Er beweist lediglich, daß diese Herren entweder keinen Charakter haben, oder aber ihre Angaben sind bewußte Täuschung.«[61] Mit der Annullierung der Mandate war das Zwielicht, in das sich die Gewerkschaftsgruppe begeben hatte, beseitigt; der erstaunliche Versuch von Sozialdemokraten, in der Fraktion der Nationalsozialisten weiterarbeiten zu wollen, war gescheitert.

Kapitel 4
Widerstand der Sozialdemokratie in Hamburg 1933-1937

1. Organisierter Widerstand der Sozialdemokraten

Zukunftsprognosen zur Herrschaft der Nationalsozialisten

Nach der Machtübernahme der Nationalsozialisten zeigten die Funktionäre und Mitglieder der beiden großen Arbeiterparteien ein unterschiedliches Verhalten. Die Kommunistische Partei glaubte zunächst, die Machtübernahme der Nationalsozialisten bedeute keinen grundlegenden Wandel in der Herrschafts- und Gesellschaftsordnung, sondern sei eine bloße Steigerungsform des bislang herrschenden kapitalistischen Systems, eine Episode und letzte Vorstufe vor der Errichtung der proletarischen Diktatur. Ausgehend von dieser Auffassung und veranlaßt durch die sofortigen Verfolgungen ging sie sofort in die Illegalität. Die KPD versuchte, aus dem Untergrund nach der alten Methode der Massenagitation auf die Bevölkerung einzuwirken, um aktiv den Zusammenbruch des Regimes herbeizuführen. In den ersten ein bis zwei Jahren leistete ein außerordentlich hoher Anteil der Kommunisten illegale Arbeit.

In der KPD überwog jedoch eine doppelte Fehleinschätzung der Lage: Die Parteileitung unterschätzte sowohl die Zustimmung zur »nationalen Revolution« und ihre positive Bedeutung im Bewußtsein des Volkes als auch die Rücksichtslosigkeit des neuen Gewaltsystems, das durch den Einsatz von Polizei und SA Angst und Einschüchterung hervorrief. Die mangelnde konspirative Schulung der Kommunisten, der Bekanntheitsgrad ihrer aktiven Mitglieder und die Einschleusung von Spitzeln in ihre zahlreichen Untergrundgruppen ermöglichten der Polizei viele Verhaftungen. Die vorangegangenen Auseinandersetzungen zwischen NSDAP und KPD in der Endphase der Weimarer Republik führten dazu, daß gerade in den ersten Monaten des Dritten Reiches die Nationalsozialisten mit besonderer Brutalität gegen die verhafteten Kommunisten vorgingen. Es kam zu zahlreichen Folterungen, Morden und Selbstmorden.

In der SPD kristallisierten sich zwei Einschätzungen der Herrschaftsdauer des Nationalsozialismus heraus. Die einen gingen wie die KPD davon aus, daß die Nationalsozialisten die wirtschaftlichen Probleme nicht lösen könnten und daß ihre politische Unfähigkeit bald zu einem Stimmungsumschwung in der Bevölkerung führen würde. Anfangs hatten die Vertreter dieser Auffassung die Hoffnung, daß der Umschwung nach wenigen Monaten kommen würde; dann rechneten sie damit, daß die verfassungsmäßig vorgesehenen Reichstagswahlen nach vier Jahren, d.h. im Jahre 1937, ordnungsgemäß stattfinden, der NSDAP eine große Niederlage und damit andere Mehrheiten bringen würden. Die Möglichkeit der Verlängerung des Ermächtigungsgesetzes wurde nicht berücksichtigt. Die Aufnahme einer neuen, illegalen Propaganda wurde nicht diskutiert oder ihre Wirkung für gering gehalten. Die begrenzte Zeit der Illegalität glaubte man im »Wartestand« (U. Borsdorf) ohne große Opfer überstehen zu können.

Die anderen hielten die Auffassung einer zeitlich begrenzten Herrschaft der Nationalsozialisten für eine Illusion. Sie gingen davon aus, daß ihre Machtübernahme eine Antwort auf die langjährige Strukturkrise der Demokratie war und eine bloße Rückkehr zur Weimarer Republik ausgeschlossen sei. Sie mißtrauten nach den Erfahrungen der letzten Jahre der Demokratiemündigkeit der Bevölkerung und dachten an die Ausarbeitung einer neuen Programmatik und Staatsform, etwa einer Demokratur (O. Grot), um eine zugkräftige Alternative zu den Nationalsozialisten zu gewinnen. Diese Sozialdemokraten waren auch der Auffassung, daß man mit einer harten Diktatur von vielen Jahren rechnen müsse. Angesichts der ersten Terrormaßnahmen der Nationalsozialisten schätzten sie den Handlungsspielraum für die organisierte Arbeiterschaft als gering ein. Es könne nicht damit gerechnet werden, die bestehenden Organisationen der Sozialdemokratie im Untergrund aufrecht zu erhalten. Sie tendierten deswegen eher dahin, neue, kleine, von einander unabhängige Gruppen mit politischen, aber auch militanten Aufgaben im Untergrund aufzustellen, um auf diese Weise Krisensituationen des Dritten Reiches aktiv ausnutzen zu können.

Diese unterschiedlich weitreichenden Vorstellungen von den Möglichkeiten und Aufgaben unter dem Nationalsozialismus prägten die Haltung wohl der meisten Sozialdemokraten; einig waren sie sich vor allem darin, die sozialdemokratische Gesinnungsgemeinschaft aufrechtzuerhalten und gegenüber den Maßnahmen des Dritten Reiches soweit möglich resistent zu bleiben.

Aufbau der Widerstandsgruppen

Aufgrund der unterschiedlichen Einschätzungen des Dritten Reiches blieben die Hamburger Sozialdemokraten in der Frage, ob sie den Aufbau eines Widerstandsnetzes wagen sollten, gespalten. Es handelte sich bei dieser Entscheidung nicht zuletzt um ein Generationenproblem, das die sozialdemokratische Politik schon in der Weimarer Republik gekennzeichnet hatte. Die Mitglieder des Parteivorstandes, die überwiegend der älteren Generation angehörten, leisteten keinen organisierten Widerstand. Für sie und diejenigen, die mit ihnen zusammenarbeiten wollten, wäre eine illegale Arbeit in Hamburg ein außerordentlich hohes Risiko gewesen. Es war offenkundig, daß die politische Polizei gerade die führenden Repräsentanten der Sozialdemokratie scharf beobachtete. Viele von ihnen kamen zum Teil mehrfach in »Schutzhaft« und wurden dort mißhandelt. Nach dieser Erfahrung wurden sie wie auch andere prominente Sozialdemokraten im Staatsdienst vor die Alternative gestellt, formell ihre Lösung von der SPD zu erklären oder auf ihre Pension zu verzichten. Darauf distanzierten sich die ehemaligen Senatoren der SPD von ihrer Organisation; einige wählten weitreichende Formulierungen. Die entsprechenden Briefe wurden Anfang Juli 1933 vom nationalsozialistischen »Hamburger Tageblatt« mit besonderer Genugtuung abgedruckt (vgl. Dokument 4).

Die bestehende Parteiorganisation war endgültig seit der Verhaftung des Parteiausschusses am 16. Juni und dem wenige Tage später folgenden Parteiverbot zusammengebrochen. Walter Schmedemann, Mitglied dieses Ausschusses, machte rückblickend die Folgen der Verhaftungen deutlich: »Der Apparat, der so gut funktionierte — wenn es hieß, morgen um eine bestimmte Zeit werden Flugblätter verteilt, dann lagen zu der bestimmten Zeit in allen Wohnungen die Flugblätter — diesen Apparat fürchteten die Nazis sehr. Von dieser Verhaftung ab waren die Fäden von oben nach unten unterbrochen. Das heißt, die Partei, die seit 100 Jahren aufgebaut war, war gebrochen.«[62]

Nachdem die alte Organisation zerschlagen war und sich ihre führenden Funktionäre zurückgezogen hatten, stellte sich vielen Anhängern die Frage, ob die Partei weitergeführt werden sollte. Zahlreichen einfachen Mitgliedern, unteren und mittleren Funktionären war die Tolerierung der nationalsozialistischen Herrschaft nicht möglich und die Wahrung der sozialdemokratischen Gesinnungsgemeinschaft nicht genug. Ihre Motive, den organisierten Widerstand aufzunehmen, waren vielfältig; welche davon ausschlaggebend waren, ist kaum zu entscheiden. Generell läßt sich für die sozialdemokratisch eingestellte Arbeiterschaft feststellen, daß sie Grundüberzeugungen von der Organisation der Wirtschaft, Gesellschaft und Politik hatten, die nicht mit den nationalsozialistischen Vorstellungen einer Volksgemeinschaft und eines extremen Nationalismus vereinbar waren. Deshalb war sie nicht so anfällig für den Nationalsozialismus wie der größte Teil des Bürgertums. Teils war es die politische Überzeugung, die sich über die Familie in Generationen zum Klassenbewußtsein gefestigt hatte. Dabei war der Kampf gegen den Nationalsozialismus gleichsam zum Reflex geworden. Teils war es das Gefühl einer menschlichen Pflicht, das aus der Einsicht in den Unrechtscharakter des Dritten Reiches, z.B. der unmittelbaren Erfahrung des Antisemitismus oder der Hilfsbedürftigkeit politisch Verfolgter, erwuchs. Hinzu kamen vielfach persönliche Motive wie die Verdrängung aus dem Arbeitsverhältnis, der politischen Stellung oder die gruppenspezifische Vorbildfunktion, die den einzelnen in den organisierten Widerstand führten.

Dokument 4
Distanzierungen sozialdemokratischer Senatoren von ihrer Partei vom Juni 1933.

»Den ehemaligen sozialdemokratischen Senatoren war im Hinblick auf die Zahlung ihrer Pensionen vom Hamburgischen Staat eine Anfrage zugestellt worden, ob sie noch Mitglieder der Sozialdemokratischen Partei seien. Dabei wurde ihnen aufgegeben, die Lösung ihrer Beziehung zur SPD glaubhaft zu machen... Hier veröffentlichen wir den Wortlaut der Antwortschreiben, den das »Hamburger Tageblatt« als einzige Hamburger Tageszeitung zu veröffentlichen in der Lage ist:
...

Senator a. D. Schönfelder
Hamburg, den 28. 6. 33
Ich erkläre hiermit, daß ich mich nicht mehr als Mitglied der SPD ansehe. Ich werde nach meiner Entlassung sofort meinen Austritt aus der SPD erklären. Ich versichere, daß ich mich niemals mehr für die SPD in irgendeiner Form betätigen werde.
(gez.) Adolf Schönfelder
...

Bürgermeister a. D. R. Roß
Hamburg-Volksdorf, den 26. 6. 33
Die dortige Mitteilung vom 24. 6. 1933, die Sperrung meiner Bezüge betreffend, habe ich erhalten.
Ich erkläre hiermit, daß ich der Sozialdemokratischen Partei nicht mehr angehöre.
Zur Begründung hierfür erlaube ich mir, das folgende vorzutragen:
Als am 10. Mai 1933 die Beschlagnahme des Vermögens der Sozialdemokratischen Partei Deutschlands durchgeführt war, kam die gesamte Parteitätigkeit zum Erliegen. Ich habe deshalb schon damals meine Mitgliedschaft bei der Sozialdemokratischen Partei als erloschen angesehen. Beiträge habe ich bereits seit März 1933 nicht mehr bezahlt.
Dieser tatsächliche Zustand ist durch das neuerliche Eingreifen der Reichsregierung noch bestimmter geworden. Damit ist schon seit längeren Wochen m. E. meine Mitgliedschaft zur Sozialdemokratischen Partei tatsächlich erloschen.
Um aber allen Zweifel auszuschließen, habe ich heute die im Durchschlag anliegende Erklärung an die alte Geschäftsadresse der Sozialdemokratischen Partei abgehen lassen und das Gerichtsvollzieheramt mit der Zustellung beauftragt.
Damit ist m. E. die mit der Verordnung vom 24. Juni 1933 erforderliche Glaubhaftmachung geschehen. Ich bitte höflichst um Anweisung der mir zustehenden Bezüge.
Mit vorzüglicher Hochachtung
(gez.) R. Roß
...

Für John Ehrenteit antwortete seine Tochter, die von ihm mit seiner Vertretung beauftragt wurde, in einem längeren Brief, dem als Anlage die Austrittserklärung Jonnis aus der SPD-Fraktion und die Aufforderung der Sozialdemokratischen Partei zur Mandatsniederlegung beigefügt sind. Die bezeichnendste Stelle des Schreibens ist folgende: »Mein Vater hat mir, wie ich hiermit eidesstattlich erkläre, mitgeteilt, daß er auf das Schreiben der SPD... nicht antworten werde, da ihm gleichgültig sei, was die SPD mache, der er seit längerer Zeit nicht mehr nahestände.«
Quelle: HT 2. Juli 1933.

Jedenfalls waren viele von denen, die am 20. Juli 1932, am 30. Januar und am 5. März 1933 auf das Signal zum Losschlagen gewartet hatten, nach der Machtübernahme der NSDAP und dem Verbot der SPD weder bereit, die Ziele und Ideale der Sozialdemokratie noch die eigene Selbstachtung kampflos aufzugeben. Unter ihnen gab es große Enttäuschung und Verbitterung über die Diskrepanz zwischen den immer wieder verkündeten Kampfparolen und der tatsächlichen Haltung der Parteispitze in der Phase der Machtübernahme. Es entstand vielfach das Gefühl, im Stich gelassen, ja verraten worden zu sein. Trotz aller Einigkeit über die Resistenz gegenüber dem Nationalsozialismus trat deshalb nicht nur eine Auflösung der organisatorischen Verbindungen, sondern vielfach auch ein ideologisch-moralischer Bruch zwischen Mitgliederschaft und Parteispitze ein.

Der Anstoß zum Aufbau einer illegalen Organisation in Hamburg kam weniger von den Vertretern der ehemaligen Parteispitze als vielmehr von zwei anderen Seiten. Noch ganz in der Überzeugung, daß die sozialdemokratische Arbeiterbewegung dem Nationalsozialismus nicht kampflos das Feld räumen dürfe, entwickelte der ehemalige stellvertretende Vorsitzende des Reichsbanners, Theodor Haubach, der lange Jahre als Funktionär im Hamburger Reichsbanner tätig gewesen war, Pläne, um die Sozialdemokraten zusammen zu halten und Widerstand zu leisten. Dazu reiste er im Reichsgebiet umher und suchte Kontakt zu den ehemaligen Mitgliedern des Reichsbanners. Mitte des Jahres 1933 kam er auch nach Hamburg. Dort traf er sich im Tangstedter Forst mit drei früheren Polizeioffizieren, die dem Reichsbanner angehört hatten, und diskutierte in Einzelgesprächen die Möglichkeiten der illegalen Tätigkeit des Reichsbanners. Haubach rechnete mit einer längeren Herrschaftsdauer des Nationalsozialismus und machte sich keine Illusionen. Er war der Auffassung, daß man mit den bestehenden Organisationen nicht in die Illegalität gehen konnte. Er plante, eine ganz neue, konspirative Organisation aufzubauen, die im Kern aus Sozialdemokraten und Mitgliedern des Reichsbanners, aber auch aus anderen überzeugten Gegnern des Nationalsozialismus bestehen sollte. Absolute Verschwiegenheit und Zuverlässigkeit sollten Vorbedingung für eine Beteiligung sein. Als Organisationsform waren auf der untersten Ebene Drei- oder Fünfmanngruppen vorgesehen. Die neue Organisation sollte nicht nur Nachrichten nach drinnen und draußen vertreiben, sondern auch militante Aktionen durchführen. Diese Vorstellungen wurden zumindest von einem der Polizeioffiziere geteilt. Dieser, der Polizeileutnant a.D. Otto Grot, wurde kurze Zeit später von Haubach mit dem Aufbau einer derartigen Organisation beauftragt. Grot hatte sich bei der Führung und Ausbildung der Schutzformationen des Reichsbanners bewährt und war auch innerhalb der SPD bekannt. Er lehnte jedoch wegen der Person des vorgesehenen Mittelsmannes zwischen ihm und Haubach diesen Auftrag zunächst ab und bat um ein zweites Treffen mit Haubach. Das kam jedoch nicht mehr zustande. Um die Jahreswende 1934/35 wurde Haubach verhaftet.[63]

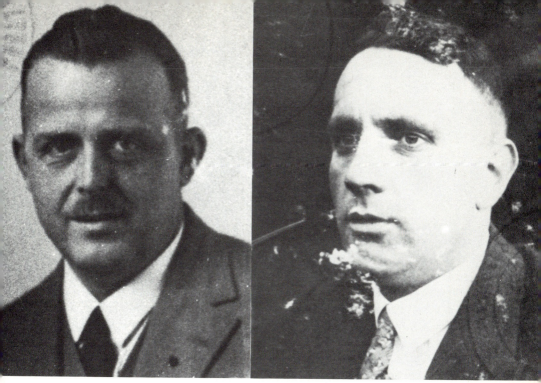

Otto Schumann				Theodor Haubach

Im Herbst 1933 erfolgte ein anderer Versuch, eine illegale Organisation von unten aufzubauen. Er ging von den ehemaligen Bezirks- und Distriktsführern der SPD aus. Von den alten Distriktsführern waren in der unmittelbaren Phase der Machtübernahme einige aus Gründen der persönlichen Sicherheit zurückgetreten. An ihre Stelle waren jüngere, befähigte und noch unbekannte Sozialdemokraten gerückt, die in der Regel nicht mehr auf einer Mitgliederversammlung gewählt, sondern von alten Genossen ernannt worden waren. Kaum einer dieser Distriktsführer stand jetzt beiseite. Sie kamen zu Besprechungen über die Aufrechterhaltung der Organisation und die Zukunft der Partei zusammen.[64] Hierbei entwickelte sich Walter Schmedemann zum führenden Kopf. Schmedemann (1901-1976) war 1915 in die SAJ, 1918 in die SPD eingetreten, Mitglied der Bürgerschaft seit 1932, Bezirks-, dann Distriktsführer in Eilbek; von Beruf war er Krankenpfleger. Um ihn sammelte sich ein kleiner Kreis, der sich zur illegalen Leitung der Sozialdemokratie in Hamburg entwickelte. Zu diesem Kreis gehörten sein Bruder Wilhelm Schmedemann, der 45-jährige Wäschereibesitzer Otto Schumann (1888-1945), MdBü und Distriktsführer der Neustadt, der Apotheker und Diplomvolkswirt Dr. Georg Diederichs (1901-1983), der Schmiedegeselle Willy Ropers (geb. 1908), der Arbeiter und ehemalige stellvertretende Distriktsführer Helmuth Weidt (geb. 1899), der Parteisekretär von Wandsbek Paul Künder, der ehemalige Distriktsführer in Fuhlsbüttel Emil Auhagen und der Schufoführer Ernst Lübcke.[65]

Dieser Kreis, der in der Wohnung der Sozialdemokratin Inga Dengler (geb. 1877) zusammenkam, organisierte seit dem Herbst 1933 die illegale Arbeit der SPD. Die früheren Distriktsführer der SPD sollten in ihren Stadtteilen zuverlässige Mitglieder für die illegale Arbeit gewinnen. Nach den überlieferten Anklageschriften und Urteilen zu schließen, wurden zuerst Verbindungen zur SAJ und SPD in Eimsbüttel (Julius Willemsen, Heinz Gärtner, Karl Ullrich), nach Fuhlsbüttel/Alsterdorf (Berthold Wiele/Konstantin Mack), nach Langenhorn (Bruno Lauenroth) und nach Eilbek (Emil Göthel, Friedrich Hauto) geknüpft, im Frühjahr 1934 dann in den Süden Hamburgs, nach Rothenburgsort (Franz Wendt), auf die Veddel (Gustav Nülk, Rudolf Saalfeld, Herbert Dau) und nach Hammerbrook (Franz Schwarz). Parallel dazu konnte das Netz auch über die damaligen Stadtgrenzen Hamburgs nach Farmsen (Jonni Schacht) und Berne (Wilhelm Lübcke), Wandsbek (Paul Künder), Billstedt (Karl Strutz/Hermann Blume), Harburg-Wilhelmsburg (Hans Sander) sowie nach Altona (Fritz Kessler) ausgedehnt werden. Diese Kontaktpersonen versorgten durchschnittlich zehn bis zwanzig, in Einzelfällen auch bis zu vierzig Personen mit Materialien. Meist sprachen sie zuverlässige Genossen an; zum Teil boten sich Sozialdemokraten auch aus eigenem Antrieb zur Mitarbeit an. Die Verbindung zwischen den Stadtteilgruppen und der illegalen Leitung wurde in der Regel durch Kuriere (Johann Pahlke, Wilhelm Lübcke, Helmuth Bossemeyer, Griesebach und andere), aber auch durch das Mitglied der illegalen Leitung, Helmuth Weidt, gehalten. Sie lieferten in Abständen von fünf bis sechs Wochen illegale Schriften ab, die verteilt werden sollten, gaben Informationen und Weisungen der Schmedemann-Gruppe weiter, nahmen Nachrichten auf und Mitgliederbeiträge entgegen.

Der organisatorische Zusammenhang innerhalb der Gruppen wurde durch Meinungs- und Schriftenaustausch sowie durch Beitragskassierung aufrechterhalten. Nachdem zunächst die alten Beitragsmarken verkauft worden waren, ging man bald dazu über, unauffälligere Quittungen auszugeben. Erst waren es Stahlfedern, dann, nachdem der Photograph Bertold Wiele gewonnen werden konnte, auch Bilder vom Ohlsdorfer Revolutionsdenkmal oder vom Grab des Reichstagsabgeordneten Adolf Biedermann. Diese Bilder enthielten Zahlen, die die Höhe des Beitrages angaben. Außerdem stärkte man innerhalb der Stadtteilgruppen und gerade unter den ehemaligen Angehörigen der SAJ die Zusammengehörigkeit durch gemeinsame Ausflüge und Wanderungen in die Heide.

Bei diesen Sozialdemokraten handelte es sich in der Mehrheit um Männer zwischen 20 und 35 Jahren, das heißt um eine Generation, die von den Straßenkampfbedingungen in der Endphase der Weimarer Republik geprägt worden waren. Es überwogen gelernte Arbeiter, die in der zweiten und dritten Generation aus der Arbeiterschaft stammten und in der Regel bereits in der Arbeiterbewegung aufgewachsen waren. Sie hatten den »Kinderfreunden«, den »Falken«, der SAJ, der SPD oder dem Reichsbanner angehört. Die größten und aktivsten Gruppen des sozial-

SAJ-Eimsbüttel VII, 1930 »Roter Jungsturm«

demokratischen Widerstandes gab es in den Stadtteilen außerhalb der Innenstadt, d.h. dort, wohin im Zuge der Sanierung und dem Bau neuer Wohnsiedlungen vor allem die besser gestellten Arbeiter gezogen waren. Hier schufen das sozialdemokratische Wohnmilieu, persönliche Freundschaften oder auch die Autorität der ehemaligen Distrikts-, Bezirks- und Schufoführer gute Bedingungen für Widerstandsarbeit. Ein großer Teil der Angeklagten war auch in den Betrieben der Hansestadt, bei den Konsumgenossenschaften, der »Volksfürsorge« oder den Gewerkschaften beschäftigt gewesen und im Frühjahr 1933 wegen ihrer bekannten sozialdemokratischen Einstellung entlassen worden. Dieser »harte Kern« sozialdemokratischer Arbeiter war in seiner politischen Überzeugung gefestigt; bei ihnen waren aufgrund des gemeinsamen Milieus und der Bedrückung durch die nationalsozialistischen Maßnahmen gute Voraussetzungen für die Organisation von Widerstandstätigkeiten gegeben.

Die zahlenmäßige Beteiligung am organisierten Widerstand ist nicht genau zu ermitteln. Rechnet man allein diejenigen dazu, die nach den bekannten Urteilen in den Jahren 1934 bis 1937 wegen Vorbereitung zum Hochverrat oder der Aufrechterhaltung einer verbotenen politischen Partei verhaftet wurden, so waren wenigstens 500 Personen aktiv beteiligt. Gemessen an einer Mitgliederschaft von rund 57.000 in den Jahren 1932/33 waren das rund ein Prozent der Sozialdemokraten. In einzelnen Distrikten oder Bezirken stieg diese Quote auf fünf Prozent. Mobilisierbar zu getarnten Demonstrationen sozialdemokratischer Zusammengehörigkeit waren im Jahre 1934 noch etwa 3-4.000 Personen, d.h. fünf bis sieben Prozent der Parteimitglieder (vgl. S. 84).

Ziele und Formen der illegalen Arbeit

Die illegale Organisation der Sozialdemokraten setzte sich in den Worten von Herbert Dau zum Ziel, »zunächst die aktiven Kräfte der Arbeiterbewegung zu sammeln und ... diese Kräfte vor dem ideologischen Zerfall zu bewahren, zu verhindern ..., daß auch sie der nationalsozialistischen Phrase verfallen und schließlich waren damit selbstverständlich der Gedanke und die Absicht verknüpft, handelnd in die Geschicke eingreifen zu können, in dem Augenblick, in dem die politische Konstellation ein solches Eingreifen — wenn auch unter schwersten Gefahren — möglich machen würde.«[66]

Diese Zielsetzung entsprach der Auffassung, die im Prager Exilvorstand der Sozialdemokratischen Partei Deutschlands (SOPADE) herrschte. Friedrich Stampfer, ehemaliger Chefredakteur des »Vorwärts« und Mitglied des Vorstandes der SOPADE, analysierte im September 1933 die politische Situation. Er machte drei Ursachen für die Niederlage der Sozialdemokratie verantwortlich: Zum ersten konstatierte er die mangelnde Verankerung des demokratischen Gedankens in der Bevölkerung. »Wie läßt sich das erklären? Es läßt sich aus der furchtbaren Enttäuschung erklären, die die Massen mit der Demokratie erlebt haben ... Die Massen glaubten, daß eine demokratische Verfassung nicht bloß Freiheitsrechte auszuteilen, sondern diese auch von sich [aus] ausreichend zu schützen vermöge. Das kann aber keine Verfassung der Welt, wenn nicht das Volk selbst die ihm von der Verfassung gegebenen Mittel benützt, um seine Rechte zu verteidigen.« Zum zweiten hob er hervor, daß sich die Sozialdemokratie gegen Ende der Weimarer Repulik in die Defensive und zu einer Politik der permanenten Tolerierung drängen ließ. Sie hätte gerade auf wirtschaftspolitischem Gebiet die Krise bekämpfen müssen. Zum dritten nannte er die »Zersplitterung der deutschen Arbeiterbewegung«. Sie sei dafür verantwortlich gewesen, »daß für einen gewaltsamen Gegenstoß gegen den faschistischen Angriff die massenmäßige Grundlage fehlte.«[67]

Die Konsequenz, die der Exilvorstand aus dieser Analyse der Niederlage der Arbeiterbewegung und der Durchsetzung des Nationalsozialismus zog, bestand in dem Bestreben, die sozialdemokratische Arbeiterbewegung neu aufzubauen. Dazu wurde eine neue programmatische Grundlage verfaßt, das Prager Manifest der SOPADE vom 28. Januar 1934. Es wurde in zehntausenden von Exemplaren nach Deutschland geschafft.

Einleitend hieß es darin: »Die Taktik bedient sich zum Sturz der Diktatur aller diesem Zweck dienenden Mittel.« Im weiteren Text wurden die Vorstellungen vom Prozeß des Sturzes der Diktatur genauer beschrieben. Es sollen »neue Organisationsformen mit opferbereiten Kämpfern ... entstehen.« Sie erhalten eine bestimmte Aufgabe: »Wenn die Gegensätze im Innern des Faschismus, wenn die stets sich verschärfenden Klassengegensätze im Kapitalismus sich entfalten, wenn Unzufriedenheit und Enttäuschung die Massengrundlage der nationalsozialistischen Herrschaft erschüttern, wenn oppositionelle Strömungen entstehen und spontane Massenbewegungen beginnen, dann wird es zur Aufgabe der revolutionären Elite, die Gegensätze im Bewußtsein der Massen zu vertiefen, ihre Entwicklung zu lenken, ihre Zielsetzung zu beeinflussen, die Verbindungen auszudehnen und die revolutionäre Organisation zur Massenorganisation zu erweitern.«

An die fortschreitende Verschlechterung der Lebenshaltung der Arbeiterschaft aufgrund »der Willkür des Großkapitals, in dessen Interessen die Diktatur die Staatsmacht gestellt hat«, könnten oppositionelle Parolen anknüpfen und die Unzufriedenheit schüren. Da jede Lohnbewegung verboten sei und jeder Streik zur politische Rebellion werde, würden in die Massen getragene Forderungen nach Koalitions-, Vereins-, Versammlungs- und Pressefreiheit, kurzum nach »demokratischer Bewegungsfreiheit«, revolutionäre Energien freisetzen. Außerdem sollte eine »Front aller antifaschistischen Schichten«, in der sich die vom Nationalsozialismus betrogenen Gruppen wie z.B. die Bauern, Kleingewerbetreibenden, Kaufleute oder Intellektuellen vereinigen sollten, angestrebt werden. »Die Differenzen in der Arbeiterbewegung werden vom Gegner selbst ausgelöscht. Die Gründe werden nichtig ... Ob Sozialdemokrat, ob Kommunist, ob Anhänger der zahlreichen Splittergruppen, der Feind der Diktatur wird im Kampf durch die Bedingungen des Kampfes selbst der gleiche sozialistische Revolutionär. Die Einigung der Arbeiterklasse wird zum Zwang, den die Geschichte selbst auferlegt.«[68]

Die SOPADE erstrebte also keine Revolution von oben, etwa einen Putsch unter der Beteiligung des Militärs, sondern arbeitete auf eine Revolution von unten hin. In der Tat war die Haltung der führenden Kräftegruppen der Gesellschaft zum Nationalsozialismus bei aller Skepsis keineswegs auf aktiven Widerstand ausgerichtet; ebenso war die Unterstützung der Nationalsozialisten durch die Bevölkerung nach einem Jahr ihrer Herrschaft eher größer als kleiner geworden. Aus dieser Erkenntnis resultierte die Anschauung, daß die wichtigste Voraussetzung für einen dauerhaften Machtwechsel eine Diskreditierung des Regimes und die geistige Umorientierung der Bevölkerung sei. Die Nationalsozialisten könnten »nicht im Barrikadenkampf niedergerungen werden ... sondern [nur] durch die Entwicklung und den geistigen Kampf«, hatte Otto Wels bereits Mitte März 1933 formuliert.[69] Deshalb wurde auch trotz der Beteuerung, daß man alle Mittel zum Sturz der Diktatur verwenden wolle, in erster Linie die Aufklärung der Bevölkerung über den Charakter der nationalsozialistischen Herrschaft zur Haupttätigkeit des Widerstandes. Die Revolutionsrhetorik, die sich weitgehend aus innerparteilichen Auseinandersetzungen in der Exilpartei erklärt, konnte letztlich nicht verdecken, daß sich die Arbeit in der Illegalität in den gleichen Formen wie in der Republik, allerdings unter den veränderten Bedingungen der nationalsozialistischen Terrorherrschaft, vollziehen sollte.

Für die Aufklärungsarbeit kristallisierten sich drei konkrete Themenbereiche und Zielsetzungen heraus. Zum ersten sollten die Menschenrechtsverletzungen dargestellt sowie die Wiederherstellung der Rechtsstaatlichkeit und der persönlichen Freiheiten gefordert werden. Zum zweiten sollte deutlich gemacht werden, daß die nationalsozialistische Sozialpolitik als reine Pazifizierungsmaßnahme ohne substanziellen Fortschritt zu bewerten sei. Zum dritten plante man, die Bevölkerung darüber aufzuklären, daß das Dritte Reich zielstrebig auf einen Krieg hinsteuere.

Als Schaltstellen, von denen aus die Aufklärungsmaterialien in das Reich gelangen sollten, gründete die SOPADE in den umgebenden Ländern Deutschlands Grenzsekretariate. Sie erhielten Weisungen und Materialien aus Prag. Hamburg wurde von dem Grenzsekretariat in Kopenhagen betreut, das unter der Leitung des ehemaligen SPD-Parteisekretärs Richard Hansen aus Kiel stand. Er arbeitete bis zum Einmarsch der Wehrmacht im April 1940 in Dänemark. Danach verlegte er das Grenzsekretariat nach Schweden.

Seit dem Jahre 1934 kamen von Kopenhagen per Post und Kurier über Flensburg in einigen hundert Exemplaren die »Sozialistische Aktion«, die Zeitung der SOPADE, die Deutschland-Berichte, die in zweimonatlichen Abständen Stimmungsberichte aus dem Reich abdruckten sowie Broschüren mit Tarnnamen wie z. B. »Die Kunst des Selbstrasierens«, »Platons Gastmahl«, »Die Geheimnisse der Kosmetik«, die sozialistisches Ideengut enthielten. Empfang und Weitergabe dieser Materialien an die Kuriere in Hamburg war Aufgabe von Emil Auhagen. Jeder Stadtteil erhielt bis zu zehn Exemplare. Man rechnete damit, daß z. B. jedes Exemplar der »Sozialistischen Aktion« durchschnittlich von fünf bis zehn Personen bzw. Familien gelesen wurde. Umgekehrt sorgte Anhagen auch dafür, daß Nachrichten aus Hamburg nach Kopenhagen gelangten. Die Beschaffung der hierfür notwendigen Informationen war die Aufgabe von Wilhelm Ropers aus Barmbek. Er baute eine Nachrichtengruppe von insgesamt neun Personen auf, die über Verbindungsleute Kontakt zu den illegalen Distriktleitern hielten. Die Gruppe bemühte sich, »Nachrichten über den Staat und die Partei zu sammeln, die geeignet waren, in Flugblättern der SPD Verwendung zu finden.« Zweimal in der Woche kamen sie zusammen, um ihre Arbeit abzusprechen: Aufmärsche und Aktionen der NSDAP, Gerichtsprozesse, das Verhalten der Vertrauensräte etc. zu beobachten. Die Informationen wurden zu Aufklärungsmaterialien über das Herrschaftssystem des Nationalsozialismus, die Stimmung in der Bevölkerung und den Stand der Opposition verarbeitet und der illegalen Leitung zur Verfügung gestellt.

Die illegale Leitung begnügte sich jedoch nicht damit, die Nachrichten aus Kopenhagen weiterzugeben, sondern war von Beginn an bestrebt, eigenständige

Aufklärungsarbeit zu leisten. Dazu wurden auf Abziehapparaten illegale Schriften hergestellt. Anfangs begnügte man sich mit dem Nachdruck von Schriftsätzen der Emigranten wie z. B. dem Bericht des ehemaligen sozialdemokratischen Reichstagsabgeordneten Gerhart Seger über seine Erlebnisse im KZ Oranienburg. Seit Anfang 1934 verfaßte und druckte man selbständig konzipierte Schriften, vor allem die »Roten Blätter«. Die ehemaligen Redakteure des »Hamburger Echos« hatten eine Mitarbeit abgelehnt. Der Inhalt der »Roten Blätter« bestand aus den von der Nachrichtengruppe gesammelten Informationen, Ausschnitten aus ausländischen Zeitungen und eigenen Artikeln zur politischen Lage im Reich und in Hamburg. Die Auflage der allwöchentlich erscheinenden Blätter, die an mehreren Stellen abgezogen wurden, schwankte zwischen drei- und viertausend. Sie wurden zunächst an die Genossen verkauft — die Gelder bildeten für die illegale Leitung eine wichtige Einnahmequelle —, aber auch im Stadtgebiet verteilt, d. h. in die Briefkästen gesteckt und über Kuriere nach Bremen, Hannover und Hildesheim geschickt.

Die »Roten Blätter« wandten sich an die Arbeiterschaft ohne Unterschied der parteipolitischen Orientierung. Ihre Zielsetzung soll anhand des bislang einzigen überlieferten Exemplars vom Juli 1934 verdeutlicht werden (vgl. Materialien 3, S. 138). Dieses Exemplar kommentiert auf drei von vier Seiten den sog. Röhm-Putsch und wertet ihn als Ausdruck der inneren Schwäche und des Zerfalls der Nationalsozialisten. Ein derartiger Vorgang wäre in der Weimarer Republik nicht möglich gewesen. Der Mord an Röhm und anderen mache den verbrecherischen Charakter der nationalsozialistischen Führungsclique und des Systems insgesamt deutlich.

Die Nationalsozialisten seien eine kleine, sich selbst zerstörende Gruppe ohne Verankerung in der Bevölkerung; ihre Herrschaftsdauer nähere sich dem Ende. Das Volk habe dies bereits erkannt. »Der 30. Juni hat dem nationalsozialistischen System einen entscheidenden Schlag versetzt. Seine Tage sind bereits gezählt. Sein Ewigkeitswert ist dahin. Diese Krise war nicht die letzte.« Im Anschluß an diesen »Leitartikel« werden Nachrichten aus dem Ausland über das Dritte Reich referiert und kommentiert, die die pervertierte Justiz, die mangelnde Kultur und den Terror der Nationalsozialisten hervorheben. Nach einem Aufruf zur Mitarbeit geben die Verfasser ihr Selbstverständnis und ihre politische Zielrichtung wieder: »Gegen die faschistische Barbarei führen wir den Kampf für die großen und unvergänglichen Ideen der Menschheit. Wir sind die Träger der großen geschichtlichen Entwicklung seit der Überwindung der mittelalterlichen Gebundenheit. Wir sind die Erben der unvergänglichen Überlieferung der Renaissance und des Humanismus der englischen und französischen Revolution. Wir wollen nicht leben ohne Freiheit und wir werden sie erobern. Freiheit ohne Klassenherrschaft, Freiheit bis zur völligen Aufhebung aller Ausbeutung und aller Herrschaft von Menschen über Menschen!

Das Blut der Opfer wird nicht vergebens geflossen sein! Deutsche Arbeiter, ihr habt nur die Ketten eurer Knechtschaft zu verlieren, aber die Welt der Freiheit und des Sozialismus zu gewinnen! Deutsche Arbeiter, einigt euch im revolutionären Kampf, zur Vernichtung der nationalsozialistischen Diktatur! Durch Freiheit zum Sozialismus, durch Sozialismus zur Freiheit.«

Die Analyse der Ermordung Röhms griff zu kurz. Sie schlug in der Stimmung der Bevölkerung nicht zu Lasten, sondern zugunsten Hitlers aus,[70] so daß die Röhmkrise nicht der Anfang vom Ende, sondern das Ende der einzigen ernsthaften Gefährdung der innerparteilichen Einheit wurde. Die Selbstbezeichnung als Träger der humanen Traditionen der Menschheit und als Wegbereiter eines freiheitlichen Sozialismus spiegelt zweifellos das Selbstverständnis der Beteiligten des sozialdemokratischen Widerstandes wider. Die Einschätzung der Nationalsozialisten sowie der Stil und das Pathos der Sätze, die an die Rede von Otto Wels bei der Ablehnung des Ermächtigungsgesetzes und die Diktion des Prager Manifestes erinnern, lassen jedoch noch keine Differenz oder Weiterentwicklung zur Politik der SPD in der Weimarer Republik erkennen; vielmehr scheinen sich die Hamburger Sozialdemokraten hierbei in starkem Maße auf Vorgaben der SOPADE gestützt zu haben. Für diejenigen Bevölkerungskreise, die nicht mit dem sozialdemokratischen Gedankengut vertraut waren, mußte diese ideologisch ungebrochene Argumentation angesichts der herrschenden Lage als Illusion oder Zweckoptimismus wirken. Letztlich zeigt dieses Exemplar der »Roten Blätter«, daß die Sozialdemokraten im Widerstand auch nach einem Jahr der Illegalität die Herrschaft und Führung der Nationalsozialisten, die aktuelle Situation und die Stimmung in der Bevölkerung falsch einschätzten.[71]

Die gleiche Zielsetzung der Aufklärung über die Herrschaftsmethoden der Nationalsozialisten läßt auch ein Flugblatt erkennen, das sich an einen anderen Adressatenkreis richtete.[72] Es stammte von Walter Schmedemann, der kurz nach der Verhaftung des Hamburger Parteiausschusses ebenfalls festgenommen worden war. Er wollte darin seine Erlebnisse im KZ Fuhlsbüttel der Öffentlichkeit zur Kenntnis bringen und deutlich machen, »wie nach der sogenannten nationalen Revolution deutsche Männer behandelt werden, wie man sich nicht scheut, selbst die christliche Kirche als Schutzschild für diese sogenannten nationalen Taten zu benutzen.« Er forderte dazu auf: »Protestieren Sie mit uns gegen solche Umstände, da sonst unser liebes Vaterland unweigerlich dem Chaos und der Gottlosigkeit verfallen muß.« Dann beschrieb er detailliert die Art und Weise der Verhaftungen, Vernehmungen und Unterbringung. Durch die brutale Behandlung seien einige Personen in den Selbstmord getrieben worden. Anschließend bezeichnete er die geschilderten Zustände als beispielhaft für die wirklichen Verhältnisse in Deutschland und forderte erneut: »Jeder wahrhaft national denkende Mann und jede wahrhaft deutsche Frau muß sich empören über solche Zustände in einem Vaterland, das von sich behaupten konnte, eines der höchsten Kulturstaaten zu sein... darum muß jeder deutsche Mann und jede deutsche Frau, jeder wahrhafte Christ mit dafür sorgen, daß Deutschland bald aus diesem bösen Traum erwacht.«

Schmedemann stellt in diesem Flugblatt nicht wie in zahlreichen sozialdemokratischen und kommunistischen Flugblättern Anspruch und Wirklichkeit des Nationalsozialismus gegenüber; er erhebt auch keine parteipolitischen Forderungen. Vielmehr mißt er die geschilderten Zustände an dem Niveau des deutschen Kulturstaates und appelliert an moralisch-christliche Maßstäbe. Er macht in plastischer Schilderung die Terrormaßnahmen der Hamburger Nationalsozialisten deutlich. Seine Angaben konnten durch unmittelbare Untersuchungen überprüft werden und waren imstande, auch denen, die nicht von vornherein im Gegensatz zu den Nationalsozialisten standen, die Augen zu öffnen. Dieses vom Stil der »Roten Blätter« abweichende Vorgehen erklärt sich aus dem besonderen Adressatenkreis des Flugblattes: Es wurde Anfang des Jahres 1934 ranghohen Vertretern der NSDAP und des Staates sowie anderen Repräsentanten des öffentlichen Lebens, z. B. Pastoren, Verwaltungsbeamten, Juristen, deren Adressen man aus den Telefon- und Adressbüchern ermittelte, in den Briefkasten gesteckt. Niemand sollte sagen können — das war die Absicht —, er hätte nicht gewußt, was im Dritten Reich geschehe. Darüber hinaus verleugnete dieses Flugblatt, seine Argumentation und sein Appell, die sozialdemokratische Herkunft nicht. Es war ein typisches, in die Praxis umgesetztes Beispiel für die Zielsetzung der Prager Exilleitung der SPD, durch Aufklärung über die Verhältnisse im nationalsozialistischen Deutschland Betroffenheit und Empörung über den Unrechtscharakter des Dritten Reichcs zu wecken und damit Voraussetzungen für den individuellen und kollektiven Widerstand zu schaffen.

Hilfspolizeistreifen (im Sommer 1933 aufgelöst) und SA-Leute waren an der Verfolgung der Arbeiterparteien und -organisationen beteiligt.

Andere spektakuläre Aktionen sollten den Nationalsozialisten und der gesamten Bevölkerung vor Augen führen, daß die Sozialdemokratie trotz des Verbots weiter im Untergrund arbeitete. Dazu gehörte eine große Demonstration am Himmelfahrtstag 1934, ein Jahr nach dem Tode des Hamburger Reichstagsabgeordneten Adolph Biedermann. Etwa 3-4.000 Personen versammelten sich auf dem Friedhof in Hamburg-Ohlsdorf, um dem Toten die letzte Ehre zu erweisen und zu demonstrieren, daß die Sozialdemokratie noch existiere. Dabei gab man, wie Albert Blankenfeld berichtet, die Parole aus, nicht in geschlossenen Gruppen oder in einem Zuge zu erscheinen, sondern nur vereinzelt oder in Kleingruppen und immer in Bewegung bleiben, um der politischen Polizei ein Einschreiten zu erschweren. Auch beim Tode anderer, verdienter Parteigenossen scheint es verschiedentlich zu demonstrativen Trauerfeiern mit starker Beteiligung ehemaliger Sozialdemokraten gekommen zu sein.[73] Solche Protestformen hatte es bereits in der Zeit des Sozialistengesetzes gegeben; sie wurden im Dritten Reich wiederbelebt.

Eine andere Aktion erfolgte am 19. August 1934 anläßlich der Volksbefragung, ob das Amt des Reichspräsidenten mit dem des Reichskanzlers vereinigt und die Befugnisse des Reichspräsidenten auf Adolf Hitler übertragen werden sollten. Die Bevölkerung sollte bei dieser Abstimmung auf die Frage: »Stimmst Du, deutscher Mann, und Du, deutsche Frau, der in diesem Gesetz getroffenen Regelung zu?« mit Ja oder Nein antworten. Vor diesem Plebiszit warfen Sozialdemokraten Nein-Zettel in Briefkästen, legten sie in Telefonbücher oder klebten sie an Mauern. Sogar am Hamburger Rathaus fanden sich am Wahltag Nein-Zettel. Die öffentliche Auszählung wurde durch Beobachtungsposten überwacht, die die Ergebnisse an die illegale Leitung weitergaben. Das Abstimmungsergebnis war ein Zeichen der

Das Konzentrationslager Ko-La-Fu in Hamburg-Fuhlsbüttel

Massenloyalität für die Nationalsozialisten, auch wenn das Ergebnis zum Teil durch spezifische Auszählungsweisen im gesamten Deutschen Reich verfälscht wurde: z. B. wertete man alle weißen Stimmzettel als »ja«. Im Vergleich zum amtlichen Gesamtergebnis von 89,9 v. H. Ja-Stimmen im Reich zeigte der Hamburger Anteil von 79,5 v. H. eine deutlich geringere Zustimmung.[74] Wahrscheinlich ist hierfür weniger die Auszählungsweise als die nach wie vor hohe Ablehnung der Nationalsozialisten in den Kreisen der sozialistisch eingestellten Arbeiter ausschlaggebend gewesen.

Als letzte bekannte öffentliche Äußerung der illegal arbeitenden Sozialdemokraten ist die Herausgabe eines Flugblattes zum 1. Mai 1935 bekannt. Darin hieß es: »Die Situation erfordert von allen Bereitschaft, bedingungslos mit jedem zu marschieren, der auch nur in dem einen Punkt mit uns einig ist: Brechung der Diktatur. Daher heißt unsere Kampfparole: Schwächung der braunen Diktatur — Front mit allen Mitteln; Zusammenschließung aller antifaschistischer Kämpfer unter der Parole: Nieder mit der Hitler-Diktatur. Es lebe die Freiheit.«[75] Dieser Aufruf zur »Zusammenschließung aller antifaschistischen Kämpfer« legt die Vermutung nahe, daß die illegal arbeitenden Sozialdemokraten in Hamburg nunmehr bereit waren, auch mit der KPD zusammenzuarbeiten.

In der Tat zeigte die bereits zwei Jahre währende Diktatur, daß die Nationalsozialisten nicht, wie ursprünglich angenommen, an ihrer eigenen politischen Unfähigkeit gescheitert waren. Angesichts der Größe der Aufgabe, das Dritte Reich zu bekämpfen, war je länger je mehr zu erwarten, daß die politischen Differenzen innerhalb der linksgerichteten Arbeiterschaft zurücktreten würden. Dieser Hoffnung hatte bereits das »Prager Manifest« der SOPADE Ausdruck gegeben.

In der Komintern und der KPD setzte sich in den Jahren 1934/35 ein Wandel der Widerstandskonzeption durch. Sie erkannten, daß die Bekämpfung der Sozialdemokratie falsch gewesen war. Auf der sog. Brüsseler Konferenz vom Oktober 1935 gab die KPD deshalb die Sozialfaschismusthese auf und beschloß, sich mit einem neuen Einheitsfrontangebot, das jetzt nicht mehr die Sozialdemokratie spalten sollte, an die SOPADE zu richten.

Wie in anderen Teilen des Deutschen Reiches wandte sich die illegale KPD auch in Hamburg bereits im März 1935 mit einem Aufruf zur Aktionseinheit an die illegale Leitung der SPD. Aus mehreren Gründen kam es jedoch selbst unter den Bedingungen der Illegalität nicht zur Zusammenarbeit. Zum ersten verlor die SPD in dieser Zeit ihre zweite illegale Leitung, so daß die KPD keinen Verhandlungspartner fand. Zum zweiten lehnten auch viele Sozialdemokraten nach wie vor aus praktischen und ideologischen Gründen eine organisatorische Zusammenarbeit ab.

Sie fürchteten die vielen Gestapospitzel in der KPD-Organisation: bei einer organisatorischen Verbindung mußte sich die Gefahr der Entdeckung vergrößern. Neben diesen praktischen Gründen blieben auch die ideologischen Differenzen: die Unterschiede in den Auffassungen über die zukünftige Staats- und Gesellschaftsordnung und die Ablehnung der kommunistischen Taktik des Trojanischen Pferdes. Sie bedeutete, daß Kommunisten in nationalsozialistische Organisationen, vor allem in die DAF, eintreten sollten, um von dort aus zersetzend wirken zu können. Deshalb weigerten sich auch nach der »Brüsseler Konferenz« viele Hamburger Sozialdemokraten, der Grenzsekretär Hansen in Kopenhagen und die SOPADE in Prag, mit den Kommunisten zusammenzuarbeiten. Allein im Arbeitsbereich, in den Großbetrieben wie z. B. bei Blohm & Voß, wo sich die oppositionell eingestellten Arbeiter kannten, traten die Unterschiede der politischen Anschauung zurück.

Anstelle einer Zusammenarbeit mit den Kommunisten setzten viele Sozialdemokraten ihre Hoffnungen auf den Widerstand der Reichswehr. Darin wurden sie jedoch enttäuscht. Die Reichswehr gewann durch die nationalsozialistische Rüstungspolitik an Macht und Ansehen und wurde im Gefolge des sog. Röhm-Putsches von ihrem größten Konkurrenten, der SA, befreit. Auch vom Ausland, vor allem von England und Frankreich, war keine Unterstützung zu erwarten. Es sah tatenlos den Verletzungen des Versailler Vertrages durch Hitler zu und schloß sogar entsprechende Verträge mit Deutschland ab: am 16. März 1935 wurde die allgemeine Wehrpflicht eingeführt und damit die vertraglich festgelegte 100.000 Mann Grenze überschritten, am 18. Juni 1935 wurde das deutsch-englische Flottenabkommen abgeschlossen, das Deutschland die Unterhaltung einer Flotte in einem bestimmten Stärkeverhältnis zur englischen Flotte gestattete, und am 7. März 1936 erfolgte schließlich der Einmarsch deutscher Truppen in das entmilitarisierte Rheinland. Die Konzessionen und die Anerkennung des Dritten Reiches durch das Ausland zeigten, daß der innerdeutsche Widerstand auf sich selbst gestellt blieb.

Angesichts dieser Konstellation faßte die Sozialdemokratie auch keine Terroraktionen ins Auge. Sie widersprachen ihrem lange eingeschliffenen Legalitätsdenken und ihrer Weltanschauung. Danach machten nicht Männer Geschichte, sondern bestimmte Wirtschafts- und Gesellschaftssysteme folgten aufeinander im Wandel der Geschichte. Sie würden von Personen nur repräsentiert. Das Regime müsse abwirtschaften, das Feuer der nationalsozialistischen Begeisterung gleichsam ausbrennen.[76]

Aufdeckung der organisierten Widerstandsgruppen

Die Nein-Propaganda anläßlich der Augustabstimmung im Jahre 1934 zählte zu den letzten großen Aktionen der illegalen SPD in Hamburg. Im Oktober/November 1934 setzte von Hammerbrook ausgehend eine große Verhaftungswelle ein, der nicht nur die Mehrzahl der führenden Köpfe, sondern auch zahlreiche Distriktsorganisationen zum Opfer fielen. Unklar ist, ob die Staatspolizei durch Spitzel oder Denunziationen die Organisation aufdecken konnte oder ob sie, da sie im Besitz einer Liste der Distrikts- und Bezirksführer aus dem Jahr 1933 war, nur abgewartet hatte, wer von den ehemaligen Sozialdemokraten den organisierten Widerstand aufnahm, um dann auf einen Schlag die betreffenden Personen verhaften zu können: ein Verfahren, das zur gleichen Zeit gegenüber der illegalen KPD angewandt wurde.

Im Oktober 1934 wurden Walter Schmedemann, Otto Schumann, Dr. Georg Diederichs, Wilhelm Ropers, Helmuth Weidt, Klara Hippe und Inga Dengler verhaftet; Marczynski, Emil Auhagen und Willi Schmedemann konnten vorher nach Dänemark flüchten. Parallel zu der Verhaftung der illegalen Leitung erfolgten Festnahmen in Rothenburgsort, Langenhorn, Wandsbek, Billstedt und Altona. Im Juni 1935 wurde das Urteil über den Schmedemannkreis gesprochen. Die insgesamt etwa 150 Angeklagten erhielten Haftstrafen von ein bis zweieinhalb Jahren.[77] Diese Strafen waren insbesondere für den Führungskreis relativ niedrig; sie erklären sich vermutlich daraus, daß sich die Richter des Hanseatischen Oberlandesgerichts nicht über die Leitungsfunktion dieser Gruppe klar geworden waren.

Nach dieser Verhaftungswelle übernahm vermutlich der Former Emil Göthel (geb. 1878) die Leitung der sozialdemokratischen Organisation. Er war ein ehemaliger Bezirksführer im Distrikt Eilbek, der bei der Juni-Sitzung der Hamburger SPD im Jahre 1933 verhaftet worden und mit Walter Schmedemann eng bekannt war. Im Unterschied zu Schmedemann scheint Göthel jedoch kaum selbständig gearbeitet zu haben, sondern mehr den Instruktionen, die vom Grenzsekretariat in Kopenhagen und den dorthin geflohenen Mitgliedern der alten illegalen Leitung, vor allem E. Auhagens und Marczynskis, gefolgt zu sein: er gestaltete weniger, sondern vermittelte mehr die Weisungen für die illegale Arbeit. Zu den ersten Maßnahmen nach der Verhaftungswelle gehörte, einige der Distriktführer abzulösen, die Arbeit in den gefährdeten Distrikten einzustellen und abzuwarten, was die Gestapo von den Verhafteten über die Organisation erfuhr. Parallel dazu setzte Göthel zusammen mit dem Schlossergesellen Franz Trummer (geb. 1904) und dem kaufmännischen Angestellten Charol Thron (geb. 1897) den Druck illegaler Schriften in verstärktem Maße fort; er druckte insbesondere die »Roten Blätter« weiter, um die Mitglieder der verhafteten illegalen Leitung, denen die Herstellung dieser Blätter vorgeworfen wurde, zu entlasten.

Die Anweisungen und Materialien für die Herstellung der Schriften (Wachsbögen) kamen meist über Kuriere aus Kopenhagen. Ein Däne namens Weibel lieferte die Materialien an den Polsterer und Tapezierer Arthur Jessen (geb. 1907) in Flensburg. Dieser wiederum schickte sie per Post an den kaufmännischen Angestellten John Kienow (geb. 1906), der sie an Trummer oder den Staatsarbeiter Georg Kieras (geb. 1904), einen ehemaligen Schufoführer aus Bramfeld, weitergab. Beide scheinen zu der zweiten illegalen Leitung gehört zu haben, denn von ihnen ging das Material weiter an die einzelnen Distrikte.

Über die Tätigkeit der neuen illegalen Leitung ist wenig bekannt. Sie hielt die Verbindung zu den alten Distrikten durch Weitergabe von Aufklärungsmaterialien und Beitragskassierung aufrecht. Darüber hinaus scheint der Versuch gemacht worden zu sein, Kontakt zu neuen Distrikten herzustellen. So trat etwa Kieras im April 1935 an den Sekretär des Freidenkerverbandes und ehemaligen Bezirksführer der SPD in Bergedorf, Wilhelm Osterhold, heran. Dieser erklärte sich zur illegalen Arbeit bereit und erhielt in der Folgezeit Materialien von Kieras. Ebenso versuchte Kieras, über John Schumacher eine Gruppe in Bramfeld aufzubauen.

Kurz nach der Herausgabe der Maizeitung, Mitte 1935, wurde das Mitglied der zweiten illegalen Leitung, Georg Kieras, verhaftet. Der Kurier John Kienow teilte dieses Ergebnis nach Kopenhagen mit und scheint sich fortan geweigert zu haben, weitere Materialien vom Grenzsekretariat entgegenzunehmen. Am 27. August 1935 wurde Göthel, am 31. August 1935 wurden Trummer und Kienow in »Schutzhaft« genommen, am 24. September schließlich auch der Verbindungsmann in Flensburg, Jessen. Damit waren sowohl die illegale Leitung der SPD in Hamburg als auch die wichtigsten Verbindungsleute nach Kopenhagen ausgeschaltet. Vorausgegangen war diesen Verhaftungen die Aufdeckung der Organisation in Fuhlsbüttel/Alsterdorf (Februar 1935), Langenhorn (Januar 1935), Eimsbüttel (April/Mai 1935), Harburg-Wilhelmsburg (April 1935), Farmsen (Mai 1935) und Bergedorf (Mai 1935); im September/Oktober 1935 wurden auch die Gruppen in Berne und in Eilbek, im Juni 1936 die Gruppe in Billstedt entdeckt. D. h. in diesem Falle scheint sich die Gestapo von der Basis zum Kopf der illegalen Organisation herangetastet zu haben. Mitte 1935 war damit praktisch die illegale Organisation der SPD in Hamburg zerschlagen. Eine dritte illegale Leitung wurde

Dokument 5
Beispiele für Denunziationen von Regimegegnern 1933/34

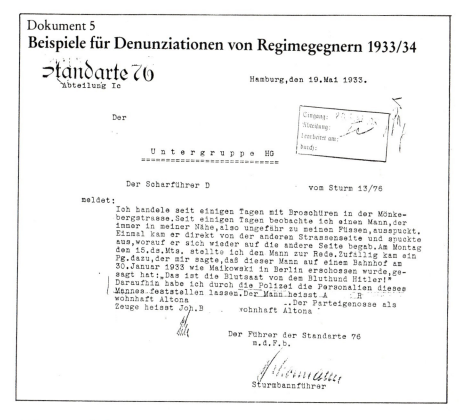

nicht mehr aufgebaut.

Ein Grund hierfür war die hohe Schlagkraft und Vervollkommnung des nationalsozialistischen Aufklärungs- und Terrorapparates, dem nach mehrjähriger Erfahrung keine Formen der Tarnung mehr fremd blieben. Die hiervon ausgehende Einschüchterung der widerstandsbereiten Sozialdemokraten trug zur Aufgabe der organisierten Verbindungen bei.

Lähmend wirkte zudem die Erkenntnis, daß sich das nationalsozialistische Regime im Verlauf der Zeit zunehmend stabilisierte. Die scheinbar so mühelos errungenen innen- und außenpolitischen Erfolge, vor allem der Wirtschaftsaufschwung mit dem Abbau der Arbeitslosigkeit und die schrittweise Revidierung des Versailler Vertrages durch die Wiederangliederung des Saargebietes und die Besetzung des Rheinlandes riefen breite Zustimmung auch bei denjenigen hervor, die anfangs dem neuen Regime noch skeptisch gegenübergestanden hatten. Die Beteiligten am sozialdemokratischen Widerstand bewegten sich nicht wie die Fische im Wasser; sie wurden nicht von einer breiten Oppositionsstimmung getragen. Im Gegenteil: sie lebten gerade im ersten Jahr des Dritten Reiches in einem Klima der Denunziationen (vgl. Dokument 5) und mußten schließlich erfahren, daß das sozial-

> Abschrift !
>
> Hamburg, den 12. 2. 34.
>
> An die
>
> Standarte 45
>
> In meiner Eigenschaft als Kassierer beim Deutschen Metallarbeiter-Verband, hatte ich heute eine Aussprache bei einem Mitglied, der mir folgendes unterbreitete.
>
> In Horn in der Siedlung Saasen ist ein Truppführer mit Namen H. , der hat nach der Machtübernahme erklärt, ich bin als Marxist geboren, als Marxist erzogen und ich bleibe Marxist, es ist die Gruppe von Reichsbauern und Kommunisten korporativ im März oder April zu den Stahlhelmern rübergegangen um ihre Ziele da zu verwirklichen. Zeuge dieses Falles ist der Sektionsfachschaftsleiter T. Horn,
>
> Ich bitte den Fachschaftsleiter
>
> Herr T
>
> (Siedlung Saasen)
>
> H o r n
>
> zu vernehmen, damit da mal aufgeräumt wird. Herr T hat mir erklärt, dass er beim Stahlhelm schon Meldung gemacht hat.
>
> gez. B. W
>
> Oberschf. Sturm 31/45

Quelle: Staatsarchiv Hamburg, NSDAP B 201

demokratische Milieu sich aufzulösen begann, bisher Sympathisierende auf Distanz gingen und die Gefahr der Isolierung bzw. Entdeckung stieg. Dazu kam, daß die Möglichkeiten, die Aufklärungs- und Informationsmaterialien zu verbreiten, unzureichend waren und zu keinem Zeitpunkt ein Gegengewicht zu den gleichgeschalteten Medien darstellen konnten. Angesichts der Tolerierung und Verankerung des Nationalsozialismus in der Bevölkerung wurde die revolutionierende Kraft der Aufklärung überschätzt. Mit humanistischen Appellen konnte in einem System, das sich in einer wirtschaftlichen und politischen Aufschwungphase befand, kein Stimmungsumschwung in der Bevölkerung herbeigeführt werden.

Diese Umstände führten dazu, daß viele Beteiligte am organisierten Widerstand die Erfolgsaussichten immer realistischer einschätzten, desillusioniert, ja zum Teil demoralisiert wurden. Dies nahm ihnen vielfach die innere Kraft, weiter organisierten Widerstand zu leisten. Deshalb reduzierten viele Sozialdemokraten allmählich ihren Anspruch, das nationalsozialistische Regime aktiv und organisiert zu bekämpfen, auf Versuche zur Erhaltung der Gesinnungsgemeinschaft. Nur einzelne, aus 10-15 Mann bestehende Gruppen des Reichsbanners und der SAJ, die keine Verbindung zur illegalen Leitung gehabt hatten, hielten sich in

Erich Lindstaedt

Hamburg bis über das Frühjahr 1935 hinaus. Sie hatten mehr Wert auf ihren eigenen Zusammenhalt gelegt und verfügten durch Reisen und Briefe ins Ausland, z. B. nach Karlsbad, dem Sitz des SAJ-Geschäftsführers Erich Lindstaedt, oder nach Prag, dem Sitz der Exilleitung, über direkte Verbindungen und Informationen von der SOPADE. So wurde die Gruppe des SAJ-Funktionärs Hans Gottschalck im Distrikt Goldbek (Winterhude) erst im Jahre 1936 entdeckt.[78]

Besonders lang hielten sich einige Schufos des ehemaligen Reichsbanners. Sie gingen nach dem ersten oder zweiten Jahr in der Illegalität aufgrund ihrer Erfahrungen zu einem System der Dreier- und Fünfergruppen über, d. h. es wurden Kleingruppen gebildet, bei denen sich nur zwei bis vier Personen kannten und nur der Leiter der Gruppe mit dem nächsthöheren Mann in Verbindung stand. Aufgrund dieser Organisationsform blieben einige Schufos lange Zeit unentdeckt. Sie erhielten seit dem Frühjahr 1934 von Mitgliedern der illegalen Leitung der SPD und den Gebrüdern Otto und Peter Haß, die sowohl vor als auch nach ihrer Emigration im Sommer 1936 eine koordinierende Funktion für die Schufos wahrnahmen, Materialien und führten Beiträge ab. Noch im Sommer 1936 verteilten die Mitglieder der Schufos anläßlich der »Reichstagswahl« Flugblätter, die zur Nein-Stimmabgabe aufforderten. Die letzten Schufos, und zwar die Schufo 23 (Barmbek-Nord) unter Friedrich Harders, 10 (Barmbek-Süd, westlich der Hamburger Straße um den Schleidenplatz) unter der Leitung von Emil Koch, dann Wilhelm Häussler, 11 (Barmbek-Süd, östlich der Hamburger Straße, Dehnhaide) unter Otto Grot und 17 (Rothenburgsort) mit insgesamt weit über 100 Mitgliedern flogen im Jahre 1937 auf.[79] Die Beteiligten erhielten noch längere Haftstrafen als die im Jahre 1935 verurteilten Genossen; so wurde z. B. W. Häussler im Jahre 1938 zu sieben Jahren Zuchthaus verurteilt. Allein über die ermittelten Mitglieder der Schufo 10 wurden über 85 Jahre Freiheitsstrafe verhängt.

Schufo 11 im Jahre 1932; 40 Männer dieser Hundertschaft wurden 1937 von der Gestapo verhaftet, ins KZ gebracht und wegen Vorbereitung zum Hochverrat zu Zuchthaus und Gefängnisstrafen verurteilt

Dennoch scheinen auch nach diesen Verhaftungen noch einzelne Verbindungen zwischen dem Grenzsekretariat in Kopenhagen und Sozialdemokraten in Hamburg bestanden zu haben. Anfang 1937 bat der Grenzsekretär Richard Hansen die SOPADE in Prag, nicht mehr so viele Exemplare der »Sozialistischen Aktion« zu schicken, da sie das wichtigste Belastungsmaterial in den Prozessen wären. Die Informierung der Genossen und der Bevölkerung durch schriftliche Materialien ging also zurück und beschränkte sich zunehmend auf die Flüsterpropaganda. Anstelle brieflicher Verbindungen oder des Einsatzes von Kurieren kam es jetzt zu Treffen zwischen Hansen und seinen Hamburger Vertrauensleuten, die er nach Kopenhagen bestellte, wo sie Bericht erstatteten. Diese Kontakte — Hansen erwähnt ohne Namensnennung nur den Leiter eines Musikklubs — scheinen zumindest bis Mitte des Jahres 1938 bestanden zu haben.[80]

Ein Auffüllen der zerschlagenen Organisationen durch diejenigen, die aus der Haft entlassen wurden, unterblieb. Hierzu trugen wesentlich die Erfahrungen bei, die die Betroffenen bei den Festnahmen und in der Haft gemacht hatten. Der Verhaftung war in der Regel ein Leben in der Furcht vor der Entdeckung der illegalen Arbeit vorausgegangen. Sie verstärkte sich bei vielen noch seit dem Zeitpunkt, da sie erfuhren, daß Mitglieder der eigenen oder benachbarter Gruppen »hochgegangen« waren, denn jetzt hing ihre Sicherheit von dem Schweigen oder den Aussagen anderer ab. Nur wenige, sehr stark engagierte Sozialdemokraten emigrierten ins Ausland, meist nach Skandinavien; die meisten zogen es vor, in Hamburg zu verbleiben, die Verhaftung und Strafe in Kauf zu nehmen, um nach der Haftzeit wieder in ihre gewohnte Umgebung zurückkehren zu können.

Ende 1935 und Mitte 1936 wurden die im Frühjahr 1935 verhafteten Sozialdemokraten vor Gericht gestellt. Ihre Strafen fielen mit durchschnittlich zwei bis vier Jahren deutlich höher aus als noch ein Jahr zuvor. Hierin kam die Politisierung der Justiz im Dritten Reich zum Ausdruck, die für politische Straftaten von dem Prinzip ausging, »daß die Strafe umso höher ausfallen muß, je weiter sich die Zeit der Straftat von dem Zeitpunkt der nationalsozialistischen Erhebung entfernt.«[81]

In den ersten ein bis zwei Jahren des Dritten Reiches bedeutete die Verhaftung vielfach eine Tortur, versuchten doch SA und Staatspolizei bei den Vernehmungen im Stadthaus an der Stadthausbrücke durch Folter (Prügel, Haareausziehen, Daumenschrauben usw.) Geständnisse und Informationen herauszupressen. Gerade standhafte Verhaftete wurden wochen-, ja monatelang im Konzentrationslager Fuhlsbüttel (Kolafu) in Eisen geschlossen. Das bedeutete, daß man Tag und Nacht an Händen und Füßen gefesselt war; tagsüber mit den Händen auf dem Rücken, die Beine mit zwei Schienen verbunden. Nachts wurden die Beine am Fußende des Bettes und die Hände auf jeder Seite des Bettes angeschlossen. Darüber hinaus wurden ihre Familien mit »Sippenhaft« bedroht, d. h. Eltern und Frau mit Haft, etwaige Kinder mit Unterbringung und Erziehung bei »national zuverlässigen« Personen.

Die Reaktionen auf die Verhaftung waren je nach familiärer Lage und psychischer Disposition unterschiedlich. Einige nahmen sie mit Fassung auf und betrachteten sie als den ihnen bekannten Preis des Widerstandes, den sie aus innerer Überzeugung zu zahlen bereit waren. Sie konzentrierten ihre Energie darauf, möglichst keinen Genossen zu belasten und selbst mit einer geringen Strafe davonzukommen. Diese Überzeugung gab zum Beispiel »Fiete« Börth die Kraft, den Folterungen der Gestapo zu widerstehen. Bei anderen scheint die Verhaftung nicht nur Angst vor den Formen der Vernehmung und der Haft, sondern auch ein Gefühl der Erleichterung, nicht mehr dem psychischen Druck des Lebens in der Illegalität ausgesetzt zu sein, ausgelöst zu haben; die Verhaftung konnte damit sogar als Erlösung aufgenommen werden. Viele hatten sich zum Teil zu Beginn der illegalen Arbeit kaum die Gefahr der illegalen Arbeit klar gemacht. Einmal in einer Gruppe aktiv beteiligt, war es vor sich selbst und den Genossen schwer, wieder auszuscheiden, den Beitrag oder die Annahme von Flugblättern zu verweigern. Angesichts dieser Situation bedeutete die Verhaftung für manchen deshalb das Ende einer langen Phase der Ungewißheit, der Furcht und der Verstellung angesichts des immer ferner rückenden Zieles eines Sturzes des Regimes.

Die Verhaftung der meist 20- bis 35-jährigen Männer veränderte jedoch nicht nur ihr eigenes Schicksal. Viele von ihnen waren verheiratet. Ihre Frauen, die nicht selten kleine Kinder erziehen mußten, mußten sich darauf in ihr Elternhaus zurückziehen, eine Arbeit suchen oder waren eine Zeitlang auf die Solidarität der politischen Freunde ihres Mannes angewiesen. Nach der Haftzeit wurden einige Führungspersonen des organisierten Widerstandes nicht in die Freiheit entlassen, sondern kamen in »Schutzhaft« auf weitere Monate oder Jahre in ein KZ. Diejenigen, die in der Anfangsphase des Dritten Reiches nach ihrer regulären Haftzeit entlassen wurden, mußten einen Revers unterschreiben, daß sie sich in Zukunft nicht mehr politisch betätigen würden. Viele von ihnen fanden anschließend nur schwer Arbeit. Herbert Dau, der nach seiner Haftzeit bei seinem alten Arbeitgeber, der gleichgeschalteten »Volksfürsorge«, anfragte, ob sie ihn wieder einstellen könnte, hörte den Satz: »Es gibt noch so viele arbeitslose SA-Leute, da werden wir keinen Hochverräter einstellen.«[82] Andere, die in der Kriegszeit entlassen werden sollten, wurden nicht wie ihre Genossen, die in der Friedenszeit freikamen, als »wehrunwürdig« erklärt, sondern in das Strafbataillon 999 geschickt.

Bei den verhafteten Sozialdemokraten und ihren politischen Freunden führten diese Erfahrungen nur noch zu dem Wunsch, die Zeit des Nationalsozialismus unbeschadet zu überleben: »den Buckel rund gemacht und die Zeit vergehen lassen.«[83] Mit zunehmender Dauer des Dritten Reiches trat deshalb das Ziel der illegalen Arbeit, die Bevölkerung über das Wesen und die Hintergründe der Politik der Nationalsozialisten aufzuklären, hinter dem Versuch zurück, den informellen Zusammenhalt zu wahren und am Tag des Zusammenbruchs präsent zu sein. Angesichts der Verankerung des Nationalsozialismus in der Bevölkerung schien dieser Tag jedoch nur über die Einwirkung von außen, d. h. durch einen verlorenen Krieg herbeigeführt werden zu können. Die SOPADE stellte im Jahre 1938 resignierend fest: »Für unsere Genossen ist der Krieg die einzige Hoffnung. So schwer das wahren Friedensfreunden fällt, sie sehen keinen anderen Weg zum Sturz der Diktatur.«[84]

2. Widerstand des Internationalen Sozialistischen Kampfbundes (ISK)

Länger noch als die illegale Organisation der Sozialdemokraten hielt sich der Internationale Sozialistische Kampfbund (ISK). Seine Tätigkeit soll hier aufgrund seiner andersartigen Organisationsstruktur im Vergleich zur SPD und zur Illustration der Chancen des Überlebens des organisierten Widerstandes im Dritten Reich skizziert werden. Diese Kaderorganisation hatte sich wohl am besten von allen sozialistischen Organisationen auf die Illegalität vorbereitet.

Der ISK, im Jahre 1925 von dem Göttinger Philosophieprofessor Leonard Nelson gegründet, war aus der bürgerlichen Jugendbewegung hervorgegangen. Seine politische Programmatik läßt sich unter dem Begriff des ethischen Sozialismus zusammenfassen: er sah in der Beseitigung der kapitalistischen Wirtschafts- und Gesellschaftsordnung die erste Voraussetzung für die Verwirklichung eines Rechtsstaates auf der Grundlage humanistischer Prinzipien. Die künftige Gesellschaft stellte sich Nelson als ein autoritäres, explizit antidemokratisches System vor, das von einem charakterlich integren Führer geleitet und von der Bevölkerung aus Einsicht in die Richtigkeit seiner politischen Prinzipien akzeptiert werden sollte. Das Selbstverständnis des ISK, zur Arbeiterbewegung zu gehören, beruhte teils auf seiner antikapitalistischen Einstellung, teils auf der Auffassung, daß gemäß der Marxschen Idee die Befreiung der Arbeiterschaft nur das Werk der Arbeiterschaft selbst sein könne. Zu seinen wichtigsten politischen Zielen gegen Ende der Weimarer Republik gehörte deshalb, eine Einheitsfront zwischen SPD und KPD herbeizuführen.[85]

Der ISK versuchte in der Weimarer Zeit, die künftige Elite für die Führung der Massenbewegung und der zukünftigen Gesellschaft heranzubilden. Seine Mitglieder sollten bestimmte Bedingungen erfüllen und hohen Anforderungen genügen: ein spartanisches Leben führen, in dem u. a. der Konsum von Alkohol, Tabak und Fleisch verboten und sportliche Körperübungen verpflichtend waren, auf ihre persönliche Unabhängigkeit bedacht sein, keiner Kirche angehören, sich regelmäßig in den Gedanken Nelsons schulen und sie aktiv politisch vertreten.

Aufgrund dieser strengen Prinzipien, der wechselseitigen Schulung und dem Selbstverständnis einer Elite, zu der man nicht durch Beitritt, sondern nur durch Wahl und jährliche Bestätigung gelangen konnte, blieb der ISK vor dem Dritten Reich ein Bund, dessen Mitgliederzahl 200 bis 300 nicht überstieg; sein Freundeskreis zählte etwa 1.000 Personen. Die Mitglieder dieses Bundes setzten sich vor allem aus jungen Angestellten und Beamten, vor allem Lehrern, Freiberuflern und Arbeitern zusammen. Sie wurden von der philosophisch begründeten, politischen Programmatik, dem Aktivismus und der starken Schulung, die der Bund bot, angezogen. Trotz der kapitalismuskritischen Analysen war der Vorläufer des ISK, der Internationale Jugendbund (IJB) sowohl vom Kommunistischen Jugendverband Deutschlands (KJVD) zu Beginn der zwanziger Jahre als auch Mitte der zwanziger Jahre von der SPD abgestoßen worden.

Die Machtübernahme der Nationalsozialisten veranlaßte den Bund Ostern 1933, sich formal selbst aufzulösen und in die Illegalität zu gehen. Aufgrund der ausgewählten und gut geschulten Mitgliederschaft gingen bei diesem Schritt nur wenige Mitglieder verloren. Der Leiter des ISK, Willi Eichler, baute in Paris eine Auslandszentrale auf. Das Reich wurde in sechs Bezirke gegliedert; die Inlandsleitung übernahm Fritz Eberhard, der die Bezirke bereiste, die Schriften der Auslandszentrale, die sog. Reinhart-Briefe und die »Sozialistische Warte«, verteilte und Nachrichten entgegennahm.

Hamburg war mit zwanzig bis dreißig Mitgliedern gegen Ende der Weimarer Republik eine Hochburg des ISK. Der Bund wurde hier von der Nelsonschülerin und Lehrerin Klara Deppe sowie dem Lehrer Hans Kose geleitet. Deppe emigrierte im März 1933 in die USA; Kose zog sich im Jahre 1934 zurück. Ihre Nachfolger

Emmi und Hellmut Kalbitzer 1941

wurden Hans Kakies und Erna Mros. Nachdem seit dem Sommer 1933 von Paris aus illegale Flugblätter nach Hamburg geschickt worden waren, lief im Jahre 1934 die illegale Arbeit an. Eine Gruppe bestand aus Walter Brandt, Hans Prawitt, Hellmut Kalbitzer und mehreren jungen Angestellten, die früher im Zentralverband der Angestellten (ZdA) organisiert waren. Einige Mitglieder dieser Gruppe hatte noch in der Weimarer Republik der Lehrer Curt Bär für den ISK geworben. Er war nach der Machtübernahme aus dem Schuldienst entlassen worden, hatte eine Seifenhandlung aufgebaut und in der Illegalität Verbindungsdienste für den ISK geleistet. Eine zweite Gruppe um Hans Kakies und Erna Mros, die zugleich Mitglied der Reichsleitung des ISK war, eröffnete im September 1934 eine vegetarische Gaststätte an der Börsenbrücke 4: eine Maßnahme, die der ISK auch in anderen Großstädten wie z. B. in Köln oder Berlin durchführte. In dieser Gaststätte waren etwa fünf bis sechs ISK-Mitglieder beschäftigt; sie konnten hier die politische Arbeit mit ihrem Broterwerb vereinigen. Für ihre Tätigkeit erhielten sie außer freier Wohnung und Verpflegung nur ein kleines Taschengeld; der Rest ihres Lohnes kam zusammen mit dem Gewinn aus der Gaststätte — etwa 600 bis 700 Mark pro Monat — der Reichs- und Auslandsleitung des ISK zugute.

Im einzelnen wurde ein ausgefeiltes System der konspirativen Zusammenarbeit entwickelt. So benutzte man eine Geheimschrift, vereinbarte Erkennungszeichen bei konspirativen Wohnungen (halbaufgezogene Gardine als Zeichen, daß die Luft rein war), die möglichst zwei separate Ein- und Ausgänge haben sollte, vermied

schriftliche Aufzeichnungen usw. Dieses ungemein vorsichtige Verhalten, die politisch motivierte Abschließung vom normalen Leben, führte dazu, daß viele Mitglieder des ISK in einem permanenten Ausnahmezustand und selbstgewählten Ghetto lebten. Welche Belastungen daraus entstehen konnten, zeigen die Erinnerungen des ISK-Mitgliedes Martha Damkowski:
»Nach außen mußten wir ja ein möglichst unauffälliges bürgerliches Leben führen. In Wirklichkeit aber bedeutete der Widerstand für uns die Aufgabe der bürgerlichen Existenz. Privat und beruflich. Fast alle Freundschaften gingen auseinander. Berufliche Entwicklungen, die unseren Fähigkeiten entsprochen hätten, konnte es für uns nicht geben. In unserer Freizeit trafen wir uns mit den Genossen. Für Theater, Tanz, Kino, Konzerte, was es ja damals alles noch gab, hatten wir keine Zeit und auch kein Geld. Wenn wir uns wirklich mal die billigste Kinokarte kauften, dann nur, um der Gestapo nach Aktionen beweisen zu können, wo wir gewesen waren. Ich hab das alles aber damals nicht vermißt. Nur die Einsamkeit war schwer zu ertragen. Denn man konnte ja mit fast niemandem ein unbefangenes Wort reden, niemand wirklich von sich erzählen.«[86]

Ziel der ISK-Gruppen war, den Zusammenhalt zu wahren, sich zu schulen und auszubilden sowie die Bevölkerung über den Nationalsozialismus aufzuklären. Hierzu wurden wirtschaftliche und politische Schriften, u. a. von Marx, Oppenheimer oder Böhm-Bawerk, diskutiert sowie die von der Auslandsleitung in Paris verfaßten »Reinhart-Briefe« und die »Sozialistische Warte«. Die ISK-Gruppen verfaßten aber auch eigene Flugblätter, die in Verbindung mit theoretischen Überlegungen z. B. die Versorgungsschwierigkeiten, Reden nationalsozialistischer Funktionäre oder die Vertrauensrätewahlen behandelten. Zweck dieser Schulungen war, wie es in der Anklageschrift Kalbitzer heißt, »das geistige Rüstzeug für die politische Arbeit zu geben, damit sie [die Mitglieder] für den Fall des Sturzes der nationalsozialistischen Regierung soweit herangebildet seien, daß sie Funktionen übernehmen könnten.«

Parallel dazu lief die Aufklärungsarbeit über das nationalsozialistische Regime. Hier ging der ISK zum Teil mit ausgefalleneren Methoden als die SPD vor. Die Flugblätter wurden nicht nur in belebten Straßen, auf Plätzen, in Briefkästen oder in Telefonbüchern deponiert, sondern etwa vom Karstadt-Hochhaus in der Mönckebergstraße hinuntergeworfen. Außerdem druckte man mit Hilfe eines Koffers, auf dessen Boden chemische Lösungen verteilt waren, antinationalsozialistische Parolen auf die Bürgersteige (z. B.: Deutschlands Ruhe — Friedhofsruhe). Diese Parolen konnten nicht überstrichen, sondern nur weggemeißelt werden. Oder man malte Hakenkreuze, die mit zwei Strichen an einen Galgen gehängt wurden.

Die Verbindung zur Bevölkerung sollte zunächst auf Betriebsebene durch die Gründung von Unabhängigen Sozialistischen Gewerkschaften (USG) erfolgen; hierin sollte nicht nur das sozialistische Bewußtsein geschult, sondern auch die Ba-

Karl Schneider 1929
Gymnastikgruppe Naturfreunde

Karl Schneider 1936

sis für den politischen Massenstreik geschaffen werden, mit dem der Nationalsozialismus gestürzt werden sollte. Die organisatorischen Voraussetzungen konnte in Hamburg nicht einmal ansatzweise realisiert werden.

Trotz der konspirativen Methoden und des Bemühens, sich auf die Schulung der Mitglieder zu konzentrieren, entdeckte die Gestapo im Jahre 1936 die Arbeit des ISK in Hamburg wie im Reich. Aufgrund eines Zufalls wurde Hans Prawitt im März 1936 verhaftet; Curt Bär wurde über seine Verbindungen zu einer trotzkistischen Gruppe im Juni 1936 entdeckt. Zu diesem Zeitpunkt kannte die Gestapo noch nicht die lokalen und überregionalen Zusammenhänge des ISK, erst als Prawitt aufgrund einer Haftspychose und durch ein zufälliges Zusammentreffen mit Bär im Gefängnis nicht nur die ihm bekannten Verbindungen in Hamburg, sondern auch die Namen der leitenden ISK-Funktionäre im Reich preisgab, wurde das illegale Netz sichtbar. Im Spätsommer 1937 führte die Gestapo den Hauptschlag. Trotz der Flucht mehrerer ISK-Mitglieder (u. a. Hans Kakies und Erna Mros) unmittelbar nach der Verhaftung Bärs wurden in Hamburg etwa 30 Personen verhaftet. Darunter waren vor allem die Mitglieder der Angestelltengruppe um Walter Brandt und Hellmut Kalbitzer. Das Oberlandesgericht Hamburg verurteilte sie zu durchschnittlich zwei Jahren Haft. Die Nachfolger in der Leitung der Vegetarischen Gaststätte, Karl Schneider und Anna Kothe, wurden Anfang des Jahres 1938 verhaftet; Schneider, der nach einer abenteuerlichen Flucht durch ganz Deutschland in Freiburg verhaftet wurde, erhielt fünf Jahre Zuchthausstrafe. Walter

Brandt, der nach der Flucht von Mros und Kakies die zentrale Anlaufposition für die ISK-Leitung geworden war, flüchtete zunächst in die Schweiz, kam dann jedoch unter falschem Namen zurück und wurde im Oktober 1937 festgenommen. Um nicht die Namen seiner politischen Freunde preisgeben zu müssen, erhängte er sich in seiner Zelle.[87]

Zu Beginn des Jahres 1938 war damit der ISK in Hamburg wie auch im Reich zerschlagen. Trotz strengster Vorsichtsmaßregeln und trotz der Anwendung hochentwickelter konspirativer Methoden war es der Gestapo gelungen, den organisierten Widerstand des kleinen Kampfbundes aufzudecken.

3. Resistenz der Arbeiterschaft

Das Risiko, sich am organisierten Widerstand zu beteiligen, wurde sehr rasch durch die Verhaftungen und Nachrichten über die brutale Behandlung der Verhafteten bekannt. Die ersten Urteile gegen Sozialdemokraten und Kommunisten zeigten zudem, daß bereits für solche geringfügigen Widerstandshandlungen wie Beitragszahlung an illegale Gruppen, die Lektüre oder Weitergabe von Aufklärungsmaterialien usw. Freiheitsstrafen von ein bis zwei Jahren verhängt wurden. Sehr bald wurde auch deutlich, daß die Hoffnung auf einen raschen Zusammenbruch des Dritten Reiches trog und daß die Wirkungsmöglichkeiten der organisierten illegalen Arbeit angesichts des schmalen Handlungsspielraumes und der zunehmenden Verankerung des Nationalsozialismus in weiten Kreisen der Bevölkerung gering waren.

Diese Erkenntnisse veranlaßten zahlreiche überzeugte Sozialdemokraten, sich nicht am organisierten Widerstand zu beteiligen. Statt dessen versuchten sie, sich den Ansprüchen der Nationalsozialisten so weit wie möglich zu entziehen und die Gemeinschaft mit den Gesinnungsgenossen aufrechtzuerhalten. Auch die SOPADE formulierte im Jahre 1935 — wohl mit Blick auf die zunehmende Aufdeckung der organisierten Verbindungen — die Erkenntnis: »Das Wesen faschistischer Massenbeherrschung ist Zwangsorganisierung auf der einen, Atomisierung auf der anderen Seite«... die Nationalsozialisten haben das Selbstvertrauen der Arbeiterschaft zerstört; die Kräfte der Solidarität verschüttet und ihren Willen zum Widerstand gelähmt. Das ist im wesentlichen der Stand am Ende des zweiten Jahres der Diktatur.« Sie forderte deshalb: »alle Anstrengungen der illegalen sozialistischen Bewegung müssen darauf konzentriert werden, das Solidaritätsgefühl in der Arbeiterschaft wiederherzustellen, und alle Formen der illegalen Arbeit innerhalb der Arbeiterschaft müssen diesem entscheidenden Ziel untergeordnet werden. Denn das ist klar: gelingt es nicht, den Arbeitern die Bedeutung solidarischen Handelns wieder zum Bewußtsein zu bringen, dann sind auch alle anderen Formen illegaler Arbeit zur Erfolglosigkeit verurteilt.«[88]

Die Aufrechterhaltung der Gesinnungsgemeinschaft und der Solidarität waren zentrale Formen der Resistenz gegenüber dem Nationalsozialismus. Im folgenden sollen einige Beispiele verdeutlichen, wie sich diese Resistenz im Arbeits- und Freizeitbereich äußerte.

Beispiele kollektiver Resistenz im Arbeitsbereich

Im Arbeitsbereich, vor allem in den Industriebetrieben, erfuhr die Arbeiterschaft am deutlichsten ihre Stellung in Wirtschaft und Gesellschaft; hier lag ein wesentlicher Ursprung für die Herausbildung von Solidarität. Der Aufbau von Interessenorganisationen, die Durchsetzung kollektiver Verhandlungen zwischen Unternehmer und Arbeiterschaft, die tarifvertragliche Sicherung und die Schaffung eines Arbeitsrechtes zählten zu den größten Errungenschaften der Arbeiterbewegung im Wirtschaftsleben.

Die Nationalsozialisten griffen sowohl die Art der Interessenregelung als auch die bestehenden Organisationen und die Rechte der Arbeiterschaft an. Der erste Schlag richtete sich gegen die Betriebsräte. Bei den Betriebsrätewahlen, die im Frühjahr 1933 stattfanden, hatte sich in Hamburg wie im Reich gezeigt, daß 80 bis 90 v. H. der Arbeiter die Liste des ADGB und kaum mehr als 10 bis 15 v. H. die Liste der NSBO gewählt hatten. Am 4. April 1933 wurde daraufhin das »Gesetz über die Betriebsvertretungen« erlassen, das erlaubte, die noch nicht stattgefundenen Betriebsrätewahlen bis zum 30. 9. 1933 auszusetzen. Außerdem konnten die bereits gewählten Betriebsräte, wenn sie in »staats- oder wirtschaftsfeindlichem Sinne« eingestellt waren, abgesetzt und neue Betriebsräte durch die zuständige Landesbehörde ernannt werden. Aufgrund dieses Gesetzes bestimmte der Senat, daß die Wahlvorschläge vom 30. Januar 1933 für die Beamtenratswahlen als zurückgezogen gelten sollten; diese Wahl hatte der NSDAP-Tarnliste »Nationaler Aufbau« nur sechs von 32 Sitzen gebracht. In Altona erfolgte die Beamtenratswahl erst im April 1933; hier gewann die nationalsozialistische Liste bei einer Wahlbeteiligung von 80 v. H. sechs von neun Sitzen.[89]

Außerdem wurden in zahlreichen gemischtwirtschaftlichen, aber auch privaten Großbetrieben die gewählten Betriebsräte unter fadenscheinigen Vorwürfen abgesetzt, zum Teil sogar verhaftet. So erinnert sich einer der Betroffenen an seine Verhaftung vom 28. März 1933: »Gegen Mittag wurden wir [Vater und Sohn] in das Untersuchungsgefängnis am Holstenglacis überführt, wo wir den formalen, d. h. hergesuchten Grund für unsere Verhaftung erfuhren. Mir wurde unterstellt, das Gaswerk-Fuhlsbüttel, wo ich beschäftigt war, mit anderen Genossen in die Luft sprengen zu wollen. An meinem Arbeitsplatz hätte man Unterlagen gefunden, aus denen das hervorging. Meine Komplicen befänden sich ebenfalls in Haft. Ihre und meine »Verbrechen« bestanden aber nur darin, daß wir ordnungsgemäß gewählte

Mitglieder des Betriebsrates waren und das seit Jahren. Nach einer einmaligen Vernehmung habe ich von der Anschuldigung nie wieder etwas gehört, ebensowenig die anderen Beschuldigten. Und natürlich hat es in dieser Sache weder eine richterliche Untersuchung noch einen Prozeß gegeben.«[90]

Der zweite Schlag zur Entmachtung der Arbeitervertretungen in den Betrieben bestand in der Zusammenfassung und Eingliederung der Gewerkschaften in die DAF und der Entlassung der ehemaligen Gewerkschaftsfunktionäre bis hin zu den Hauskassierern. Ihnen sollte die Gelegenheit genommen werden, im Schutz der neuen Organisationen konspirativ tätig zu werden. Engagierte Gewerkschafter wurden darüber hinaus auf eine »Liste der Geächteten« gesetzt.[91] Ein Sonderrundschreiben der DAF vom 27. 6. 1933 erläuterte ihren Zweck: »Wer auf der ›Liste der Geächteten‹ steht, bekommt in Zukunft keine Arbeit mehr.« Das war eine Maßnahme, die der persönlichen Bestrafung diente und verhindern sollte, daß sie in neuen Betrieben erneut gewerkschaftlich tätig wurden (vgl. Dokument 6). Infolgedessen mußten viele Gewerkschaftsfunktionäre lange Zeit hindurch um Wohlfahrtsunterstützung nachsuchen bzw. sich als Kleinhändler oder Kleinunternehmer selbständig machen.

Parallel zu diesen Maßnahmen zur Beseitigung des organisatorischen Rückgrates der sozialistischen Arbeiterschaft versuchten NSBO und DAF, ihre schwache Position in den Betrieben auszubauen. Während die sozialistische Arbeiterbewegung von dem fundamentalen Interessensgegensatz der Klassen in Wirtschaft und Gesellschaft ausging, der zu dauernden Auseinandersetzungen führen mußte, propagierte der Nationalsozialismus den Gedanken der »Volksgemeinschaft«. Den organisatorischen Rahmen sollte auf betrieblicher Ebene das »Gesetz zur Ordnung der nationalen Arbeit« vom 20. Januar 1934 schaffen. Der traditionelle Gegensatz zwischen Unternehmer und Belegschaft sollte in der »Betriebsgemeinschaft« aufgehoben werden. Der Unternehmer wurde zum »Führer des Betriebes«, die Arbeiter und Angestellten zur »Gefolgschaft«. Ein aus Arbeitern und Angestellten gebildeter »Vertrauensrat« sollte den Unternehmer in der Betriebsführung beraten; ein Mitbestimmungrecht hatte er nicht. Seine Mitglieder wurden vom Unternehmer zusammen mit dem Obmann der NSBO in einer Liste aufgestellt, die von der Belegschaft jährlich in Form der Abstimmung en bloc bejaht oder verneint werden konnte. Wurde sie abgelehnt, konnte der »Treuhänder der Arbeit«, ein Vertreter des Staates, zu dessen Aufgaben die Schaffung rechtsverbindlicher Bedingungen für den Abschluß von Arbeitsverträgen und die Wahrung des Arbeitsfriedens gehörten, die Vertrauensleute nach eigener Entscheidung einsetzen. Die Auswahlkriterien für die Aufstellung der Vertrauensräte waren von Betrieb zu Betrieb unterschiedlich. In einigen Fällen wurden offenbar mit Billigung der Unternehmer alte Betriebsräte, meist jedoch treue nationalsozialistische Parteianhänger aufgestellt. Ihre Stellung war schwierig, da sie der NSDAP und der Arbeiterschaft zugleich verantwortlich sein sollten; zudem verfügten sie über ge-

Dokument 6
Sonderrundschreiben der DAF vom 27. Juni 1933

Sonderrundschreiben

bezüglich

Sicherung der Verbände der Deutschen Arbeitsfront

gegen versteckte marxistische Sabotage

An alle
- Verbandsleiter der Arbeiter- und Angestelltenverbände der DAF,
- Verbandsbezirks-, Kreis- und Ortsgruppenleitungen der Arbeiter- und Angestelltenverbände der DAF,
- Bezirksleiter der DAF,
- Bezirksleiter der Deutschen Wirtschaft,

und
- N.S.B.O.-Landesobmänner der N.S.D.A.P.,
- Gau-Betriebszellen-Leiter der N.S.D.A.P.,
- Kreis-Betriebszellen-Leiter der N.S.D.A.P.,
- Ortsgruppen-Betriebswarte der N.S.D.A.P. in Berlin und Reich.

Unser Ziel ist:

1.) Verjagung des letzten führenden Marxisten aus allen Einheiten der Verbände der „Deutschen Arbeitsfront";

2.) darum keine Weichheit, kein Irrglaube, sie „bekehren" zu können, da sie uns abgrundtief hassen und marxistische Bonzen niemals bekehrt werden können;

3.) keine geldlichen Abfindungen mehr, keine Respektierung aller ihrer unsittlich zustande gekommenen Verträge;

4.) scharfe Beobachtung und Kontrolle ihres privaten Treibens, da sie in der Maske eines Biedermannes staatsfeindliche Propaganda treiben;

5.) sorgt dafür, daß sie in der Bevölkerung als Geächtete gelten, die eigentlich den Strick verdient hätten;

6.) genaue Beobachtungen in den Betrieben anstellen;

7.) schließlich alles tun, was dem Deutschen Arbeiter und Deutschen Angestellten nützt, dem marxistischen entthronten Bonzen aber jede staatsfeindliche Handlung aus der Hand schlägt.

Wir haben nur ein Ziel: Die Einigung aller deutschen Arbeitnehmer in einem gewaltigen Block der Schaffenden zum Segen des Volkes und Staates. **Adolf Hitler** ist bei Schlichtheit der „Deutschen Arbeitsfront" — **das sagt alles.**

Die **Marxisten**, drinnen und draußen, haben auch nur ein Ziel: Vernichtung des Nationalsozialismus und damit Chaos in Deutschland, ja in Europa. Die Fronten sind also klar. Das Gesetz der nationalsozialistischen Revolution verlangt daher nicht nur ewig fortwährende, sondern gerade jetzt **schnelle** Arbeit: Es ergehen daher nachstehende **Anordnungen.**

A)
Für den „Gesamtverband der Deutschen Arbeiter" der DAF

1.) Das Organisationsamt der „Deutschen Arbeitsfront stellt eine

„Liste der Geächteten"

gültig für das ganze Reich auf, auf die alle Namen derjenigen marxistischen Gewerkschaftsbonzen gesetzt werden, die in der Vergangenheit und auch jetzt noch den wütendsten Kampf gegen den Nationalsozialismus geführt haben und weiter im geheimen führen. Wer auf der „Liste der Geächteten" steht, bekommt in Zukunft keine Arbeit mehr. Alle Organisationen, die in lebendiger Verbindung mit der deutschen Wirtschaft stehen, erhalten diese gedruckte Liste, sodaß keiner von diesen Arbeiterverrätern auf Schleichwegen wieder in die Betriebe kommt, um ihre Aufwiegelung etwa fortzusetzen.

Die Verbandsleiter des „Gesamtverbandes der Deutschen Arbeiter" der D. A. F. erlassen die näheren Durchführungsbestimmungen hierzu.

2.) Kein Hauskassierer (oder ähnlich geartete) der Verbände darf mehr Marxist sein, da diese am ehesten die Möglichkeit haben, illegale Kerngruppen aufzuziehen. Dauernde Beobachtung verdächtiger Hauskassierer, die natürlich auch trotz entzogenen Beitragseinziehungsrechtes ihre bisherige Tätigkeit fortsetzen können, ist eine Selbstverständlichkeit.

3.) Die Verbandsortsgruppen sind baldigst mit den gleichgeschalteten Mitgliedern anderer Verbände bzw. Gruppen (Christliche, ehemalige Gelbe, ev. und kath. Arbeitervereine usw.) aufzufüllen, damit der bisherige geschlossene Block der „freien" Verbandsmitglieder durchsetzt ist. Ehemals bekannt gewesene sozialdemokratische, sowie Reichsbanner- oder K.P.D.-Lokale dürfen nicht mehr als Versammlungslokale der Verbandsortsgruppen besucht werden.

Quelle: Forschungsstelle.

ringe Kompetenzen. Ihr Ansehen bei der Arbeiterschaft hing von der Art und Weise ab, wie sie die vielfach widerstreitenden Anforderungen zu lösen versuchten.

Unabhängig von dem Aufbau dieser pseudogewerkschaftlichen Einrichtung der Vertrauensräte versuchte die DAF, die Arbeiterschaft durch betriebsspezifische Angebote und Wohlfahrtsleistungen zu gewinnen. Unter der Parole »Schönheit der Arbeit« und »Stärkung der Betriebsgemeinschaft« organisierten DAF und Unternehmer Betriebskapellen und -theatergruppen, Feste und KdF-Reisen oder gründeten Betriebszeitschriften, Sportvereine, Schwimmbäder usw; außerdem konzentrierten sie sich auf die Verbesserung der hygienischen Arbeitsbedingungen. Diese Maßnahmen sollten die innerbetrieblichen Beziehungen zwischen Arbeitern, Angestellten und Unternehmern verbessern, eine Art »Werksgemeinschaft« aufbauen und den Betriebsstolz fördern, gleichsam einen betriebsspezifischen Ersatz für die mangelnde staatliche Sozialpolitik schaffen. Sie scheinen wirksamer den Interessengegensatz zwischen Arbeitern und Unternehmern überdeckt zu haben als die Tätigkeit der Vertrauensräte.

Angesichts der Zerschlagung der Gewerkschaften und des Betriebsrätesystems war es für die sozialistische Arbeiterschaft schwer, alte Verbindungen untereinander und die Formen des Klassenbewußtseins zu bewahren. Den neuen Gemeinschaftsveranstaltungen und -einrichtungen konnte man sich kaum entziehen. Die größten Aktivitäten, um den Kontakt zwischen den Gewerkschaftskollegen und die Verbindungen zum Ausland aufrechtzuerhalten, entfalteten — soweit das bisher erkennbar ist — die Mitglieder des »Gesamtverbandes der Arbeitnehmer der öffentlichen Betriebe und des Personen- und Warenverkehrs« sowie des »Einheitsverbandes der Eisenbahner Deutschlands«. Sie hatten aufgrund ihrer beruflich bedingten Reisen günstige Voraussetzungen, organisatorische Verbindungen aufrechtzuerhalten. Mit der Unterstützung der Internationalen Transportarbeiter-Föderation (ITF) gelang es im Jahre 1934, im gesamten Reichsgebiet ein Netz illegaler Verbindungen aufzubauen, das durch Treffen der ehemaligen Funktionäre aufrechterhalten wurde. Selbst nach der Entdeckung dieses Verbindungsnetzes im Frühjahr 1935 konnte es erneuert werden. Hamburg war zunächst über Adolph Kummernuß, dann über Albin Bösch und Wilhelm Burmester vertreten. Sie stützten sich auf Vertrauensleute im Hamburger Hafen; ihre Arbeit konzentrierte sich vor allem auf die Beobachtung politisch relevanter Sachverhalte und die Berichterstattung an die Auslandsleitung.

Innerhalb der Betriebe richtete sich der Widerstand der klassenbewußten Arbeiter gegen die Versuche, die Arbeiter für Vertrauenskundgebungen zugunsten des Dritten Reiches einzusetzen und sie in nationalsozialistischem Geiste zu erziehen. Ihre Verweigerung schlug sich bei den Vertrauensräteabstimmungen nieder. Im Jahre 1933 waren noch zwischen 70 und 80 v. H. der Stimmen für die Betriebsräte des ADGB in Hamburg wie im Reich abgegeben worden. Bei den Arbeitern war die Position der Freien Gewerkschaften noch ungebrochen, während bei den Angestellten der Banken und Versicherungen und vor allem der staatlichen Betriebe der NSBO große Einbrüche gelungen waren.[92]

An der Vertrauensrätewahl des Jahres 1935 nahmen — wie Beispiele aus Harburg zeigen — weniger als 50 v. H. der Arbeiter teil; ein deutliches Zeichen dafür, welch geringe Bedeutung dieser Abstimmung beigemessen wurde. Davon stimmten dann rund 80 v. H. mit »Ja« für die vorgelegten Listen.[93] Hierbei ist zu berücksichtigen, daß viele Arbeiter in der nicht unbegründeten Furcht mit »Ja« stimmten, daß ihre Stimmzettel kenntlich gemacht bzw. ihr Stimmverhalten anderweitig festgestellt werden und zur Kenntnis des Unternehmers oder der Partei kommen konnte. Die geringe Abstimmungsbeteiligung und die schlechten Ergebnisse bewogen die Nationalsozialisten dazu, ab 1936 solche Abstimmungen nicht mehr vornehmen zu lassen.

In verschiedenen Betrieben Hamburgs wurden vor der angekündigten, dann aber abgesetzten Wahl des Jahres 1936 Flugblätter ausgelegt, die dazu aufriefen, die Vertrauensratswahl nicht zu boykottieren, sondern sich daran zu beteiligen und die ganze Liste und jeden einzelnen Namen durchzustreichen: »Sagt nicht, es hätte keinen Zweck, sich an der Wahl zu beteiligen; denn was sie nicht an Ja-Stimmen haben, das lügen sie sich ja doch zusammen!

Natürlich lügen sie! Aber es ist doch besser, wenn sie gezwungen sind zu lügen, als wenn wir ihnen freiwillig das Propaganda-Material liefern. Außerdem bekommen viele eben doch einen Einblick in die wirkliche Stimmung. Bei den Arbeitern im Betrieb herrscht eine andere Stimmung, wenn eine ordentliche Parole abgemacht ist, als wenn Gleichgültigkeit vorherrscht. Die vielen Auszähler bekommen einen Einblick, der Unternehmer sieht, was los ist und den Nazis selber ist nicht ganz wohl, wenn sie die vielen Nein-Stimmen sehen.«

Aus diesem Flugblattauszug wird das Resistenzprinzip deutlich, erwartete oder erzwungene Demonstrationen für das Regime in ihr Gegenteil zu verkehren. Allerdings gab es gerade in der Anfangsphase des Dritten Reiches, als aufgrund der anhaltenden Arbeitslosigkeit jede Widersetzlichkeit der Arbeiter ohne weiteres mit der Entlassung geahndet werden konnte, nur wenige Möglichkeiten, offen und kollektiv seine Haltung zu äußern. Vertrauensrätewahlen gab es nur in den Jahren 1933 bis 1935; andere Möglichkeiten boten sich vor allem bei Feiern oder Reden der politischen Prominenz in den Betrieben. So schildert zum Beispiel der Bericht der SOPADE vom März 1936 die Reaktion der traditionell stark sozialdemokratisch und kommunistisch geprägten Arbeiterschaft bei Blohm & Voß zwei Tage vor der sogenannten »Reichstagswahl« des Jahres 1936, bei der über die gerade erfolgte Besetzung des Rheinlands abgestimmt werden sollte:[94]

»Am Freitag, den 27. 3., nachmittags hörte bekanntlich ganz Deutschland des Führers Rede aus der Kruppschen Lokomotivhalle in Essen. Bei Blohm & Voß hatte die Werkleitung am Tage vorher durch Anschlag das Programm für die »Fei-

er« bekanntgemacht: 1. Musik-Vorträge der Werkkapelle, 2. Ansprachen, a) Direktor, Staatsrat M.d.R. Blohm, b) Habedank, 3. Reichsstatthalter Kaufmann, d) der Führer am Mikrophon. Aus diesem Anlaß allgemeiner Arbeitsschluß schon 15.20 statt 16 Uhr, Lohnzahlung nach der Führerrede. Nachmittags gegen 16 Uhr stauten sich die Massen (das Werk beschäftigt zur Zeit ca. 8.500 Mann) vor der »Feierhalle«. In der Halle nur einige treue Seelen. Die Feier beginnt. Es reden Blohm, Habedank, Kaufmann. Die Massen stehen noch demonstrativ vor der Halle. Der Führer beginnt zu reden. Da setzen sich die Massen in Bewegung auf die Lohnauszahlungsschalter beim Ausgang. Hier verharren sie in aufgeregter Stimmung. Die Unruhe wird immer größer, als bekannt wird, daß auch die im Flugzeugbau beschäftigten Schichtarbeiter, deren Schicht um 15 Uhr beendet war, nicht aus dem Betrieb gelassen wurden und noch um 16 3/4 Uhr auf ihren Wochenlohn warteten. Erst vereinzelt, dann stärker und endlich im Sprechchor rufen sie: wir haben Hunger, wir wollen unseren Lohn haben. Einige Amtswalter in Uniform rasen heran, doch die Massen rufen weiter: Wir haben Hunger. Es geschieht ihnen nichts. Um 17 1/4 Uhr werden die Lohnschalter geöffnet.«

Entgegen der Regie der Betriebsführung weigerte sich ein Großteil der Arbeiterschaft, die nationalsozialistischen Führer anzuhören. Dieses bewußte Desinteresse steht beispielhaft für das Bemühen, am Arbeitsplatz Distanz gegenüber den zahlreichen Versuchen zu zeigen, für die Ziele des Regimes gewonnen und instrumentalisiert zu werden. Statt dessen wurden auf politischen Veranstaltungen dieser Art Forderungen aufgestellt, die zwar keine ausdrücklich politische Zielrichtung hatten, in denen aber eine deutliche Kritik an der nationalsozialistischen Lohn- und Wirtschaftspolitik zum Ausdruck kam. Politisch brisante Meinungsäußerungen in sozial- und wirtschaftspolitischen Forderungen zu verhüllen, bot Arbeitern eine der wenigen Möglichkeiten, sich auf betrieblicher Ebene dem Anpassungsdruck zu widersetzen, ohne als politische Straftäter verfolgt zu werden.

Nach den ersten Jahren der nationalsozialistischen Herrschaft zeichneten sich zwei Haltungen in der Industriearbeiterschaft ab: Auf der einen Seite gelang es dem Nationalsozialismus, über das breite Angebot an Wohlfahrtsleistungen, den Abbau der Arbeitslosigkeit und allmähliche Lohnerhöhungen, die Beseitigung der alten gewerkschaftlichen Organisation und die politische Überwachung in den Betrieben den herkömmlichen Zusammenhalt der Industriearbeiterschaft auf betrieblicher Ebene zu lockern und einen Teil für die Anerkennung der Wirtschafts- und Sozialpolitik des Staates zu gewinnen.

Auf der anderen Seite blieben große Teile der sozialistisch eingestellten Arbeiterschaft gegenüber der nationalsozialistischen Propaganda resistent. Als der wirtschaftliche Aufschwung und der Übergang zur Vollbeschäftigung seit dem Jahre 1936 die Stellung der Arbeiter auf dem Arbeitsmarkt stärkte und sich das Risiko und die Folgen der Entlassung verringerten, stieg ihr Selbstbewußtsein. Da die Arbeiterschaft aber nur beschränkt aufgrund des seit dem Jahre 1933 geltenden

Lohnstopps an der steigenden Konjunktur teilhaben konnte, trat zu der politisch motivierten Resistenz der sozialdemokratisch und kommunistisch eingestellten Arbeiter der Versuch, die materiellen Interessen durchzusetzen. Er fand Resonanz bei vielen unpolitischen und nationalsozialistisch eingestellten Arbeitern. Mangels einer echten Betriebsvertretung und kollektiver Organisationen versuchten viele Arbeiter auf individuelle Weise ihren Protest gegen das Prinzip der Betriebsgemeinschaft und den Lohnstopp auszudrücken: es häuften sich die Fälle der Leistungsdrosselung, des Krankfeierns, des Bruchs des Arbeitsvertrages und des Betriebswechsels; jetzt kam es auch zu indirektem Druck auf die Vertrauensräte und die Unternehmer sowie zu Androhungen, die Arbeit einzustellen.

Diese Maßnahmen beschränkten sich jedoch auf die Ebene der Einzelbetriebe; sie führten zu keinen übergreifenden Absprachen und Aktionen oder gar zu einer Umsetzung in eine kollektive, politisch aktive Fundamentalopposition. Auch blieb offenbar eine Verbindung zwischen denjenigen Arbeitern, die ihrer Unzufriedenheit mit der Wirtschafts- und Sozialpolitik der Nationalsozialisten auf individuelle Weise Ausdruck gaben und den aktiven Gruppen des politischen Widerstandes aus. Die Hoffnung, die sowohl die SOPADE als auch die KPD hatten, diese Unzufriedenheit schüren und für parteipolitische Zwecke nutzen zu können, erfüllte sich nicht. Es scheint, daß auf der einen Seite bis zum Krieg die Zustimmung zu den Maßnahmen des Dritten Reiches, vor allem beim Abbau der Arbeitslosigkeit und in der Außenpolitik zu groß, auf der anderen Seite der Überwachungsapparat der politischen Polizei zu wirksam geworden war, als daß die Arbeiter ihre Unzufriedenheit in zielgerichteten politischen Aktionen oder übergreifenden Organisationen kulminieren lassen wollten.

Kontinuitäten des sozialdemokratischen Milieus im Freizeitbereich

Der Kontakt und Zusammenhalt von Sozialdemokraten wurde vor 1933 vor allem in zahlreichen Kultur- und Sportvereinen, bei Treffen auf Feiern, Festen oder in Gastwirtschaften und im Wohnbereich aufrechterhalten. Das sozialdemokratische Milieu hatte sich in drei, vier Generationen herausgebildet, bildete eine eigene Welt, die mit den spezifischen Werten der Solidarität und der Überzeugung von der politischen Mission der Arbeiterklasse ein eigenständiges Massen- und Selbstwertgefühl vermittelte und die sozialdemokratische Arbeiterschaft scharf gegen das Bürgertum und zum Teil auch die KPD abgrenzte.

Die Nationalsozialisten waren sich über die Bedeutung dieses Nährbodens für den Zusammenhang der Sozialdemokratie im klaren. Deshalb verboten sie nach ihrer Machtübernahme nicht nur die Partei, sondern auch die sozialdemokratischen Kultur- und Sportvereine (vgl. Dokument 7).[95] Die Reaktion zahlreicher Sozialdemokraten bestand darin, die bestehenden bürgerlichen Wander-, Sport(Ar-

Dokument 7
Liste der verbotenen sozialdemokratischen Sportvereine vom 4. Oktober 1933

Die Polizeibehörde Hamburg.
Betrifft: Verbot der marxistischen Sportvereine
Nachstehende Vereine:
1) Arbeiter Sport-Club e. V.
2) Arbeiter Turn- und Sportverein »Frisch Auf« Volksdorf von 1906
3) Arbeitersportverein Finkenwärder von 1927 e. V.
4) Arbeiter-Sport Verein Fichte Veddel
5) Arbeiter-Sport Verein Lorbeer 32
6) Arbeiter Turnerschaft Moorburg
7) Arbeiter Ruderverein Hamburg e. V.
8) Arbeiter Schachverein Hamburg von 1911
9) Arbeiter Anglerbund
10) Arbeiter Schützenbund
11) Barmbecker Kraftsportverein
12) Barmbecker Spielvereinigung von 1913
13) Bille Wassersport-Verein e. V. Hamburg
14) Box Club Eiche von 1924
15) Barmbecker Fußballklub
16) Deutscher Arbeiter Keglerbund
17) Freie Turn- und Sportvereinigung Hamburg von 1893
18) Freie Turn- und Sportvereinigung Hammerbrook-Rothenburgsort von 1896
19) Freier Turn- und Sportverein Schiffbeck-Horn von 1891
20) Freie Turn- und Sportvereinigung Hamburg-Fuhlsbüttel-Langenhorn
21) Freier Turn- und Sportverein Fichte von 1893 Hamburg-St. Pauli
22) Freie Turn- und Sportvereinigung von 1908
23) Freier Turn- und Sportverein Eilbeck-Hamm
24) Freie Turnerschaft Veddel von 1907
25) Freie Turn- und Sportvereinigung St. Georg
26) Freier Turn- und Sportverein Fichte Hamburg-Eimsbüttel v. 1893
27) Freie Sport- und Gymnastikgruppe von 1930
28) Freier Sportverein Hammerbrook von 1929
29) Freie Spielvereinigung Billstedt-Horn von 1891
30) Freie Spielvereinigung Horn von 1930
31) Freier Wassersportverein Vorwärts e. V. Hamburg
32) Freier Turn- und Sportverein Farmsen
33) Freier Turn- und Sportverein Berne e. V.
34) F. C. »Sparta« von 1930
35) Freie Faltboot Wanderer
36) Freiluftbund Hamburg e. V.
37) Hamburger Sport-Club von 1926
38) Jüdischer Arbeitersportverein Hagibor
39) Kanu Club Bille von 1927
40) Minerva Horn
41) Norddeutsche Spielvereinigung
42) Sportclub Union 08 e. V.
43) Sportclub Frisch Auf von 1904
44) Sportclub Fortuna von 1921

45) Sportclub Oliva von 1929
46) Sportclub Hansa von 1910
47) Sportclub Lorbeer von 1906
48) Sportclub Alster von 1926
49) Sportclub Adler von 1925
50) Sportclub Rot-Weiß von 1930
51) Sportclub von 1913
52) Sportclub Britania
53) Sportclub Grün Weiß
54) Turnverein Frei-Heil
55) Tennis Rot, Gr. Hamburg e. V.
56) Ungarischer Sportverein Hamburg
57) Verein für Körperkultur Sparta von 1925
58) Verein für Leibesübungen 05

werden auf Grund des § 1 der Verordnung des Herrn Reichspräsidenten zum Schutze von Volk und Staat vom 28. Februar 33 für das gesamte hamburgische Staatsgebiet verboten und aufgelöst. Das Vermögen der genannten Vereine ist zu beschlagnahmen. Den Mitgliedern der vorstehenden Vereine ist es verboten, sich unter anderem Namen wieder zusammenzuschließen.

Wer dieser Anordnung zuwider handelt oder zu einer solchen Zuwiderhandlung auffordert oder anreizt, wird auf Grund § 4 der oben angeführten Verordnung mit Gefängnis nicht unter 1 Monat oder mit Geldstrafe von RM 150,- bis RM 1.500,- bestraft.
Hamburg, den 4. Oktober 1933.
Der Senator und Polizeiherr.
R i c h t e r.

An Abt. IV.
Zur Durchführung der Beschlagnahme der verbotenen Vereine wird gebeten, die Wachen anzuweisen, die Beschlagnahme des Vermögens durchzuführen. Für die Vorsitzenden der Vereine ist ein schriftlicher Bescheid gefertigt, der den Wohnwachen dieser Personen zugestellt wird. Um eine reibungslose Durchführung zu sichern, wird empfohlen, daß der Beamte, der den Bescheid an den Vorsitzenden zustellt, auch die Beschlagnahme des gesamten Vermögens des Vereins durchführt. Es wird sich dabei nicht vermeiden lassen, daß der Beamte die Grenze seines Wachbezirks überschreitet. Da aber das Vermögen der Vereine getrennt gehalten werden muß, ist es erforderlich, daß zunächst die Beschlagnahme bis zur Anfertigung einer Vermögensaufstellung in einer Hand bleibt. Soweit sie hier bekannt sind, werden die Kassierer, technischen Leiter und Schriftführer der Vereine angegeben. Mit den Kassierern ist an Hand ihrer Bücher abzurechnen. Geld, Marken, Kassenbücher pp. sind zu beschlagnahmen. Mitgliedskarten sind sorgfältig zu behandeln. Größere Gegenstände können vorläufig im Gewahrsam der Besitzer belassen werden. Über diese Gegenstände ist eine Liste nach nachstehendem Muster anzufertigen:
Muster:
Beschlagnahmte Gegenstände des Vereins................
Beschlagnahmt bei: ....
Name:..........geb..........wohnh.:...
Lfd. Nr. / Anzahl / Bezeichn. d. Gegenst. / ungefährer Schätzwert / augescheinl. Beschädigungen

Quelle: Staatsarchiv Hamburg, Polizeibehörde I, Nr. 496; vgl. auch HT 17. 10. 1933.

min, Helios)- und Musikvereine zu unterwandern, um sich hier einen Freiraum und die Möglichkeit zur Wahrung des Zusammenhalts vor dem totalitären Zugriff zu schaffen. In diesen Vereinen versuchten sie weiter, politisch zu diskutieren, sich der gegenseitigen Gesinnungstreue zu versichern und damit der Vereinzelung entgegenzuwirken. Der Zusammenhalt wurde auch durch unorganisierte Kontakte aufrechterhalten. Es gab bestimmte Treffpunkte und Plätze wie den Fischmarkt, Schrebergärten oder Wirtschaften, wo man immer bekannte Genossen treffen konnte, oder man kam auf Festen und Feiern zusammen. Vor allem die ehemaligen Parteilokale oder die Gastwirtschaften, die von arbeitslosen Sozialdemokraten oder Gewerkschaftern aufgemacht wurden, eigneten sich hierfür. Ein bekannter Treffpunkt war z.B. das neue Restaurant, das der entlassene Geschäftsführer der gewerkschaftlichen »Heimstätte«, Fritz Dreyer, in Oevelgönne, aufmachte; es wurde zum Treffpunkt für ehemalige Gewerkschafter. Allerdings blieben diese Gaststätten auch der Gestapo nicht verborgen, die darauf konsequent und weit schärfer als die Polizei unter dem Sozialistengesetz vorging. So heißt es in den Erinnerungen einer Sozialdemokratin:[96]

»Und dann gab es ja noch das Lokal meiner Eltern, eine Gaststätte mit sonnabends und sonntags Tanzmusik. Wir hatten — das war der Clou — dann 300 bis 400 Leute da, und das waren alles Gewerkschafter, Reichsbanner, Sozialdemokraten. Schon nachmittags ging es los: Dann trafen sich die älteren Genossen zum Kaffee... Zu der Zeit kriegten wir noch Tips von Leuten, die Mitläufer der Nazis waren und gegen uns gar nichts hatten. »Paßt auf, morgen kommt die Gestapo zu Euch« wurden meine Eltern gewarnt. Dann war bei uns nur Tanzbetrieb — vor offenen Gesprächen hatte mein Vater rechtzeitig gewarnt. Sie wurden überhaupt immer rarer. Eigentlich redete man nur noch mit den engsten Vertrauten, Leuten, die man schon ewig kannte. Und auch die begannen ganz allmählich, sich zu meiden, wenn die Verhaftungen zunahmen. Die Konzession für den Gaststätten-Betrieb wurde meinem Vater auch bald wieder wegen politischer Unzuverlässigkeit entzogen... Die Lokalkonzession übernahm... ein Kellner, der in der SA war. Er sollte keine Freude daran haben. Als meine Eltern gingen, blieben natürlich auch die Gäste aus.«

In dem Maße, wie die Tarnorganisationen und öffentlichen Treffpunkte der Sozialdemokratie entdeckt wurden, vergrößerte sich die Bedeutung des Wohnumfeldes für die Wahrung der sozialdemokratischen Gesinnunggemeinschaft. In den Wohnungen und Schrebergärten, wo man sich gegenseitig genau kannte, war noch freie Kommunikation möglich; die hier geknüpften Bindungen hielten bis weit in das Dritte Reich hinein; hier wurde organisierter Widerstand, Resistenz und Solidarität geübt. Beispiele dafür zeigten sich etwa in Langenhorn.

Langenhorn war ein Stadtteil, in dem der Senat in der Weimarer Republik Kleinwohnungen hatte bauen lassen. In dieser Siedlung lebten zahlreiche Sozialdemokraten und Kommunisten, die bei allen unterschiedlichen politischen Auffassungen eng miteinander verkehrten. Die ungebrochene politische Gesinnung in diesem Viertel zeigte sich in der Anfangsphase des Dritten Reiches in mannigfaltiger Weise. So machten seine Bewohner, die Fahnenstangen im Garten hatten und die Hakenkreuzflagge hissen sollten, Kleinholz daraus, um sich dieser Anforderung zu entziehen. Oder die Frauen hängten am 1. Mai 1934 die roten Bettlinets als Zeichen ihrer Gesinnung zum Fenster heraus. Außerdem entstand eine fliegende Leihbücherei, die verbotene Schriften auslieh.[97]

Bei der August-Abstimmung des Jahrs 1934 wurde in Langenhorn mit etwa 40 v. H. ein auch für Hamburg außergewöhnlich hoher Anteil von Nein-Stimmen gegen die Übernahme des Reichspräsidentenamtes durch Adolf Hitler gezählt. Diese offenkundige Demonstration führte dazu, daß etwa 40 bekannten Sozialdemokraten und Kommunisten in der Siedlung trotz ihrer Erbpachtverträge gekündigt wurde, »da sie als frühere Marxisten für die Neinpropaganda verantwortlich seien.«[98] Das war einer der Versuche der Nationalsozialisten, die gewachsenen Bindungen in diesem Arbeiterviertel zu zerstören.

In der Tat hatte der Verbindungsmann der illegalen SPD in Langenhorn, der Buchbinder und ehemalige Distriktführer der SAJ, Bruno Lauenroth, vor der Augustabstimmung durch vertrauenswürdige Genossen zahlreiche Nein-Zettel kleben lassen. Auf die Kündigung der Siedlungsverträge hin erhielt er von der illegalen Leitung einen Geldbetrag, damit er einen Prozeß gegen diese Kündigungen führen könne. Das war eine der wenigen Möglichkeiten, über den individuellen Einzelfall hinaus politisch verfolgten Genossen Hilfe zukommen zu lassen. Der Prozeß ging jedoch verloren: die Betroffenen mußten ausziehen. Obwohl sie der Verlust von Besitz und Bindungen hart traf und einige von ihnen kurze Zeit später wegen Beteiligung an der illegalen Organisation der SPD verhaftet wurden, versuchten sie weiterhin, den Zusammenhalt zu wahren. Eine der betroffenen Sozialdemokratinnen erinnert sich:[99]

»Seit der Zeit unserer Jugendbewegung kamen wir regelmäßig mit etwa 12 Freunden umschichtig in den Wohnungen oder zu Wanderungen zusammen. Wir lasen gemeinsam und besprachen die Probleme der Zeit. Diese Zusammenkünfte setzten wir auch während der ganzen Nazizeit fort. Mehrere waren durch die Nazis gemaßregelt, keiner war natürlich in der Nazipartei, alle waren wir ehemalige SPDler, wenn auch verschiedener Richtungen und verschiedenen Temperaments. Es war klar, daß wir uns vorsehen mußten, daß es nicht auffiel, daß wir mit so vielen zusammenkamen. Es wurde immer etwas »gefeiert«, falls wir unerwünschten Besuch bekommen sollten, und der Aufbruch wurde stets in Etappen durchgeführt, sollte auch immer leise vor sich gehen, doch waren wir meist noch so in der Unterhaltung, daß das meist nie klappte. Aber dann war der Abend ja vorbei. (Wir wohnten alle weit auseinander und hatten so viel gemeinsame Interessen!) Aber auch in diesem Kreis sah man es als Wahnsinn an, sich der Gestapo durch illegale Sachen, wie wir es in Langenhorn getan, auszuliefern, da man damit der Naziherr-

Bruno Lauenroth

schaft doch keinen Abbruch täte. Und doch wurde jedes Symptom beobachtet und freudigst begrüßt, das darauf hindeutete, daß nicht alle oder besser mehr als die offiziell zugegebenen 100% aller Deutschen zum Naziregime in Opposition standen. Aber von Jahr zu Jahr wurde die Propaganda gegen die »Neinsager« und »Kritikaster«, wie die Nazis sie nannten, aggressiver und das Denunziantentum stand in voller Blüte, daß man immer vorsichtiger werden mußte. Traf man einen politischen Freund von früher, so sah man sich zunächst nach allen Seiten um, ob auch nicht ein unbekannter Zuhörer in der Nähe war. Dann fing man an, sein Herz auszuschütten. Aber es kam doch nicht selten vor, daß man bald feststellen mußte, daß der Betreffende keinen klaren Überblick mehr hatte, ja bereit war, manche Dinge der Nazis anzuerkennen, die doch nur im Gesamtrahmen zu sehen und zu beurteilen waren. Dann brach man bald das Gespräch ab und zog sich für ein andermal noch mehr auf sich selbst zurück. Aber in unserem Kreis konnten wir all die Jahre ungehindert reden, und als Abschluß unserer Diskussionen kam auch allemal der politische Witz, das Auspuffrohr jeder Tyrannei, zur Erheiterung aller aufs Trapez. Wir wunderten uns immer wieder, woher all die politischen Witze kamen!«

Die bewußte Immunisierung und Abkapselung vor dem gleichgeschalteten öffentlichen Leben ermöglichte es den Sozialdemokraten in einigen Straßen und Vierteln bis weit in die Zeit des Dritten Reiches hinein in einem Gesinnungsghetto zu leben, in dem sie Informationen austauschen, ihre eigene Weltanschauung bewahren, das Gefühl der Ohnmacht gegenüber dem Regime kompensieren und sich den zahlreichen Aufforderungen zur positiven Stellungnahme und zum Mitmachen in nationalsozialistischen Organisationen verweigern konnten.

Aus diesem Zitat wird jedoch auch deutlich, daß der Umfang dieser Gemeinschaft unter dem Druck des Regimes schrumpfte, und zwar vor allem durch die Anerkennung der Leistungen des Dritten Reiches. Wo sich diese Gemeinschaft auflöste, zeigten sich zumindest zwei Folgen: Zum ersten verringerte sich die Widerstandskraft gegenüber der Forderung des nationalsozialistischen Staates auf

> Dokument 8
>
> ## Verhalten von Sozialdemokraten gegenüber der Anforderung der NSDAP, bei offiziellen Anlässen die Hakenkreuzfahne herauszuhängen
>
> a) »Die Wohnblocks der früheren Konsumgenossenschaft »Produktion« in Hamburg hatten bisher bei allen offiziellen Anlässen sehr schlecht geflaggt. In ca. 100 Wohnungen waren kaum vier oder fünf sehr kleine Fahnen aufgehängt und diese stammten von früheren Sozialdemokraten, die in staatlichen Betrieben beschäftigt sind und daher flaggen mußten. Jetzt haben die Nazis bei allen Einwohnern des Wohnblocks angefragt, weshalb man nicht flagge, und wenn dann die Ausrede benutzt wurde, man besitze keine Fahne und habe kein Geld dafür, so ist den Betreffenden von den Nazis eine Flagge gegeben worden, die nun jedesmal ausgehängt werden muß. Die Leih-Fahnen werden nach jedem Gebrauch eingesammelt.«
>
> b) Viel Nervenkraft verbrauchte ich auch wegen der Flaggengeschichte. Gleich als wir in unserem Häuschen (Reihenhäuser) eingezogen waren, ging jemand von Haus zu Haus und fragte, ob man sich nicht einen Fahnenhalter anbringen lassen wollte. Wir verneinten und mit uns mehrere, da es sicher ein Privatunternehmer war. Daran kann man heute noch feststellen, wer schon damals den Nazis verfallen war. Bei jedesmaliger Anordnung zu flaggen wurden wir gefragt damals, ob wir keine Fahne kaufen wollten. Aber wir wollten ja nicht und konnten ja immer mit gutem Recht sagen, daß wir dafür kein Geld hätten. Aus dem Grunde habe ich es jedesmal direkt begrüßt, daß wir erwerbslos waren! Und dann — es war im Frühjahr 1938 wohl — hieß es eines Tages, daß der »Führer« nach Hamburg komme, da er sich für unsere Siedlung interessiere und wohl auch die Siedlung besichtigen werde. Na, wir wollten schon durch Abwesenheit glänzen! Man wußte ja nun, daß wir erwerbslos waren bei der Partei. Mir blieb fast das Herz vor Schreck stehen, als am Tage zuvor ein Parteimensch kam und

Loyalität und Treuebekenntnisse. Auf sich selbst gestellt und beobachtet von staatstreuen Nachbarn, in der Furcht vor Denunziationen und unter oft massivem Druck der örtlichen nationalsozialistischen Funktionäre, schwand bei vielen Sozialdemokraten die Haltung der gesellschaftlichen Verweigerung. Sie vermochten sich immer weniger den offiziellen Ansprüchen im Alltag zu widersetzen — hängten an nationalen Feiertagen die Hakenkreuzflagge heraus (vgl. Dokument 8), spendeten für das Winterhilfswerk, nahmen an politischen Veranstaltungen teil usw.

In kompromißloser Gegnerschaft und gänzlich außerhalb der organisierten Volksgemeinschaft zu verharren, war schwer. Viele, die ihrer Gesinnung treu blieben und nicht die Aufmerksamkeit ihrer Umgebung auf sich ziehen wollten, behalfen sich damit, daß sie sich partiell anpaßten, etwa durch Eintritt in eine der nationalsozialistischen Nebenorganisationen oder durch öffentliche Zustimmung zu einzelnen Erfolgen des Regimes, um dafür in anderen wichtigen Bereichen durch gewagte Aktionen und Verhaltensweisen sich selbst und dem Freundeskreis uns eine Fahne ins Haus brachte, »weil wir ja erwerbslos seien!« Diese verhaßte Hakenkreuzfahne! Was hat die mir für Kummer gemacht! Jedesmal, wenn der »Befehl« zum flaggen erging! Ich bin in all den Jahren nicht dagegen abgebrüht worden! Jedesmal erhob sich dieselbe ohnmächtige Wut in mir, die mich innerlich zerfleischte, so direkt körperlich litt ich unter diesem Müssen! Stand doch am Rand der Fahne aufgedruckt: »Parteieigentum«, das wir »bis zur Rückforderung behalten sollten.« Unsere Ablehnung drückte sich nun künftig darin aus, daß wir nicht einmal den Besenstiel für die Fahne erübrigen und immer so quasi als letzte den »Lappen« so aus dem Fenster hingen, daß er nach einem Windstoß meist sich in den Blumenkasten legte oder ihn von innen am Fenster anbrachten. Noch heute beim Schreiben steigt in mir die Erregung wieder auf, in die mich die Flaggengeschichte jedesmal versetzte! Ja, was einmal uns geholfen hatte, war ein andermal uns ein Hemmschuh — neben unserer »politischen Vergangenheit«. Und wäre die Fahnengeschichte es wert gewesen, deswegen in die Großstadt hinein in irgendeine große Mietskaserne zu ziehen, wo man nicht so sehr unter Druck stand und sich daher der Flaggerei entziehen konnte? Ach ja, die Flaggerei, die ganz gegen unsere Überzeugung war, hat uns viel, viel Kopfschmerzen und Kummer gemacht! Ich hatte bei diesen beiden Dingen (Plakat und Fahne) ein scheußlicheres Gefühl als an den Tagen unserer größten Not, wo ich nicht wußte, was aus uns werden würde. Damals wurde ich doch immer von dem für mich unbedingt wichtigen Gefühl getragen, alles für unsere Überzeugung zu erdulden, für eine reine, gute Sache, für die es sich lohnte, Opfer zu bringen! Und nun litt und litt ich wieder und wieder seelische Qualen, daß ich — ganz gleich aus welchen noch so stichhaltigen Motiven — diese klare, eindeutige Haltung nach außen nicht mehr zeigen durfte! Alle, mit denen ich darüber sprach, nahmen das auf die leichte Schulter und lachten mich beinahe aus wegen meiner »Schwerfälligkeit«, wie man sagte. Andere, die sich als weiterhin konsequente Nichtflagger bezeichneten, brachten mir wohl vollstes Verständnis entgegen. Aber mir konnte die Handlungsweise der anderen Vielen und der Trost der Wenigen in meinen Gefühlen und Qualen nicht helfen.

Quelle: a) Deutschland-Berichte 3. 1936, S. 1667.
b) Erinnerungsbericht M. M., Forschungsstelle.

ihre wahre Gesinnung zu beweisen.

Zum zweiten führte die Auflösung des sozialdemokratischen Milieus dazu, daß die Jugend nur mehr begrenzt über die Familie im Sinne der sozialistischen Arbeiterbewegung erzogen werden konnte. Die Familie stand dabei in mächtiger Konkurrenz zur Schule, zu den gleichgeschalteten Medien des öffentlichen Lebens und vor allem zu den nationalsozialistischen Jugendorganisationen der Hitlerjugend (HJ) und dem Bund Deutscher Mädel (BDM). Der Einfluß der Familie erwies sich mit voranschreitender Zeit vielfach als zu schwach, um die Jugend auf die Dauer dem nationalsozialistischen Geist zu entziehen. Mitgliedschaft oder aktive Mitarbeit in einer nationalsozialistischen Organisation waren ja in der Regel auch Voraussetzung für höheren sozialen Aufstieg und Berufserfolg. Die Infizierung nahezu einer gesamten Generation von Jugendlichen mit den Auffassungen des Nationalsozialismus war ein Erbe, das nach dem Zusammenbruch des Dritten Reiches die Entwicklung der politischen Kultur der Bundesrepublik mitbestimmen sollte.

Kapitel 5
Zur Bedeutung des sozialdemokratischen Widerstandes

Die Ereignisse des Jahres 1933 haben gezeigt, daß die Nationalsozialisten in Hamburg, einem der Zentren der Arbeiterbewegung, keine besonderen Schwierigkeiten hatten, die politische Herrschaft zu übernehmen; auch hier setzte die Sozialdemokratie ebensowenig wie im Deutschen Reich ihr Machtpotential gegen den Vormarsch der NSDAP ein. Allerdings scheint auch in Hamburg trotz einer starken Mitglieder- und Wählerschaft sowie der mehrheitlichen Beteiligung am Senat der Handlungsspielraum der Sozialdemokratie kaum größer gewesen zu sein. Hier ging es nicht mehr um die Frage, ob die Zerschlagung der Arbeiterbewegung aufgehalten werden könne, sondern nur noch darum, welche Haltung angesichts des Unterganges einzunehmen sei.

Diese Haltung war innerhalb der Sozialdemokratie Hamburgs nicht einheitlich. Während die Mehrheit der Fraktion bis zum Schluß versuchte, in der Bürgerschaft Opposition zu leisten, verfolgten führende Vertreter der SPD und des ADGB einen auf Länderebene nahezu einzigartig weitgehenden Kurs der organisatorischen Selbstbehauptung durch Anpassung. Dazu spalteten sich sechs Gewerkschafter aus der SPD Fraktion ab und versuchten letztlich bei der NSDAP zu hospitieren. Das Ausbleiben eines Zeichen des Widerstandes und die Versuche zur Anpassung erklären sich in Hamburg aus situationsspezifischen und strukturellen Bedingungen.

Im Frühjahr 1933 herrschte aufgrund der offen einsehbaren politischen Kräftekonstellation im Reich bei der Führung und wohl auch in weiten Kreisen der Anhängerschaft der Sozialdemokratie die Erkenntnis der eigenen politisch-praktischen Machtlosigkeit vor. Zudem dürfte das Gefühl eines spezifischen Entgegenkommens der Hamburger NSDAP, die Aussicht auf eine Hamburger Sonderentwicklung, wie sie in dem Plan einer gemeinsamen Zeitungsgründung von NSDAP und SPD und der Distanz der Hamburger Nationalsozialisten zu den Autarkieplänen der Reichsregierung zum Ausdruck kamen, zu dem passiven Verhalten der sozialdemokratischen Führung beigetragen haben. Die Erkenntnis der Machtkonstellation und die Hoffnung auf das scheinbare Entgegenkommen der Nationalsozialisten erklären, daß die sozialdemokratische Führung keine Demonstration ihres Machtpotentials herbeiführte, sondern in einer Stellung der abwartenden Resignation verblieb.

Hierin wurde sie auch durch traditionelle Prinzipien ihrer Politik bestärkt. Die Sozialdemokratie war vom Beginn bis zum Ende der Weimarer Republik die führende politische Kraft in Hamburg; ihre Vertretung in der Bürgerschaft, die Freien Gewerkschaften, die gemeinwirtschaftlichen Unternehmungen und ihre zahlreichen kulturellen Organisationen waren in dieser Zeit zu einer Größe und einem Machtfaktor geworden, den die Führung nahezu um jeden Preis erhalten wollte. Vor dem Bestreben, das in Generationen aufgebaute System der organisierten Interessenvertretung der Arbeiterschaft zu sichern bzw. nicht zu gefährden, wurde zum Teil bewußt die eigene politische Glaubwürdigkeit und letztlich auch die politische Identität der Organisationen selbst zurückgestellt. Erleichtert wurde diese Haltung durch das spezifische Selbstverständnis der sozialdemokratischen Führung in Hamburg. Sie stand und sah sich bewußt in einer Tradition, die darin bestand, daß die sozialdemokratische Politik das Wohl der Stadt und *aller* ihrer Bevölkerungsgruppen wahrzunehmen oder zumindest mit den Interessen ihrer Wähler und der Arbeiterschaft zu vereinigen suchte.

Viele gerade der jüngeren Sozialdemokraten teilten diese Politik und das Selbstverständnis ihrer Führung nicht und wollten sich nicht widerstandslos mit der Herrschaft der Nationalsozialisten abfinden. Sie machten sich jedoch zum Teil Illusionen über ihre Wirkungsmöglichkeiten. Umfang und Bedeutung des organisierten Widerstandes dieser Sozialdemokraten lassen sich schwer einschätzen. Rein quantitativ läßt sich feststellen, daß in Hamburg während der Anfangsphase des Dritten Reiches mehr als 500 Personen, d. h. ein, höchstens zwei Prozent der Mitglieder aufgrund ihrer Beteiligung am organisierten Widerstand verurteilt worden sind. Dieser Prozentsatz läßt sich auch für Berlin ermitteln.[100] Von den Kommunisten in Hamburg beteiligten sich in der Anfangsphase des Dritten Reiches ein ungleich höherer Prozentsatz von Mitgliedern: schätzungsweise leisteten hier etwa 4.000 Personen, wenigstens ein Drittel der KPD-Mitglieder, organisierten Widerstand. Dieser Prozentsatz läßt sich auch für das Ruhrgebiet ermitteln.[101] Selbst wenn man die Ziffern der Beteiligung am organisierten Widerstand für SPD und KPD zusammenrechnet, so wird die völlige Abgehobenheit des organisierten Widerstandes von der Masse der Arbeiterschaft und der Bevölkerung insgesamt deutlich.

Die durchaus typischen Unterschiede in der Beteiligung am organisierten Widerstand zwischen SPD und KPD erklären sich aus mehreren Ursachen. Zum ersten ging der staatliche Verfolgungsapparat anfangs zielstrebiger und rücksichtsloser gegen die Kommunisten als gegen die Sozialdemokraten vor. Zum zweiten beruhte die höhere Beteiligung der Kommunisten auf der anfangs bei der Komintern und der KPD verbreiteten Fehleinschätzung der nationalsozialistischen Herrschaft als einer bloßen kurzfristigen Steigerungsform des kapitalistischen Systems, das durch eine letzte Kraftanstrengung aus der Massenillegalität gestürzt werden könne. Zum dritten schließlich scheinen sich bei den Kommunisten aus

sozialen und ideologischen Ursachen heraus eine größere Zahl derjenigen gesammelt zu haben, die kompromißlos für die aktive Bekämpfung der Nationalsozialisten eintraten und die das Risiko von Verhaftung, Folter und Tod einzugehen bereit waren. Deshalb entstanden hier über die gesamte Dauer des Dritten Reiches immer wieder kleine organisierte Gruppen, die gegen das nationalsozialistische Regime anrannten. Viele von ihnen zogen gerade aus den Erfahrungen des Terrors die Kraft und die Verpflichtung zum Widerstand.

Diese Haltung motivierte anfangs auch viele Sozialdemokraten zum Widerstand. Sie erkannten jedoch bald — und das war die spezifische Schlußfolgerung ihrer illegalen Arbeit, daß der individuelle Preis angesichts der Wirkungsmöglichkeiten zu hoch war, um weiter die organisierten Verbindungen aufrecht zu erhalten und aktiv gegen das nationalsozialistische Herrschaftssystem vorzugehen. Deshalb versuchten sie, unter Bewahrung der eigenen Überzeugung in Distanz und Resistenz zum Nationalsozialismus die Zeit des Dritten Reiches zu überleben.

Trotz des hohen beiderseitigen Einsatzes von Sozialdemokraten und Kommunisten gefährdete der Widerstand das nationalsozialistische Regime nicht ernsthaft. Hierfür sind vor allem zwei Ursachen verantwortlich zu machen. Zum ersten gingen beide Parteien von einer Fehleinschätzung der Nationalsozialisten aus. Die KPD hielt nach den Worten Dimitrovs den Nationalsozialismus für die offene, terroristische Diktatur der aggressivsten, reaktionärsten, am meisten chauvinistischen Kreise des Finanzkapitals; die SPD hielt die Nationalsozialisten mehr für eine kleine verbrecherische Clique, die durch spezifische Bedingungen hochgespült worden war. Diese Haltungen unterschätzten den Nationalsozialismus. Er war eine breite Massenbewegung, die durch eine temporäre Unfähigkeit von Demokratie und Kapitalismus, eine große wirtschaftliche, politische und kulturelle Krise zu lösen, Aufschwung erhalten hatte. Sie ruhte fest in spezifischen geistesgeschichtlichen Traditionen des Bürgertums und fand unter den Bedingungen einer extremen Krisensituation aufgrund der Radikalität des Auftretens, des Charismas ihres Führers und ihrer schichtenübergreifenden politischen Versprechungen großen Zulauf. Als die Nationalsozialisten nach der Machtübernahme nicht sofort wieder abwirtschafteten, sondern in den ersten Jahren ihrer Herrschaft wesentliche innen- und außenpolitische Probleme gelöst wurden, trat der Preis, der dafür zu zahlen war, nämlich ein Leben im Belagerungszustand zu führen, im Bewußtsein der Bevölkerung zurück. Deshalb scheiterte das sowohl von Sozialdemokraten als auch von Kommunisten vertretene Konzept, einen Keil zwischen Nationalsozialisten und Bevölkerung zu treiben. Der organisierte Widerstand bewegte sich nicht wie ein Fisch im Wasser. Vielmehr mußten die Illegalen erfahren, daß sich das nationalsozialistische System zunehmend stabilisierte, während ihr Sympathieumfeld schrumpfte.

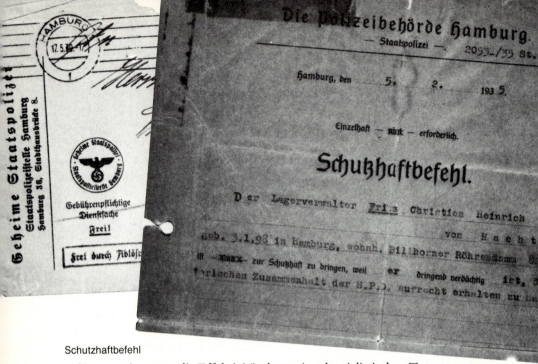

Schutzhaftbefehl

Zum zweiten trug die Effektivität des nationalsozialistischen Terrorapparates dazu bei, daß der organisierte Widerstand abnahm. Die Erfahrung der Verfolgung, der Haftbedingungen und die Furcht vor Repressalien über die eigene Person hinaus waren so neuartig und schwer, daß es besonderer Leidensfähigkeit bedurfte, um unter diesen Bedingungen Widerstand zu leisten.

Stand angesichts dieser Bedingungen der organisierte Widerstand, das Leben in Angst vor der Entdeckung, die Gefährdung von Beruf und Familie, die verpaßten Lebenschancen, die Erduldung von Folter und langjähriger Haftstrafen, ja die Opferung des eigenen Lebens überhaupt in einem Verhältnis zu den Wirkungen, die durch die illegale politische Arbeit erzielt wurden? Hätten die Beteiligten nicht besser den Weg des inneren Rückzuges, der Resistenz oder der Emigration wählen sollen, um nicht sich und andere in Gefahr zu bringen? Diese Fragen nach der Bedeutung und den Folgen des organisierten Widerstandes werden von den Beteiligten und der Nachwelt je nach dem Maßstab des »Erfolgs«, der angelegt wird, unterschiedlich beantwortet.[102]

Aus der Sicht der Beteiligten stärkte die Arbeit gegen das Dritte Reich die eigene Identität und Selbstachtung. Viele der aktiven Sozialdemokraten und Kommunisten, die in der Republik stets argumentiert hatten, der Nationalsozialismus bedeute die Herrschaft der Unmenschlichkeit und führe zum Krieg, konnten den Aufbau des Dritten Reiches nicht widerstandslos hinnehmen, ohne vor sich und ihrer Umgebung unglaubwürdig zu werden. Darüber hinaus stärkte der gemeinsame Widerstand die Verbundenheit unter den Genossen und gab vielen die psychische Kraft, im Dritten Reich ohne innere Anpassung an den Nationalsozialismus durchzuhalten. Das Sichtbarwerden von Widerstandszeichen und -aktionen gab schließlich auch denen Ermutigung, die ohne Bindung an eine Organisation dem

Nationalsozialismus ablehnend gegenüberstanden. Eine weitere, in ihrer Bedeutung gar nicht abzuschätzende unmittelbare Folge des organisierten Widerstandes bestand in der Hilfeleistung für politisch Verfolgte. In Hamburg als einem Ausfalltor für Emigranten wurden zahlreichen gefährdeten Personen Unterkunft und Lebensunterhalt gewährt und zur Flucht verholfen. Diese Hilfeleistungen, die praktische Humanität und Solidarität, waren für viele auch der ausschlaggebende Grund, sich am organisierten Widerstand zumindest finanziell zu beteiligen.

Aus der Sicht des Historikers wird man den Widerstand der sozialistischen Arbeiterschaft nicht allein an den selbstgesteckten Zielen, das Dritte Reich von innen her zu stürzen, den organisatorischen Zusammenhalt aufrechtzuerhalten oder die Bevölkerung und das Ausland über die nationalsozialistische Herrschaft aufzuklären, messen können. Abgesehen von diesen hohen politischen Zielen und der Bedeutung für die Beteiligten selbst ist vor allem zu berücksichtigen, was der Widerstand der sozialistischen Arbeiterschaft für das Regime und die Zeit nach 1945 bedeutete.

Die sozialistisch orientierte Arbeiterschaft konnte im Verlauf des Dritten Reiches am wenigsten von allen sozialen und politischen Großgruppen der Gesellschaft integriert werden; sie blieb in Distanz und beunruhigte durch ihren zum Teil organisierten Widerstand die Nationalsozialisten. Dies beeinflußte ihr System der Herrschaft. So lassen sich auf der einen Seite zum Beispiel bestimmte Maßnahmen ihrer Sozialpolitik als Pazifizierungsstrategie und Kompensierung für die politische Entrechtung der Arbeiterschaft interpretieren. Auf der anderen Seite führte die Existenz des organisierten Widerstands zum Ausbau des Terrors und damit letztlich zur Verdeutlichung des Charakters der nationalsozialistischen Herrschaft in immer breiteren Kreisen der Bevölkerung.

Darüber hinaus hat der Widerstand noch eine ganz andere, in ihrer Dimension gar nicht abzuschätzende Bedeutung für das Ansehen des deutschen Volkes in der Welt gehabt. Er hat, durch die deutschen Emigranten schon früh bekannt geworden, nach dem Zusammenbruch von 1945 einer Pauschalverurteilung entgegengewirkt; der Widerstand der wenigen kam jetzt dem ganzen Volk zugute. Die Alliierten hatten die Möglichkeit, mit den ausgewiesenen Gegnern des Naziregimes zusammenzuarbeiten und sie in den neuen Verwaltungen und Regierungen an die Spitze zu stellen. Ihre leitende Mitarbeit beschränkte sich allerdings in der Regel in den Kommunen und Ländern auf die unmittelbare Phase des Wiederaufbaus.

Für die SPD und KPD bedeutete die Arbeit im Untergrund des nationalsozialistischen Reiches Kontinuität und Bewahrung der Identität. Der Sozialdemokratie wuchs aufgrund ihrer politischen Tradition aus der Weimarer Republik und aufgrund ihrer Integrität durch die Gegnerschaft zum Nationalsozialismus eine wesentliche Rolle beim Aufbau der Demokratie in Westdeutschland zu.[103]

Anmerkungen

[1] G. Plum, Die Arbeiterbewegung während der nationalsozialistischen Herrschaft, in: J. Reulecke (Hg.), Arbeiterbewegung an Rhein und Ruhr. Beiträge zur Geschichte der Arbeiterbewegung in Rheinland-Westfalen, Wuppertal 1974, S. 366.

[2] F. Zipfel, Die Bedeutung der Widerstandsforschung für die allgemeine zeitgeschichtliche Forschung, in: Forschungsinstitut der Friedrich-Ebert-Stiftung (Hg.), Stand und Problematik der Erforschung des Widerstands gegen den Nationalsozialismus, Bad Godesberg 1965, S. 3.

[3] R. Löwenthal, Widerstand im totalen Staat, in: R. Löwenthal/P. v. zur Mühlen (Hg.), Widerstand und Verweigerung in Deutschland 1933 bis 1945, Berlin/Bonn 1982, S. 14.

[4] Vgl. Hamburger Echo (HE) 5. 1. 1932; 20. 12. 1932.

[5] Vgl. U. Büttner, Hamburg in der Staats- und Wirtschaftskrise 1928-1931, Hamburg 1982, S. 678.

[6] Zahlen zusammengestellt aus: D. Petzina/W. Abelshauser/A. Faust, Sozialgeschichtliches Arbeitsbuch III. Materialien zur Statistik des Deutschen Reiches 1914-1945, München 1978, S. 174; U. Büttner, S. 665.

[7] HE 9. 12. 1932.

[8] Vgl. F.-W. Witt, Die Hamburger Sozialdemokratie in der Weimarer Republik. Unter besonderer Berücksichtigung der Jahre 1929/30-1933, Hannover 1971, S. 54.

[9] Vgl. K. Rohe, Das Reichsbanner Schwarz-Rot-Gold. Ein Beispiel zur Geschichte und Struktur der politischen Kampfverbände zur Zeit der Weimarer Republik, Düsseldorf 1966, S. 371 f.

[10] »Nichts ist gefährlicher und verhängnisvoller in diesem Augenblick, als unsichtbaren Paroleschmieden und verantwortungslosen Provokateuren Folge zu leisten und sich in unüberlegte Aktionen zu stürzen, die von den im Augenblick herrschenden Militärgewalthabern geradezu herbeigesehnt werden, um der Arbeiterbewegung auf Jahrzehnte hinaus die Bewegungsmöglichkeit nehmen zu können.« HE 22. 7. 1932.

[11] HE 8. 10. 1932.

[12] Vgl. H. Staudinger, Wirtschaftspolitik im Weimarer Staat. Lebenserinnerungen eines politischen Beamten im Reich und in Preußen 1884-1934, eingel. u. hg. v. H. Schulze, Bonn-Bad Godesberg 1982, S. 65; HE 8. 10. 1932.

[13] HE 7. 11. 1932.

[14] HE 27. 1. 1933; vgl. generell Rohe, S. 439 f.

[15] HE 31. 1. 1933.

[16] HE 2. 2. 1933.

[17] HE 6. 2. 1933.

[18] HE 27. 2. 1933.

[19] HE 6. 2. 1933.

[20] HE 20. 2. 1933.

[21] Witt, S. 173.

[22] Vgl. C. V. Krogmann, Es ging um Deutschlands Zukunft 1932-1939. Erlebtes täglich diktiert von dem früheren Regierenden Bürgermeister von Hamburg, Leoni 1976, S. 38.

[23] Vgl. Dokumente zur Gleichschaltung des Landes Hamburg 1933, hg. v. H. Timpke, Frankfurt 1964, S. 34.

[24] Vorangegangene Zitate aus: HE 28. 2. 1933.

[25] Vgl. W. Hoegner, Flucht vor Hitler. Erinnerungen an die Kapitulation der ersten deutschen Republik 1933, München 1977, S. 83ff.

[26] Vgl. A. Voß/U. Büttner/H. Weber, Vom Hamburger Aufstand zur politischen Isolierung. Kommunistische Politik 1923-1933 in Hamburg und im Deutschen Reich, Hamburg 1983, S. 180; Dokumente, S. 68f.

[27] Vgl. Dokumente, S. 71f.; U. Büttner/W. Jochmann, Hamburg auf dem Weg ins Dritte Reich.

Entwicklungsjahre 1931-1933, Hamburg 1983, S. 120ff.

[28] Vgl. Hamburger Tageblatt (HT) 5. 3. 1934; Dokumente, S. 171ff. In Altona besetzte die SS auf Anordnung des nationalsozialistischen Mitglieds des preußischen Landtages Emil Brix am 11. März 1933, einen Tag vor der Kommunalwahl, das Rathaus, damit keine »Akten verschwinden oder verbrannt werden« und »wegen des am 5. März von der Altonaer Bevölkerung zum Ausdruck gebrachten Willens auf Beseitigung der herrschenden Männer im Altonaer Rathaus.« Diejenigen Senatoren, derer die SS habhaft werden konnte, wurden in »Schutzhaft« genommen; Emil Brix setzte sich selbst anstelle des geflüchteten Oberbürgermeisters Max Brauer zum kommissarischen Oberbürgermeister ein. Vgl. das Schreiben von Emil Brix an den Preußischen Minister des Innern vom 11. März 1933, in: Forschungsstelle für die Geschichte des Nationalsozialismus in Hamburg, Ordner 8333.

[29] Vgl. HE 18. 2. 1933; Voß u. a. S. 178f.; U. Hochmuth/G. Meyer, Streiflichter aus dem Hamburger Widerstand 1933-1945. Berichte und Dokumente, Frankfurt 1980², S. 20ff.

[30] Kommentar Otto Grot Februar 1983; vgl. generell Rohe, 461f.

[31] Gespräch mit Irma Keilhack. Aufgezeichnet von Ingrid Fischer, in: Der alltägliche Faschismus: Frauen im Dritten Reich, Berlin/Bonn 1981, S. 121f.

[32] Hoegner, S. 85.

[33] Erinnerungsbericht Weidt, Sammlung Albert Blankenfeld, Forschungsstelle.

[34] Vgl. dazu H. Grebing, Flucht vor Hitler? Historiographische Forschungsergebnisse über die Aussichten des Widerstandes der Arbeiterbewegung gegen die nationalsozialistische Machtübernahme, in: Arbeiterbewegung und Geschichte. Festschrift für Shlomo Na'aman zum 70. Geburtstag, hg. v. H.-P. Harstick/A. Herzig/H. Pelger, Trier 1983, S. 113-135.

[35] Vgl. HT 30. 7. 1933.

[36] I. von Münch/U. Brodersen (Hg.), Gesetze des NS-Staates. Dokumente eines Unrechtssystems, Paderborn 1982², S. 31.

[37] Vgl. H. Mommsen, Beamtentum im Dritten Reich. Mit ausgewählten Quellen zur nationalsozialistischen Beamtenpolitik, Stuttgart 1967, S. 55.

[38] Dokumente, S. 122.

[39] Vgl. G. Baier, Erinnerte Geschichte als erzählte Erfahrung. Treffen von Gewerkschaftsveteranen im Bildungszentrum der Gewerkschaft Nahrung-Genuß-Gaststätten in Oberjosbach vom 9. bis 11. Februar 1979, in: IWK 15. 1979, S. 268.

[40] H. Heer, Burgfrieden oder Klassenkampf. Zur Politik der sozialdemokratischen Gewerkschaften 1930-1933, Berlin 1971, S. 192.

[41] Vgl. Anpassung oder Widerstand? Aus den Akten des Parteivorstandes der deutschen Sozialdemokratie 1932/33, hg. u. bearb. v. H. Schulze, Bonn-Bad Godesberg 1975, S. 167ff.

[42] Deutschland-Berichte der Sozialdemokratischen Partei Deutschlands 1. 1934, S. 453.

[43] Vorangegangene Zitate aus: Die freie Gewerkschaft, 8. 3. 1933.

[44] Vgl. H.-G. Schumann, Nationalsozialismus und Gewerkschaftsbewegung. Die Vernichtung der deutschen Gewerkschaften und der Aufbau der »Deutschen Arbeitsfront«, Hannover/Frankfurt 1958, S. 65.

[45] Zitate aus: Die freie Gewerkschaft 19. 4. 1933.

[46] Vgl. HT 19. 4. 1933; Die freie Gewerkschaft 21. 4. 1933.

[47] Zitate aus: Die freie Gewerkschaft 28. 4. 1933.

[48] Vgl. HT 30. 4. 1934.

[49] Deutschland-Berichte 1. 1934. S. 456.

[50] Zur Erklärung dieses Vorganges, der für viele nach Aufgabe der politischen Überzeugung zugunsten persönlicher Vorteile aussah, schrieb das Merkblatt der Sozialdemokratischen Partei, Landesorganisation Hamburg, in der Nr. 7. vom April 1933: »Während der letzten Tage las man in Hamburger Tageszeitungen, hörte es auch im Rundfunk und auf der Straße, daß bekannte Hamburger Sozialdemokraten aus der Partei ausgetreten seien und auch ihr Bürgerschaftsmandat niedergelegt hätten. Die Meldungen sind meistens mit der Bemerkung versehen worden, daß die SPD zerfalle.

Der Wunsch ist hier der Vater des Gedankens. Soweit Austritte aus der Sozialdemokratischen Partei erfolgt sind, handelt es sich fast ausschließlich um Beamte, Staatsangestellte und Staatsarbeiter. Diese Austritte mußten erfolgen auf Grund der Senatsverordnung, die den Staatsbediensteten die Zugehörigkeit zur Sozialdemokratie untersagt hat. Die Austritte sind also eine Zwangsfolge dieser Senatsverordnung... Keiner derjenigen bisherigen Parteigenossen, die auf Grund der Senatsverordnung aus der Sozialdemokratischen Partei austreten mußten, darf deswegen herabgesetzt werden.« Merkblatt vh. in: Forschungsstelle.

51 Vgl. Staudinger, S. 126.

52 Merkblatt der Sozialdemokratischen Partei, Landesorganisation Hamburg, Nr. 6. April 1933, z. T. abgedruckt in: Büttner/Jochmann, S. 165; vgl. Witt, S. 192.

53 Dokumente, S. 75, vgl. S. 95ff.

54 Dokumente, S. 92ff.

55 Dokumente, S. 105.

56 Dokumente, S. 115.

57 Alfred Ehlers hatte in zwei Schreiben vom 23. und 27. Juni 1933 an den nationalsozialistischen Bürgerschaftspräsidenten noch einmal seinen ernsthaften Willen zur Mitarbeit bekundet: »In meinem politischen Verhalten sehe ich als Gewerkschafter und als solcher habe ich innerhalb der Arbeiterbewegung Zeit meines Lebens gewirkt, keinen Widerspruch mit früheren Zeiten, da für meine gewerkschaftliche Tätigkeit immer die Anerkennung der amtierenden Bewegung entscheidend war... Seien Sie versichert, daß ich in *allem* ein neues Leben beginne und mich *ernstlich* bemühe, dem neuen Staat mit Liebe und Hingabe zu dienen; auch meine Zugehörigkeit zu den sogenannten Gewerkschaftern in der Bürgerschaft bedeutet nichts anderes als ein *deutliches* Abrücken von meinem politischen Gestern und den ernsten Willen, *positives, aufbauendes* Neuland zu wählen und zu gehen...« in: Staatsarchiv Hamburg, Bürgerschaft I, B 1, Bd. 122.

58 Schnellhefter: Neugründung der »Produktion« im Nachlaß Ferdinand Vieth, Archiv der coop. Ich danke Herrn Dabrunz und Herrn Bockwoldt für die Erlaubnis zum Zugang und die freundliche Betreuung. Vgl. ferner HT 28. 4. 1933. Zu dem Kieler Vorgang vgl. I. Klatt/H. Peters, Kiel 1933. Dokumentation zur Erinnerung an den 50. Jahrestag der Machtergreifung der Nationalsozialisten in Kiel, hg. v. d. Ferdinand-Toennies-Gesellschaft, Kiel 1983, S. 13; B. Hebel-Kunze, SPD und Faschismus. Zur politischen und organisatorischen Entwicklung der SPD 1932-1935, Frankfurt 1977, S. 112f. Vgl. für Thüringen M. Weissbecker, Gegen Faschismus und Kriegsgefahr. Ein Beitrag zur Geschichte der KPD in Thüringen 1933-35, Erfurt 1967, S. 57.

59 Vgl. C. Schramm, Entmachtung und Verbot der SPD in Hamburg im Jahre 1933, Hausarbeit Hamburg 1960, S. 61.

60 Vgl. Büttner/Jochmann, S. 168f.

61 Dokumente, S. 90.

62 Walter Schmedemann, Die SPD in der Emigration und in der Widerstandsbewegung, Erinnerungsbericht, S. 1, in: Sammlung Albert Blankenfeld.

63 Kommentar Otto Grot Februar 1983.

64 Die folgenden Angaben und Schilderungen der illegalen Arbeit basieren auf einer Auswertung der Anklageschriften und Urteile, die in Photokopien in den Ordnern 8338 der Forschungsstelle enthalten sind. Sie müssen mit dem Vorbehalt aufgenommen werden, daß die Staatsanwälte und Richter den Sachverhalt nicht immer richtig erfaßt haben und daß die Aussagen der Angeklagten darauf ausgerichtet waren, ihre illegale Arbeit herunterzuspielen und emigrierte Genossen zu belasten.

65 Zu Diederichs vgl. H. Vogt, Georg Diederichs, Hannover 1978. O. Schumann war gelernter Former, seit 1926 Angestellter beim Hamburger Arbeitsamt, MdBü 1931-33, wurde im Juni 1933 aus dem Staatsdienst entlassen, im Jahre 1944 im Zuge der »Gewitter-Aktion« im Anschluß an das Attentat Stauffenbergs verhaftet und in das KZ Neuengamme gebracht. Er starb am 3. Mai 1945 als Häftling auf der »Cap Arcona«.

66 Erinnerungsbericht Herbert Dau, Forschungsstelle.

67 Zitate aus: Mit dem Gesicht nach Deutschland. Eine Dokumentation über die sozialdemokratische Emigration. Aus dem Nachlaß von Friedrich Stampfer ergänzt durch andere Überlieferungen, hg. v. E. Matthias, bearb. v. W. Link, Düsseldorf 1968, S. 191ff.

68 Mit dem Gesicht..., S. 215ff.

69 Anpassung oder Widerstand, S. 168.

70 Vgl. I. Kershaw, Der Hitler-Mythos. Volksmeinung und Propaganda im Dritten Reich, Stuttgart 1980, S. 72ff.

71 Vgl. generell W. Saggau, Faschismustheorien und antifaschistische Strategien in der SPD. Theoretische Einschätzungen des deutschen Faschismus und Widerstandskonzeptionen in der Endphase der Weimarer Rebpublik und in der Emigration, Köln 1981.

⁷² Vollständiger Text in Materialien 4, S. 142.
⁷³ Vgl. Deutschland-Berichte 1. 1934, S. 108.
⁷⁴ Vgl. Deutschland-Berichte 1. 1934, S. 352f., 383.
⁷⁵ Vgl. Göthel-Urteil, S. 21, Forschungsstelle.
⁷⁶ Vgl. Deutschland-Berichte 1. 1934. S. 472; Materialien 5, S.146.
⁷⁷ Vgl. Deutschland-Berichte 2. 1935, S. 819f., 826f.
⁷⁸ Vgl. Deutschland-Berichte 3. 1936, S. 1604.
⁷⁹ Vgl. Das Gewissen steht auf. 64 Lebensbilder aus dem deutschen Widerstand 1933-1945, gesammelt von A. Leber, hg. in Zusammenarbeit mit W. Brandt und K.D. Bracher, Berlin/Frankfurt 1954, S. 86ff.; Deutschland-Berichte 4. 1937, S. 675f., 1539f. Zu Otto Hass vgl. D. Günther, Gewerkschafter im Exil. Die Landesgruppe deutscher Gewerkschafter in Schweden von 1938-1945, Marburg 1982, S. 54.
⁸⁰ Vgl. das Schreiben Richard Hansens an Erich Ollenhauer vom 23. 6. 1938, in: Forschungsstelle, Ordner 8333.
⁸¹ Dokumente, S. 268f.
⁸² Interview Herbert Dau 26. 4. 1983.
⁸³ Gespräch mit Elisabeth Ostermeier. Aufgezeichnet von Sonja Pape, in: Der alltägliche Faschismus. Frauen im Dritten Reich, Berlin/Bonn 1981, S. 88.
⁸⁴ Deutschland-Berichte 5. 1938, S. 685. Vgl. die zusammenfassende Darstellung des sozialdemokratischen Widerstandes durch Walter Schmedemann in den Materialien 6, S. 147.
⁸⁵ Vgl. generell W. Link, Die Geschichte des Internationalen Jugend-Bundes (IJB) und des Internationalen Sozialistischen Kampfbundes (ISK), Meisenheim am Glan 1964.
⁸⁶ Gespräch mit Martha Damkowski. Aufgezeichnet von Elke Kröplin, in: Der alltägliche Faschismus, S. 168.
⁸⁷ Vgl. Das Gewissen..., S. 89ff. H. Kakies kam im KZ Buchenwald um.
⁸⁸ Deutschland-Berichte 2. 1935, S. 1376f., 137.
⁸⁹ Vgl. Die freie Gewerkschaft 4. 4. 1933; Hamburger Nachrichten 10. 2. 1933; 3. 4. 1933.
⁹⁰ H. Warnke, Der verratene Traum. Langenhorn. Das kurze Leben einer Hamburger Arbeitersiedlung, Hamburg 1983, S. 126.
⁹¹ Vgl. F. Spliedt, Die Gewerkschaften. Entwicklung und Erfolge. Ihr Wiederaufbau nach 1945, Hamburg o. J., S. 76f.
⁹² Vgl. z. B. HT 19. 4. 1933; G. Baier, Die illegale Reichsleitung der Gewerkschaften 1933-1945, Köln 1981, S. 27.
⁹³ Vgl. K.-D. Brügmann u. a.,: die anderen. Widerstand und Verfolgung in Harburg und Wilhelmsburg. Zeugnisse und Berichte 1933-1945, Hamburg 1981², S. 102f.; Baier, Reichsleitung, S. 28ff.; Deutschland-Berichte 2. 1935, S. 446f., 549.
⁹⁴ Deutschland-Berichte 3. 1936, S. 317.
⁹⁵ Vgl. die Aufstellung in: HT 17. 10. 1933; Brügmann u. a., S. 58.
⁹⁶ Gespräch Ostermeier, S. 86.
⁹⁷ Vgl. Warnke, S. 113ff.
⁹⁸ Deutschland-Berichte 1. 1934, S. 393.
⁹⁹ Erinnerungsbericht M. M., S. 18f., Sammlung Albert Blankenfeld.
¹⁰⁰ Vgl. F. Moraw, Die Parole der »Einheit« und die Sozialdemokratie. Zur parteiorganisatorischen und gesellschaftspolitischen Orientierung der SPD in der Periode der Illegalität und in der ersten Phase der Nachkriegszeit 1933-1948, Bonn-Bad Godesberg 1973, S. 36f.
¹⁰¹ Vgl. Hochmuth/Meyer, S. 157; HE 26. 2. 1933; D. Peukert, Die KPD im Widerstand. Verfolgung und Untergrundarbeit an Rhein und Ruhr 1933 bis 1945, Wuppertal 1980, S. 166.
¹⁰² Vgl. E. Fraenkel, Der Sinn illegaler Arbeit, in: ders., Reformismus und Pluralismus. Materialien zu einer ungeschriebenen politischen Autobiographie. Zusammengestellt und herausgegeben von F. Esche und F. Grube, Hamburg 1973, S. 240-247; Widerstandsrecht. Hg. v. A. Kaufmann in Verbindung mit L. E. Backmann, Darmstadt 1972; K. Jaspers, Die Schuldfrage. Für Völkermord gibt es keine Verjährung, München 1979.
¹⁰³ Zu den Schlußfolgerungen, die aus dem Widerstand gegen den Nationalsozialismus für die heutige Zeit gezogen werden können, vgl. K. von Dohnanyi, Widerstand und Menschenrechte. Zehn Prinzipien für Bonns Politik, in: Die Zeit Nr. 31, 28. 7. 1978.

Materialien

Materialien 1:
Ergebnisse der Bürgerschafts- und Reichstagswahlen in Hamburg 1928 - 33

Datum	Wahlbet. in %	SPD	KPD	NSDAP	DNVP	DVP	DDP/Staatspartei
B 19.02.28	79,0	246.685 (35,9)	114.257 (16,7)	14.760 (2,2)	94.048 (13,7)	85.507 (12,5)	87.553 (12,8)
R 20.09.28	79,4	255.133 (36,8)	116.140 (16,8)	17.761 (2,6)	88.921 (12,8)	95.715 (13,8)	80.344 (11,6)
R 14.09.30	82,1	240.984 (32,0)	135.279 (18,0)	144.684 (19,2)	31.376 (4,2)	69.145 (9,2)	64.129 (8,5)
B 27.09.31	83,8	214.553 (27,8)	168.674 (21,9)	202.506 (26,3)	43.278 (5,6)	36.927 (4,8)	67.105 (8,7)
B 24.04.32	80,5	226.242 (30,2)	119.481 (16,0)	233.750 (31,2)	32.356 (4,3)	23.807 (3,2)	84.146 (11,3)
R 31.07.32	81,6	239.428 (31,7)	133.713 (17,7)	254.983 (33,7)	39.651 (5,2)	14.833 (2,0)	45.706 (6,0)
R 06.11.32	82,8	218.078 (28,6)	166.748 (21,9)	207.057 (27,2)	71.067 (9,3)	25.199 (3,3)	41.136 (5,4)
R 05.03.33	81,3	220.748 (26,9)	144.333 (17,6)	318.747 (38,9)	65.540 (8,0)	19.725 (2,4)	28.740 (3,5)

R = Reichstagswahl / B = Bürgerschaftswahl
Stat. Jahrbuch für die Freie und Hansestadt Hamburg 1927/8 ff.

Materialien 2:

Erklärung der sozialdemokratischen Senatoren Hamburgs zu ihrem Rücktritt am 3. März 1933

Hamburg, im März 1933.
Euer Hochwohlgeboren
werden um geneigte Kenntnisnahme der folgenden Darlegungen gebeten:
Die Presse hat über das Vorgehen gegen das Land Hamburg und seine Regierung in den ersten Märztagen berichtet. In Ergänzung der Zeitungsberichte möchten die ergebenst unterzeichneten früheren Mitglieder des Hamburger Senats in der Annahme, daß eine detaillierte Darstellung der Vorgänge für jeden deutschen Politiker, dem das Wohl des gesamten Volkes am Herzen liegt, von Interesse sein dürfte, folgende gewissenhaft geprüfte Schilderung der Geschehnisse unterbreiten. Hamburg hatte seit dem Ende des Krieges, nachdem die in den freien Gewerkschaften organisierten Arbeiter in Verabredung und im Verein mit der Sozialdemokratischen Partei einer kurzen spartakistischen Gewaltherrschaft Anfang Januar 1919 ein Ende gemacht hatten, einen Senat, in dem sich, obwohl in der verfassungsgebenden Bürgerschaft (dem hamburgischen Landesparlament) die Sozialdemokratische Partei die Mehrheit hatte, Männer aller Parteirichtungen zusammengefunden. Präsidenten dieses Senats waren nacheinander bürgerliche Persönlichkeiten: Bürgermeister Dr. *von Melle*; Bürgermeister Dr. *Sthamer*, der spätere langjährige deutsche Botschafter in London; Bürgermeister Dr. *Diestel*, und seit Anfang 1924, mit Unterbrechung von zwei Jahren, in denen Bürgermeister *Roß* den Vorsitz führte, Bürgermeister Dr. *Carl Petersen*.

Dieser Senat, der im Laufe der Jahre durch formellen Abschluß einer Koalition der Parteien der Bürgerschaft von der Deutschen Volkspartei über Staatspartei bis zu der Sozialdemokratischen Partei noch eine besondere Stärkung erfuhr, hat, als im Oktober 1931 die parteipolitische Entwicklung die bisherige Regierungskoalition von einer erheblichen Mehrheit in eine Minderheit verwandelte, alsbald seinen Rücktritt erklärt. Er mußte die Geschäfte nach den Verfassungsbestimmungen weiterführen und hat sie, weil die in sich gespaltene Opposition nicht fähig war, eine Mehrheit für einen Senat zusammenzubringen, bis in diese ersten Märztage geführt.

In all den Jahren ist, nachdem im Januar 1919 von der organisierten Arbeiterschaft Spartakus unblutig, ohne einen Schuß und an einem einzigen Tage niedergerungen war und nachdem in der Inflationszeit noch ein Krawall des Janhagels, der sich an aufgedeckten Schweinereien in einem Lebensmittelgroßgeschäft entzündet hatte, und 1923 der irrsinnige Oktoberputsch der Kommunisten dank des energievollen und tapferen Zugreifens des neuen Kommandanten der Ordnungspolizei, Oberstleutnant Danner, niedergeschlagen waren, nichts Bedeutsames mehr passiert, das die Ruhe und Ordnung in Hamburg ernstlich gefährdet hätte. Eine Reihe irrsinniger Aktionen von Kommunisten konnten stets im Keime erstickt werden. Bei derartigen Aktionen, die im Hafen angezettelt wurden und die erfahrungsgemäß Hamburgs und Deutschlands Ruf im Ausland schwer gefährden, die auch materielle Schädigungen des deutschen Handels leicht im Gefolge haben, weil die leisesten Meldungen über Unruhen im Hafen sehr schnell die Umdirigierung von Schiffen nach anderen Häfen verursachen, hat sich die Polizei stets auf die feste Disziplin der in den Gewerkschaften organisierten Hafen- und Verkehrsarbeiter stützen können, so daß sie von vornherein scheitern mußten. Die Gewerkschaften sind von den kommunistischen Treibern deshalb ebenso gröblich beschimpft und leidenschaftlich gehaßt worden wie der aus der Sozialdemokratischen Partei hervorgegangene Polizei-Senator. Es darf bei dieser Gelegenheit gesagt werden, daß wohl in keinem Ort Deutschlands zwischen den Kommunisten einerseits und der Sozialdemokratischen Partei und den Gewerkschaften andererseits ein so großer, scharfer Trennungsstrich gezogen und stets bis auf diesen Tag gehalten worden ist wie in Hamburg. Das war allgemein bekannt, ist häufig Gegenstand leidenschaftlicher Angriffe seitens der Kommunisten in der

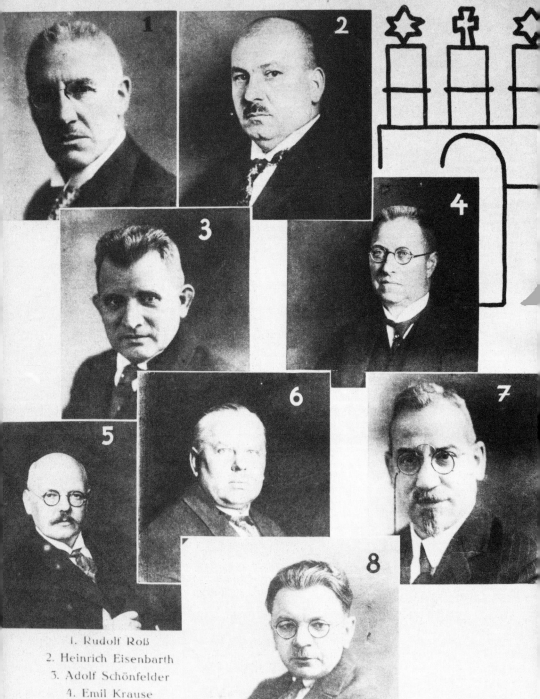

Der Senat von 1928, von dem Anfang 1933 noch Roß, Ehrenteit, Schönfelder, Krause, Neumann, Petersen, Matthaei, Chapeaurouge und Burchard-Motz im Amt waren

HAMBURGER SENAT

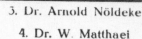

1. Dr. Carl Petersen
2. Carl Cohn
3. Dr. Arnold Nöldeke
4. Dr. W. Matthaei
5. Dr. Paul Chapeaurouge
6. Dr. Burchard-Motz
7. Joh. Hirsch
8. F. A. Witthoefft

hamburgischen Bürgerschaft gegen den Polizeiherrn, Senator Schönfelder, und den Kommandanten, Oberst Danner, gewesen und auch von der Presse des hamburgischen Bürgertums wiederholt anerkannt. So schrieben noch am 27. Februar d. J. die »Hamburger Nachrichten«:

»Der gestrige Sonntag mit seinen großen Aufmärschen in Hamburg und Altona, wo man mindestens 10.000 SA.- und SS.-Leute ihren Fahnen folgen sah, ist, entgegen allen trüben Erwartungen, recht ruhig verlaufen. Zwar sind rund 10 bis 15 Verletzte zu verzeichnen. Daß der Sonntag in Hamburg ruhig verlief, hat nicht zuletzt seinen Grund in einem sehr energischen Schlag, den die Polizei in Hamburg am Sonntagfrüh gegen die Kommunisten führte. Man hat Massenverhaftungen vorgenommen, die den kommunistischen Banden die Schlagkraft nahmen.«

Das stets wirkungsvolle Vorgehen gegen geplante oder schon begonnene kommunistische Aktionen in Hamburg stützte sich sehr auf eine fortlaufende, sehr intensiv betriebene Beobachtung der bekannten kommunistischen Treiber. Über diese Beobachtungen ist man im Reichsinnenministerium bestens unterrichtet.

Infolge der hier geschilderten Haltung der Gewerkschaften, der Sozialdemokratischen Partei und vor allem der Polizei waren in der hamburgischen Bevölkerung auch gar keine Zweifel darüber, daß in Hamburg Ruhe, Sicherheit und Ordnung nicht ernstlich durch die Kommunisten gefährdet wären. Aber seit dem 30. Januar d. J. ist abseiten der Hamburger Nationalsozialisten in der Presse und vor allem in mannigfachen Eingaben an das Reichsinnenministerium immer leidenschaftlicher solche Gefährdung behauptet worden. Stets mit dem Tenor: die Polizei sei in der Hand des sozialdemokratischen Polizeiherrn — der übrigens fast täglich seine aktuellen Angelegenheiten in einer aus Mitgliedern der drei obengenannten Parteien, unter Vorsitz des Präsidenten des Senats zusammengesetzten Kommission beraten und beschließen ließ — kein sicheres Instrument gegen die kommunistischen Feinde.

Wohl im Gefolge dieser nationalsozialistischen Vorstellungen kam am Dienstag nach der verbrecherischen Brandstiftung im Reichstagsgebäude und der Aktion des Preußischen Innenministeriums gegen die Kommunistische Partei und gegen die gewerkschaftliche und sozialdemokratische Presse die für den Verkehr der Regierungen zweier deutscher Länder ungewöhnliche telephonische Anfrage durch den Polizeipräsidenten von Altona: ›ob Hamburg bereit sei, die preußische Politik mitzumachen.‹ Dem Hamburger Polizeipräsidenten wurde aufgegeben zu erklären: Hamburg würde alles tun, um kommunistisches Verbrechertum in jeder Gestalt niederzuhalten und zur Bestrafung zu bringen. Am Mittwoch, 1. März, in aller Frühe noch wurde auf Ersuchen des Polizeiherrn die oben erwähnte kleine Kommission des Senats zusammenberufen. In der voraufgegangen Nacht hatten kommunistische Terroristen in überraschendem Handstreich einen Hauptwachtmeister, der vor einem SA.-Verkehrslokal Posten hatte, niedergeknallt, um dann sofort zu entfliehen. Der Polizeiherr schlug auf Anraten des Kommandanten der Ordnungspolizei schärfste Maßnahmen gegen die Kommunisten vor, und der Senat beschloß folgenden Erlaß:

»Der gestrige Mordüberfall von Kommunisten auf einen Polizeiposten in der Woltmannstraße sowie die zahlreichen Waffenfunde bei Kommunisten innerhalb der letzten Zeit beweisen, daß die Kommunistische Partei auch in Hamburg Umtriebe mit hochverräterischen Zielen unternimmt. Der Senat ist entschlossen, zur Aufrechterhaltung von Ruhe, Sicherheit und Ordnung dagegen mit allen zur Verfügung stehenden Mitteln einzuschreiten und weiteren derartigen Ereignissen vorzubeugen. Zu diesem Zweck hat er beschlossen, sämtliche kommunistischen Flugblätter und Plakate zu beschlagnahmen und einzuziehen sowie sämtliche periodischen kommunistischen Druckschriften zu beschlagnahmen und zu verbieten. Die Polizeibehörde ist angewiesen, eine verstärkte Streiftätigkeit anzuordnen und die gesamte Polizei in Alarmbereitschaft zu halten. Darüber hinausgehende Maßnahmen behält sich der Senat vor.«

Die auf Veranlassung des Polizeiherrn schon vor Bekanntwerden des Senatserlasses angesetzten Maßnahmen brachten rund 75 bis 100 kommunistische Funktionäre in Haft. Wenn hinterdrein darauf hingewiesen ist, daß der als Drahtzieher verdächtige Funktionär André ja nicht festgenommen sei, so erklärt sich das nicht etwa aus einem lässigen Vorgehen der Polizeiorgane gegen diesen André, sondern daraus, daß André sich stets, wenn die Sache brenzlig wird, sehr rechtzeitig außerhalb Hamburgs in Sicherheit zu bringen versteht. Er ist später ja dann auch in Preußen verhaftet.

Weiter hat der Senat auf Ansuchen des Herrn Reichsinnenministers alle kommunistischen Flugblätter und Plakate und alle Versammlungen auch in Räumen — nachdem er alle Demonstrationen und Versammlungen im Freien schon zwei Wochen vorher aus eigenem Willen verboten hatte — untersagt. Jedem Versuch der Zuwiderhandlung ist schärfstens entgegengetreten worden. Wo immer kommunistische Plakate angeheftet wurden, beseitigten Polizeikolonnen sie sofort.

Auf Ersuchen des Senats war am Dienstag, 28. Februar, Herr Senator Dr. *de Chapeaurouge*, Mitglied der Deutschen Volkspartei, in Vertretung des wegen einer Erkrankung nicht reisefähigen Herrn Bürgermeisters Dr. Petersen nach Berlin gefahren, um dem Herrn Vizekanzler v. Papen die Hamburger Verhältnisse darzustellen, wozu er als 2. Polizeiherr und seit sieben Jahren Mitglied der genannten Kommission des Senats besonders geeignet war.

Senator Dr. Chapeaurouge traf den Herrn Vizekanzler, der gerade nach Süddeutschland gefahren war, nicht an und sprach mit einem der Herrn Referenten im Reichsinnenministerium, von dem er beruhigende Erklärungen und die Versicherung erhielt, daß der Herr Referent, wie jüngst in Bremen, sich auch demnächst in Hamburg einmal über die Verhältnisse in der Polizei informieren wolle. Nachdem Herr Senator Dr. de Chapeaurouge auf Rückfrage in Hamburg hatte erklären können, daß ein vom Herrn Reichsinnenminister verlangtes Verbot eines Reichsbannerfackelzuges am selben Abend, an dem der Herr Reichskanzler Hitler in den Hamburger Zoo-Hallen sprechen sollte, gegenstandslos geworden sei, weil das Reichsbanner den Antrag auf Genehmigung des Fackelzugs zurückgezogen habe, zeigte sich der Referent darüber sehr befriedigt, meinte abschließend aber: es bleibe immer noch die »Marxistische Spitze« der Polizei.

Am Donnerstag, 2. März, wurde von Preußen gefordert, den Versand des »Hamburger Echo«, der sozialdemokratischen Zeitung, nach den umliegenden preußischen Orten zu verbieten. Der Senat wäre dazu bereit gewesen, aber der Verlag der Zeitung erklärte von sich aus, daß er die Versendung der Zeitung nach preußischem Gebiet einstellen werde. Es sind dann keine Zeitungen mehr versandt. Aber auch das genügte noch nicht. Am Donnerstagnachmittag kam an den Senat die Aufforderung des Herrn Reichsinnenministers, das »Hamburger Echo« überhaupt zu verbieten. Der Senat ließ durch den hamburgischen Gesandten noch am selben Abend Vorstellungen unter Hinweis auf die Unterredung des Senators Dr. de Chapeaurouge mit dem Herrn Referenten im Ministerium beim Herrn Staatssekretär Pfundtner erheben. Resultat am andern Morgen: die erneute kategorische Forderung auf Grund des § 2 der Verordnung zum Schutze von Volk und Staat, das »Hamburger Echo« auf 14 Tage zu verbieten.

Wir sozialdemokratischen Mitglieder des Senats, dem wir zum Teil bis zu 14 Jahren angehörten, waren, da wir die sachliche Berechtigung eines solchen Verbots nicht zu erkennen vermochten, nicht in der Lage, das Verbot mit auszusprechen. Wir sind deshalb am Freitag, 3. März, vormittags 11.30 Uhr, freiwillig aus dem Senat ausgeschieden, weil wir der Hamburger Regierung und der Hamburger Bevölkerung durch unser Votum, mit dem wir einen Beschluß des Senats, das Verbot auszusprechen, hätten verhindern können, etwa sonst entstehende Schwierigkeiten ersparen zu müssen glaubten.

Die Senatsämter wurden unter den verbleibenden Herren neu verteilt. Erster Polizeiherr wurde Herr Senator Dr. de Chapeaurouge, der im Weltkrieg Major und Regimentskommandeur war. Die Hamburger Polizei hatte keine »marxistische Spitze« mehr. Der neue Polizeiherr hatte alsbald eine Anzahl höherer Polizeibeamten, die der Sozialdemokratischen Partei angehörten, beurlaubt. Darunter den Kommandeur der Ordnungspolizei, Oberst Danner, der, wie hier gesagt werden darf, sich am aktiven parteipolitischen Leben in keiner Weise beteiligt hat. Danner hat sich im Weltkrieg vielfach ausgezeichnet, hat sich als Offizier im Korps Gerstenberg an der Niederschlagung der Spartakistenunruhen im westlichen Industriegebiet und in Bremen hervorragend beteiligt und genießt in Reichswehrkreisen ob seiner militärischen Qualitäten großes Ansehen. An seine Stelle trat der deutschnational orientierte Oberstleutnant Huber. Jedoch auch das beruhigte die Gemüter bei der nationalsozialistischen Partei in Hamburg nicht und nicht in Berlin. Trotzdem sowohl am Freitag bei dem gro-

ßen nationalsozialistischen Aufgebot gelegentlich der Ankunft, Anwesenheit und Abfahrt des Reichskanzlers wie am Sonnabend nicht das allergeringste passiert war, auch der Wahlsonntag absolut ruhig blieb, kam am Sonntagvormittag die Forderung des Reichsinnenministers an den Senat, also an die Regierung eines selbständigen deutschen Landes, den nationalsozialistischen Bürgerschaftsabgeordneten Richter, einen früheren Hamburger Polizeioberleutnant, mit der Leitung der Hamburger Polizei zu beauftragen, weil die Basis der Regierung sonst zu schmal sei. Der Senat hat diese Aufforderung abgelehnt. Darauf hat der Reichsinnenminister dem Senat durch den hamburgischen Gesandten auf Grund § 2 der Verordnung zum Schutze von Volk und Staat die Auflage gemacht, sofort dem nationalsozialistischen Bürgerschaftsabgeordneten die Leitung der Hamburger Polizei zu übertragen. Angesichts der Bestimmungen der angezogenen Notverordnung mußte sich der Senat nun wohl fügen. Er übertrug dem Abgeordneten Richter die Leitung der Polizei, woraufhin Senator Dr. de

Chapeaurouge seinen Austritt aus dem Senat erklärte. Schon kurz vorher hatte der Präsident des Senats, Bürgermeister Dr. Carl Petersen, der wegen Erkrankung an den Sitzungen nicht teilgenommen hatte, seinen Austritt erklärt.

Der Wahlsonntag ist im ganzen ruhig verlaufen. Zu einem groben Exzeß ist es nur gegenüber dem mitunterzeichneten zurückgetretenen Senator Ehrenteit gekommen. Laut seiner Anzeige beim neuen Leiter der Polizei ist ein Trupp Leute in nationalsozialistischer Uniformierung gegen 10 Uhr bei dem Hause, in dem er wohnt, vorgefahren, hat dort unter Drohungen einzudringen versucht, ist aber von Angehörigen des Stahlhelms, die im selben Hause wohnen, zurückgeschlagen und ist dann unerkannt davongefahren. Gegen 6 Uhr morgens sind dann noch von unbekannten Leuten die Fensterscheiben zerschossen. Ehrenteit ist seit vielen Jahren der Führer der Gewerkschaften im Niederelbestädtegebiet. Seiner starken Autorität ist es zu danken, daß zahlreichen wilden Streiks, die von kommunistischen Treibern angezettelt wurden, wirksamst die eiserne Disziplin der gewerkschaftlich organisierten Arbeiter entgegengesetzt werden konnte, wodurch sie stets in kürzester Zeit zusammenbrachen. Auch bei größeren wirtschaftlichen Kämpfen hat sich in Hamburg diese Disziplin bewährt. So im Jahre 1918 bei einem großen Streik im Hafen und vor allem bei einem großen Verkehrsarbeiterstreik im vorigen Jahr, der im Gegensatz zu anderen großen Städten in Hamburg binnen ganz wenigen Tagen friedlich beigelegt werden konnte. In beiden Fällen war übrigens auch die Polizeibehörde in energischer Initiative vermittelnd tätig gewesen.

Wenn so die Hamburger Gewerkschaften — stets im Einvernehmen mit der Sozialdemokratischen Partei — bemüht gewesen sind, das in einem Welthafen besonders empfindliche Wirtschaftsleben vor unnötigen oder gar sinnlosen Erschütterungen durch Arbeitskämpfe zu bewahren, so darf in diesem Zusammenhang noch weiter darauf hingewiesen werden, daß die organisierte Hamburger Arbeiterschaft auch schon vor dem Kriege stets staatsbejahend mitgearbeitet hat und daß im Jahre 1914 in den ersten Mobilmachungstagen von Hamburg, und zwar von dem jetzt verbotenen »Hamburger Echo« der Ruf ausging: »Wir müssen das Vaterland verteidigen,« was dem Blatt eine arge Schmähung vom italienischen »Avanti« des damaligen Redakteurs Benito Mussolini eingebracht hat. Der Leitartikel des »Hamburger Echo« aus jenen Tagen ist in Deutschland hundertfach nachgedruckt und zahlreiche Leitartikel in den folgenden Kriegsjahren ebenfalls, aus denen allen eine unbedingte Liebe zum Vaterland sprach.

Und diese so gestimmte und so gesinnte Arbeiterschaft will man jetzt vom Staatsleben zurückstoßen und gar verfemen. In ganz Deutschland bekennt sich die gewerkschaflich organisierte und die sozialdemokratische Arbeiterschaft zum Vaterland. Zum Staat, zu dem sie, war sie es nicht schon früher, durch die gemeinsamen Leiden der Kriegsjahre und durch die Mitarbeit im öffentlichen Leben der Nachkriegsjahre erzogen ist. Die Staatsbejahung der deutschen Arbeiterschaft war doch wohl ein vielleicht nicht unbedeutsamer Faktor für Deutschland in den Mobilmachungs- und Kriegstagen. Man sollte meinen, daß eine deutsche Regierung diesen Faktor wie für den Wiederaufbau im Innern, so vor allem für die Führung einer kräftigen Außenpolitik nicht entbehren möchte. An nationaler Gesinnung, um das jetzt so viel gebrauchte Wort hier ebenfalls zu benutzen, steht die deutsche gewerkschaftlich und sozialdemokratisch organisierte Arbeiterschaft keinem andern Volksteil nach. Jedenfalls nicht an aufrichtiger Liebe zum deutschen Volk und zum deutschen Vaterland.

Wir glaubten diese Darlegungen aus um die Zukunft des deutschen Volkes ernstlich besorgten Herzen machen zu müssen, weil aus dem Wirrwarr von Wahr und Unwahr in der Presseberichterstattung nur sehr schwerlich ein richtiges Bild zu erkennen ist.

gez. R. Ross, Bürgermeister a. D.
gez. Emil Krause, Senator a. D.
gez. Adolf Schönfelder, Senator a. D.
gez. Paul Neumann, Senator a. D.
gez. Heinrich Eisenbarth, Senator a. D.
gez. John Ehrenteit, Senator a. D.

Quelle: Dokumente, S. 67 ff.

Materialien 3:

»Rote Blätter«, illegale Zeitung Hamburger Sozialdemokraten vom Juli 1934

ROTE BLÄTTER

Pestbeulen am Körper des deutschen Volkes.
Die Vorgänge am 30. Juni haben schlagartig ein treffendes Bild auf die tatsächlichen Verhältnisse im Dritten Reich geworfen. Das System des Führerprinzips hat sich nackt vor den Augen des Volkes gezeigt. Millionen werden die Augen geöffnet sein. Hinter den blendenden, strahlenden Kulisse nationalsozialistischer Reinheit, echtem Mannesmut und persönlicher Energie verbarg sich schmutziges Verbrechertum, gemeinste politische Korruption. Die Phase von der »herrlichen Gottesgnadenheit« nationalsozialistischer Staatskunst ist elendiglich zusammengebrochen. Eingetroffen ist das, was die Gegner dieses Systems immer vorausgesagt haben. Persönlicher Ehrgeiz, Schlamperei, hemmungslose Korruption, Cliquenkämpfe sind der wirkliche Inhalt des Ordensbedeckten Führerprinzips, von dem Göbbels behauptet: »Wir sind die modernste Demokratie der Welt«.

17 Monate regiert nun Hitler. Durch ein ausgeklügeltes System von Terror, von Blut und gemiemter Barbarei hat er seine Herrschaft aufgerichtet. Seine Spiessgesellen, heute zu den elendsten Verbrechern gestempelt, waren seine getreuen Trabanten. Mit ihrer Hilfe knebelte er die Arbeiterschaft, warf die Gesinnungstreuen in die Zuchthäuser und Konzentrationslager, ließ er unzählige hinrichten, die nichts weiter getan hatten, als einen leidenschaftlichen Kampf entfesselt gegen diese gemeinsten aller Kanaillen. Er gab seinen Helfershelfern dafür Macht und Ansehen, Orden und Titel und vollendete damit sein Henkerssystem. Untereinander schworen sich diese »Führer« haufenweise die Treueide. Eindeutig wurde in diesem Fall bewiesen, was solch ein Eid für die Gesinnungskreaturen bedeutet.

Der Welt offenbart sich dieses System, zeigt sich in der Wirklichkeit durch die Vorgänge am 30. Juni. Die Legende von der Ewigkeitstheorie des sogenannten nationalsozialistischen Staates hat die erste große Illusion bei den Millionen des Volkes bewirkt; aber nur 7 Monate genügten, die Illusion zu zerstören und den Thron ins Wanken zu bringen. Die Futterkrippe, das einzige Ideal nationalsozialistischer Staatskunst, war schon in Gefahr. Neit [Nicht?] Freimaurer, Juden oder marxistische Imigranten waren die Verräter; waschechte Pgs. persönliche Vertraute des »Führers«, alte »Kampfgenossen«, die hundertfach die Treue auf Leben und Tod gen Himmel schworen, wollten sich selbst mit Ruhm bekleckern, »Führer« zu sein. Grausamer konnte dem Volk die Realität dieses Systems nicht demonstriert werden, lächerlicher konnte der Phrasenschwall nicht wirken. Die Republik hat solche Gemeinheiten in den ganzen 14 Jahren nicht erlebt, in einem parlamentarischen Staat wären solche Dinge überhaupt nie möglich. Ist aber diese Entwicklung Zufall oder ist sie gesellschaftlich bedingt? Die Geschichte wird die Antwort geben.

Das Wesen einer jeden Diktatur ist gekennzeichnet durch furchtbare Führerkämpfe, durch Verrat, durch Freundesmord, durch hemmungsloseste Korruption und Grausamkeit. Immer vermag sich der jeweilige Diktator nur solange im Besitze der Macht zu halten, solange es ihm gelingt, die ehrgeizigen Interessen seiner Helfershelfer zu befriedigen. In der Weltgeschichte gibt es dafür hunderte von Beispielen. In der Neuzeit sind Stalin-Trotzki, Musolini-Balbo; Hitler-Röhm historische Tatsachen. Und solange diese Diktatur besteht, werden die Cliquenkämpfe der wirkliche Inhalt dieses Systems sein, solange eben, bis dem Volke die Sache zu bunt wird.

Nach der Niederlage der Verschwörer läßt Hitler sich erneut als »Retter« feiern. »Hitler rettet das Reich«, verkündet Göbbels als »Augenzeuge«. Man versucht erneut, dem Volke das System schmackhaft zu machen, die wirklichen Hintergründe zu verschleiern und Hitler als den Helden der Geschichte zu feiern. Aber das Volk hat die Verdrehungskunst erkannt, es weiß, daß der allein Schuldige Herr Hitler selbst ist. Diese Schuld kann ihm niemand abnehmen, nicht durch schöne Worte oder angeblich energische Taten läßt sie sich verwischen.

Kein Mensch in Deutschland weint den Kreaturen Röhm, Heines und Konsorten eine Träne nach. Sie haben ihr Los verdient, wurden ein Opfer ihres Systems. Ihr Sieg hätte an den Zuständen nichts geändert. Aber haben die »Sieger« Grund, sich als die Retter des Volkes zu bezeichnen? Sie sind aus dem selben Holz geschnitzt wie die »Besiegten«, ihre historische Schuld wird noch größer durch die Wucht der Tatsachen. Hitler hat diese Trabanten groß gemacht, hat ihre Gemeinheiten gedeckt, ist zum Mitwisser geworden und die Helden Göbbels und Göring mögen heute mit den gemeinsten Schimpfworten ihre Kumpane bewerfen, der Dreck fliegt ihnen selbst ins Gesicht. Und je mehr sie schimpfen, je mehr wächst ihre Schuld. »Ich habe jahrelang meinen bisherigen Stabschef Röhm vor schwersten Angriffen geschützt,« erklärt heute Hitler, aber er ist zu feige, selbst die Konsequenz zu ziehen. Und die Göbbelschen Sentimentalitätstropfen helfen nicht, die »starke, entschlossene Haltung des Führers« macht Halt vor dem eigenen Ich.

Deutschland wird regiert nach dem Führerprinzip. Damit trägt Hitler die vollste Verantwortung für alle Vorgänge. Er hat ein Recht geschaffen, das Mitwisserschaft genau so bestraft wie das Vergehen selbst. Im Sinne dieses Rechts ist der Führer schuldig, die Beweise und Geständnisse sind hart genug. Wenn er zugibt: »Röhms anormale Veranlagung, ehrgeizige Natur und hemmungsloser Charakter«, so gab er diesem Verbrecher unumschränkte Macht, stattete ihn aus mit Orden und Titeln, machte ihn zum Minister und persönlichen Vertrauten. Unter der Mord- und Terrortätigkeit seiner braunen Armee wurde Röhm der Vollzieher der faschistischen Revolution, die Hitler an die Macht brachte. Trotz seiner »Lustknabenliebe« vertraute man Röhm die deutsche Jugend an. Diese »ekelhafte Pestbeule« wurde als die Elite der Nation gefeiert. Ja, schon zur Weimarer Zeit belog der »Führer« die deutschen Gerichte mit seinem Loyalitätseid, deckte seinen Komplizen Heines und Röhm mit wissentlich falschen Aussagen. Hunderte von Menschen die damals die Wahrheit über diese »warmen Schweine« verkündeten, wanderten auf Grund dieser gelogenen Aussagen in die Gefängnisse. Und nach dem Umsturz mußten tausende Volksgenossen ihre Gesinnung mit dem Zuchthaus beweisen, weil sie gewagt hatten, unbeirrbar diese moralisch verkommenen Naziführer, diese Systemgrößen zu entlarven. Sie werden weiter ihre Strafe »wegen Beleidigung der Reichsregierung oder eines ihrer Mitglieder« verbüßen müssen, während die lügenhafte Propaganda draußen dem Volk erklärt: »Die Pestbeulen sind ausgerottet.« Vor dem Weltgewissen wird Hitler die Verantwortung tragen, das Urteil lautet: » S c h u l d i g ! «

Die Wucht der Tatsachen sind die Beweise. Hitler ließ zu, daß in den Schulen die deutsche Jugend durch eine wissentlich falsche Geschichtsbetrachtung vergiftet wurde, indem er diese Lustknabenfiguren als die Helden der Geschichte bezeichnen ließ. In seinem Verlag ließ er ein Buch verlegen: Ernst Röhm, Geschichte eines Hochverräters — worin die Tugenden dieser »Pestbeule« als vorbildlich für die Nation gerühmt wurde.

Den Fememörder *Edmund Heines* stattet er aus mit einer unumschränkten Macht, umgab ihn mit einer Heldenlegende. In Schlesien führte dieser Mann, den man mit einem Lustknaben im Bett vorfand, ein berüchtigtes Regiment. Tausende schlesischer Arbeiter lieferte er den Zuchthäusern aus, die Führer der Arbeiterschaft ließ er ermorden. Seine Konzentrationslager waren die grausamsten in Deutschland. Unter Heines Augen spielte sich der Mord in Potembka ab, in dem der »Führer« wie »Unterführer« ihre »lieben Kameraden« als Mörder feierten. Nach dem gerichteten Bonzen *von Heydebreck* wurde noch vor wenigen Wochen eine politisch klingende Stadt in Schlesien auf den Namen umgetauft, wurden diesem Helden Denkmäler gesetzt, wurde das Volk verdummt mit falschen Heldenmärchen. Und beim Berliner Gruppenführer *Karl Ernst*, der bei seiner Hochzeitsreise in Bremen gefaßt wurde, standen kürzlich Hitler und Röhm als die einzigen Zeugen bei der Trauung, Hitler hat seit langem gewußt von den »Schlämmereien der Obersten Stabsführung« (30.000,- RM im Monat ist wohl noch zu wenig). Er deckte diese und andere Gemeinheiten und ließ zu, daß in der Presse nie etwas davon erwähnt wurde. Während also der Reichslügenminister immer frisch weg Meldungen verbreiten ließ von Korruption und Parasitentum der vergangenen marxistischen Bonzen, feierten die Nazibonzen mit Riesengehältern Orgien. Während dem deutschen Volke Eintopfgerichte und Opferung auferlegt wurde, verschlemmten und verprassten die feinen Herren alle aufgebrachten Mittel, wurden von Arbeitergroschen dick. Hitler deckte das alles, er ließ seinen Freund Röhm Ehrendolche verteilen, nannte Straßen und Häuser nach ihm (Kadettenschule in Plön z. B.) und feierte in unzähligen Reden diesen famosen Verbrecher als persönlichen Freund und Vorbild für das ganze Volk. *Der Führer Adolf Hitler ist schuldig des Hochverrats am deutschen Volk!* Aber kein Staatsanwalt wagt ihn anzutasten, er selbst feige genug, genau wie sein Freund Röhm, keine »Wiedergutmachung« vor dem Volk zu üben. *Adolf Hitler und sein System ist kompromitiert, das Urteil wird das Volk vollziehen!*

Nur eine Meinung gibt es im deutschen Volke. Der 30. Juni hat dem nationalsozialistischen System einen entscheidenden Schlag versetzt. Seine Tage sind bereits gezählt. Sein Ewigkeitswert ist dahin. Diese Krise war nicht die letzte. Die Ehrgeizigsten unter den Führern mußten Platz machen für die neuen Anwärter. Mögen Göbbels und Göring sich heute noch wiegen im Bewußtsein ihres neuen »Siegs«, mögen sie neue Orden und Ehren bekommen, vielleicht kommt schon bald die Zeit, da sie denselben Grabgesang erleben, wie die jetzt vom Schicksal ereilten. Da nützen alle Treueide nichts. Da hilft kein Drehen und kein Deuteln. Das Volk hat erkannt, wohin die Herrschaft geht: *»Dieses System ist die Pestbeule am Körper des deutschen Volkes!«* Wir empfehlen einigen Herren in Deutschland den Satz zur Beachtung: »Richte nicht, auf daß Du nicht gerichtet werdest!« Freiheit. ...

Aus der Göringrede in Nürnberg: »Der wahre Führer ist aus dem Blut und der Erde geboren und *bedarf keiner Kultur noch Wissenschaft.* Er trägt in sich eine größere Wissenschaft. Das ist die von Gott (siehe Wilhelm II.) gegebene Fähigkeit, mit der er seine Rassenbrüder befehligt. Wir haben eine Weltmission zu erfüllen. Man wird sehen, daß das herabgesetzte Deutschland die größte aller zivilisierten Nationen ist.« ...

Aus einem Brief der internationalen juristischen Vereinigung an Hitler: »Die neugeschaffenen Volksgerichte bedeuten die Beseitigung der letzten Reste dessen, was man seit Jahrhunderten als Strafjustiz zu bezeichnen gewohnt ist. Urteile, die von diesen Gerichten gefällt werden, haben mit Rechtsfindung und Rechtsprechung höchstens noch eine äußere Form gemeinsam. Restlose Beseitigung der Rechtsmittel, möglichste Unterdrückung der Voruntersuchung, Spezialbestimmungen, die die vollständige Lahmlegung der Verteidigung legalisieren; — dies alles beweist, daß die deutsche Regierung nicht anders wollte, als die vollkommene Rechtlosmachung der politischen Angeklagten und ihre Auslieferung an eine unüberbietbare Blutjustiz. Ein Schuldspruch der »Volksgerichte« kann keineswegs von der »Schuld« der in Deutschland abgeurteilten politischen Verbrecher überzeugen.« Wenn diese internationalen Juristen meinen, daß diese Blutgerichte *unüberbietbar* seien, so haben sie sich getäuscht. Hitler hat am 30. Juni selbst überboten. Er hat auch den Schein eines Verfahrens vermieden und läßt sich seine Maßnahmen eben einfach nachträglich sanktionieren. Noch weiß niemand, wieviele dieser »rauhen Kämpfer« und »Elitemenschen«, »Erneuerer Deutschlands« etc. haben auf seinen Befehl ins Gras beißen müssen. Daß aber die Zahl 10 weit überstiegen ist, scheint sicher. Ade, Führerprinzip, bei diesen »Führeren«. ...

Der Vorsitzende des »Trustes der Gehirne« in U.S.A. sprach in einer Rede über Deutschland und die Transferfrage folgendes u. a. aus: »Deutschland hat seine Kredite freiwillig vernichtet, indem es die Verträge brach. Seitens eines Landes, dessen Produkte im Ausland verkauft werden müssen, ist eine solche Aktion ein Selbstmord. Deutschland hat eine heilige Verpflichtung mit Füßen getreten. Es hat nicht nur seine Schulden, sondern auch seine Ehre verleugnet.« Nach der franz. Zeitung »Le Temps« betrachtet man diese Rede »als Ausdruck der Empfindungen der Umgebung Roosevelts.«

Brauner Terror in Österreich. Entgegen Märchen vom Schutzbundterror in Österreich kann jetzt laufend *bewiesen* werden, daß die Urheber des Terrors Nazis selbst sind. 1. Man fand in Wien mehrere Munitionslager mit Munition deutschen Ursprungs und Lieferscheinen der NSDAP München (nach »Le Temps«). 2. Ein Waggon mit Propagandamaterial wurde in Österreich angehalten und beschlagnahmt. Die Druckschriften waren hergestellt bei:

Reck und Grünfeld, Charlottenburg, Versandt von »Phönix«, Berlin, Lindenstraße 3. Empfänger: Sektion Propagandaabteilung München, Aroisstr. 30 mit Direktion Österreich, Bestimmungsort Arnoldstein. Diese Angaben wurden aus dem aufgeklebten Packzettel entnommen. Herr Göbbels, sie müssen in Zukunft entschieden vorsichtiger sein. Sie haben so richtige illegale Arbeit wohl noch nicht gemacht. Da gibts doch noch eine Menge für sie kleinen Mann zu lernen. Ei, Ei!"

Wer an den »Roten Blättern« etwas auszusetzen findet, erschöpfe sich nicht in negativer Kritik, sondern trage zur Verbesserung durch eigene, bessere Beiträge bei, wenn er imstande ist. Auch wichtige Nachrichten werden gern entgegengenommen.

Gegen die faschistische Barbarei führen wir den Kampf für die großen und unvergänglichen Ideen der Menschheit. Wir sind die Träger der großen geschichtlichen Entwicklung seit der Überwindung der mittelalterlichen Gebundenheit. Wir sind die Erben der unvergänglichen Überlieferung der Renaissance und des Humanismus der englischen und französischen Revolution. Wir wollen nicht leben ohne Freiheit und wir werden sie erobern. Freiheit ohne Klassenherrschaft, Freiheit bis zur völligen Aufhebung aller Ausbeutung und aller Herrschaft von Menschen über Menschen!

Das Blut der Opfer wird nicht vergebens geflossen sein! Deutsche Arbeiter, ihr habt nur die Ketten eurer Knechtschaft zu verlieren, aber die Welt der Freiheit und des Sozialismus zu gewinnen! Deutsche Arbeiter, einigt euch im revolutionären Kampf, zur Vernichtung der nationalsozialistischen Diktatur! Durch Freiheit zum Sozialismus, durch Sozialismus zur Freiheit.

Es lebe die deutsche revolutionäre sozialistische Front
Ohne jeden Kommentar teilen wir das Ergebnis der Vertrauensmännerwahlen bei Blohm und Voss mit. Wir verbürgen uns für die Richtigkeit und könnten mit einer Anzahl ähnlicher Ergebnisse aufwarten. So bei Otto Kloss, Elektrizitätswerk Unterelbe, Menk und Hambrook usw. Jetzt wird auch verständlich, weshalb von den Arbeitsfronten Tageszeitungen verboten wurden, von sich aus Abstimmungsergebnisse mitzuteilen.

Stimmberechtigt 3.720   Abgegebene Stimmen 3.305
ungültig 754   durchstrichen 863.

1.688 also der Rest, wurden gültig erklärt, trotzdem eine Menge darunter waren, die ohne eine Kennzeichnnung abgegeben sind. Das bedeutet, daß trotz größten Terrors nicht einma 45% für die Liste gestimmt haben.

An der Wende
Fühlt ihr sie beben
Die alten Erden,
Spürt ihr das Leben,
Das neue Werden?
An allen Enden,
Dringt es zu Tag
und legt in Trümmer
Was hindern mag. —
Reget die Hände,
Steht nicht beiseit,
Nutzt die Wende —
Seid Herren der Zeit.

Quelle: Ernst Thälmann Gedenkstätte.

Materialien 4:

Bericht von Walter Schmedemann über die Methoden der Nationalsozialisten gegen ihre politischen Gegner vom Januar 1934

Liebe deutsche Volksgenossen.

Die Zustände im heutigen Deutschland verhindern, daß das deutsche Volk über die wirklichen Vorgänge unterrichtet wird.

Wir bitten Sie, aufmerksam nachfolgende *wahre* Schilderung zu lesen. Sie ersehen daraus, wie nach der sogenannten nationalen Revolution deutsche Männer behandelt werden, wie man sich nicht scheut, selbst die christliche Kirche als Schutzschild für diese sogenannten *nationalen Taten* zu benutzen.

Protestieren Sie mit uns gegen solche Zustände, da sonst unser liebes Vaterland unweigerlich dem Chaos und der Gottlosigkeit verfallen muß.

Vorgang der Verhaftung:

Das K.z.b.V. erscheint in der Wohnung. Der Gesuchte wird mitgenommen und in einem auf der Straße stehenden Auto nach den Großen Bleichen gebracht. Sobald er in den Räumen ist, beginnen die ersten Mißhandlungen. Von fast jedem wird er in irgendeiner Weise getreten oder geschlagen. Dies alles, bevor überhaupt irgendeine Vernehmung stattgefunden hat. Vom ersten Augenblick an muß man in den Räumen mit dem Gesicht zur Wand stehen. Es ist deshalb auch schwer möglich, Personen zu sehen oder wiederzuerkennen. Dann geht es in den nach hinten befindlichen großen Raum. Hier findet die erste Vernehmung statt. Im Raum hängen die verschiedensten Inschriften, z. B. »bitte Ruhe«, »bitte freundlich«, »hier herrscht Ordnung« und dergleichen. Die Vernehmung beginnt damit, daß ein SA-Mann auf dem Wege nach dem Zimmer durch Tritte in das Gesäß die nötige Vorarbeit leistet. Im Zimmer selbst wird man von mehreren jungen Leuten sofort mit Schlägen empfangen. Hat die Vernehmung nicht den gewünschten Erfolg, geht es in das von SA-Leuten als Folterkammer bezeichnete Zimmer, SPD und KPD haben je ein Zimmer für sich. In jedem Zimmer hängen die Symbole der jeweiligen Partei. Im Zimmer der KPD hängt Lenin. Eins der beliebtesten Mittel im Zimmer der KPD ist es, den Gefangenen zu fragen, wer das Bild sei. In unmenschlicher Weise schlägt man sie, bis sie endlich erfahren, daß die richtige Antwort lautet: »das ist ein Jude«. In diesem Zimmer nimmt ein Mann die Vernehmung vor. 3-4 andere stehen dabei mit einem sogenannten Ochsenziemer. Das ist ein Instrument von ca. 1 1/2 m Länge, es ist ein Stück Leder, das mit einer ca. 2 mm dicken Gummihülle überzogen ist und darüber ist dann wieder Leder gezogen. Der Vernehmende beteiligt sich sehr selten an den Mißhandlungen. Hat die Vernehmung nicht den gewünschten Erfolg, d. h. will oder kann der Gefangene keine gewünschten Aussagen machen, fallen die anderen über ihn her. Man zieht ihn über einen Bock und mißhandelt ihn auf das fürchterlichste mit den Ochsenziemern. Schreien ist meistens nicht möglich, da über das Gesicht oder den Mund ein Handtuch gebunden wird. Einer dieser Männer heißt *Weber*, ein anderer wurde mit *Schlachter* angeredet. Diese Mißhandlung wiederholt sich 3-4 Mal. Wird einer ohnmächtig, gibt man ihm eine Zigarette und ein Glas Wasser, um nach seiner Erholung sofort wieder zu beginnen. Dieselbe Form der Vernehmung ist allerdings auch im Stadthaus in den Räumen der Staatspolizei üblich. In der Abteilung des *Kommissars Kraus, Zimmer 205* sind diese Mißhandlungen üblich. Kraus selbst beteiligt sich nicht daran, aber diese Sachen sind ihm bekannt. Im Zimmer 203, das von allen Verhafteten gefürchtet ist, macht man die Gefangenen »fertig«, wie der Fachausdruck bei den Beamten lautet. Die schlimmsten Schläger sind hier die Beamten *von Rönn, Deutschmann* und *Wienekke*. Nach der Vernehmung, bei der man natürlich »alles erfährt«, geht's in die Stadthauszelle. Von dort geht es zum Schlafen nach dem Untersuchungsgefängnis. Da hier die Gefangenen oft in großer Zahl zusammen sind, kann man die unglaublichsten Sachen hören und feststel-

len. *Der Gefängnisarzt Dr. Schädel* hat dann die beneidenswerte Aufgabe, im Lazarett die entstandenen Schäden wieder zu heilen. Er ist übrigens bei den Nationalsozialisten nicht gerade beliebt, weil er die Ursache der Schäden sehr oft beim richtigen Namen nennt. Groß ist die Zahl derjenigen, die dauernden Schaden leiden. Kopfleiden — Ohrleiden — und ganz besonders Nierenleiden sind bei den Gefangenen noch nach 20 Wochen Schutzhaft festzustellen. In den Schlafsälen ist an Schlaf kaum zu denken, da das Jammern der Mißhandelten es unmöglich macht. Ich selbst und fast alle anderen, die mit dem Ochsenziemer geschlagen wurden, sehen vom Nacken bis in die Kniekehlen schwarz aus. Der ganze Körper ist blutunterlaufen. Vom U.G. gehts ins Konzentrationslager. Bei der Einlieferung müssen alle — der Transport besteht aus 20-40 Mann mit dem Gesicht zur Wand vor dem Wachtlokal Aufstellung nehmen. Es darf sich niemand rühren. Ein oder mehrere SS.-Leute gehen hier auf und ab und beobachten jeden einzelnen. In dieser Stellung müssen die Gefangenen 4-5 Stunden stehen. Die geringste Bewegung wird sofort mit Mißhandlungen beantwortet. Man schlägt sie ins Gesicht, tritt sie mit den Füßen, befiehlt einem Gefangenen den anderen zu treten. Ein sehr beliebtes Mittel ist auch, mit dem großen Zellenschlüssel auf die Gefangenen einzuschlagen. Mindestens die Hälfte der Eingelieferten muß im Laufschritt mehrere Male um den Hof herumlaufen: der Hof mißt im Umkreis ca. 350 m. Alle diese Mißhandlungen können von den um das Gefängnis herumliegenden Häusern beobachtet werden. Die in diesen Häusern wohnenden Gefängnisbeamten haben sich auch schon empörend darüber ausgelassen. Der Lagerkommandant *Dusendschön* hat in meiner Gegenwart im Vorbeigehen (er war begleitet von Beamten der Staatspolizei u. a. *von Rönn, Regierungsrat Ellerhusen*) Gefangene ins Gesicht geschlagen, weil die Haltung nicht vorschriftsmäßig war. Dann erfolgt die Verteilung auf die Säle oder Zellen. Hier sind die Mißhandlungen an der Tagesordnung. Einige der *schlimmsten Wachtmeister sind die SS.-Leute Zirbitz, König, die Brüder Teutsch und Nussbeck*. Nachts kann man oft nicht schlafen wegen der Schreie der Mißhandelten. Gegen 1 Uhr nachts wird damit begonnen und dauert dann bis morgens 4 Uhr an. Die Einzelhäftlinge werden bei den geringsten Vorkommnissen blutig geschlagen. Eine ganze Reihe liegt wochenlang in Fesseln, die Hände werden ja nach der Laune des Wachtmeisters auf dem Bauch oder auf dem Rücken zusammengeschlossen. Im Keller von A. liegen Gefangene tagelang gefesselt in einer Zelle auf dem Sandhaufen. Will einer dieser Gefangenen seine Notdurft außer der Zeit verrichten, muß er sein Zeug beschmutzen. Da diese Gefangenen überhaupt nichts haben dürfen, sehen sie mit ihren Vollbärten sehr verwildert aus.

Auf dem K.z.b.V. Dem Arzt Dr. Elkau hat man bei der Verhaftung den Arm gebrochen. Mehreren jungen Leute die Haare derartig bearbeitet, daß der Photograph des Erkennungsdienstes sich weigerte, sie so zu photographieren. Man hat ihnen die Haare angebrannt, Hakenkreuze hineingeschnitten und ganze Büschel herausgerissen.

Der Hund des Lagerkommandanten Dusendschön war bei den Mißhandlungen oft mit dabei. Er riss den Leuten das Zeug vom Leibe und hat auch öfters Gefangene dabei verletzt. Man hetzte ihn dazu auf. *Wachtmeister Zirbitz* hat in einer Nacht fast alle Gefangenen — auf die Denunzation eines Walzbruders hin, der nicht normal war — unseres Saales verprügelt. Viele kamen in Einzelhaft. Unser Barbier hatte am anderen Morgen einen Selbstmordversuch gemacht, indem er sich die Pulsadern aufschnitt. Selbstmorde als Folge der Mißhandlungen kommen sehr oft vor. Der KPD-Abgeordnete Lux nahm sich nach einer solchen »Vernehmung« das Leben. Der Bruder des KPD-Abgeordneten von der Reith, der als Geisel für seinen flüchtigen Bruder verhaftet war, erhängte sich im U.G., als er hörte, er solle am nächsten Tag wieder ins Konzentrationslager.

Fall Sollnietz: S. lag längere Zeit im Lager Fuhlsbüttel auf Saal 8 1 in A 1. S. hatte lange Zeit in Einzelhaft gelegen, war dort mehrmals auf die gemeinste Art mißhandelt worden. Auf unserem Saal machte er mehrfach den Versuch, sich erschießen zu lassen. Auf unsere Vorhaltungen, daß er uns mitgefährde, ließ er davon ab. Es bestand nämlich strenges Verbot, an die hinter den Betten befindlichen Fenster zu gehen, da die Posten Auftrag hatten, sofort zu schießen, wenn sich etwas am Fenster zeigte. In A 2 Saal 4 war in den Tagen gerade von einem Posten geschossen worden. Das Ergebnis war ein Toter und zwei Schwerverletzte. Diese Situation versuchte S. für sich herbeizuführen. Er machte mehrere Male den Versuch, auf die Fensterbank zu steigen, wurde von uns aber daran gehindert, er versuchte dasselbe auf der Toilette, deren Fenster nach dem Korridor führte. Einige Tage darauf kam eine Besichtigung. Darunter war der *Senator Schröder aus Lübeck*, der S. kannte. S. war Redakteur an einer soz. Zeitung in Lübeck. Er sprach einige Worte mit S. Am selben Tag wurde S. in Einzelhaft in den Keller gebracht. In der darauffolgenden Nacht wurde er derartig mißhandelt, daß er am Morgen einen durchbluteten Verband um den Kopf hatte. Der Wachtmeister machte sich uns gegenüber darüber lustig, daß der Jude S. heute morgen Kopfschmerzen habe. S. erhielt dann die Mitteilung, daß er 3 Tage nichts zu essen bekäme. Er erhielt nur etwas zu trinken. Am anderen Tage war Frau S. beim *Lagerkommandanten Dusendschön* — einem ca. 26jährigen SS.-Sturmführer — um ihren Mann zu holen, da die Staatspolizei seine Entlassung angeordnet hatte. D. weigerte sich, S. zu entlassen. Wahrscheinlich, weil er in dem Zustande nicht herauskommen durfte. Frau S. wandte sich darauf an das Reichsinnenministerium in Berlin und erwirkte seine Freilassung. Als sie darauf im Lager erschien, wurde ihr mitgeteilt, daß ihr Mann sich erhängt habe. Wie ein Beamter uns erzählte, habe er noch 3 Abschiedsbriefe geschrieben, die aber den Angehörigen nicht ausgehändigt werden sollen. »Dem Schwein geschieht ganz recht«« war die Ansicht des Wachtmeisters. Es besteht kein Zweifel, daß die Verschlechterung in der Behandlung des S. mit dem Besuch des Senators Schröder zusammenhing.

Am Montag, den 4. Sept. wurden alle Schutzhäftlinge nach dem früheren Frauengefängnis überführt, welches jetzt als KZ-Lager bezeichnet wurde. Die Wachtmeister teilten uns mit, daß niemand aus dem Fenster sehen dürfe, da die Posten Befehl hätten, auf jeden zu schießen, der sich am Fenster zeige. 2 Stunden später krachte ein Schuß mit dem Resultat: 1 Schwer- und einige Leichtverletzte auf Station A III.

Am Sonnabend, dem 9. 9. nach dem Zubettgehen wurden wir Einzelhäftlinge von B. I. einzeln aus den Zellen geholt und wahllos verprügelt. Mit Knüppeln und Koppelriemen schlug man auf uns ein. In der zweiten Hälfte des Septembers bei Erdarbeiten außerhalb des Zuchthauses am Maienweg wurden viele Schutzhäftlinge, die sich mit den anderen unterhielten, von den Aufsichtshabenden ins Gesicht geschlagen. Außerdem wurden sie an die Mauer gejagt mit den üblichen Einlagen: auf, nieder, auf, nieder usw. Der Referendar Oppenheimer erhielt an einem dieser Tage mehrere Schläge ins Gesicht mit der Bemerkung: »Du Judenlümmel, Du verdammter, Dir wollen wir das schon noch beibringen.« Oppenheimer soll mit einem der Gefangenen gesprochen haben. Zu den beliebtesten Methoden der »Erzieher in SS.-Uniform« gehört, Gefangene im Laufschritt mit vollbeladener Karre herumzujagen. Als in diesen Tagen ein dänisches Flugzeug in kurzer Schleife sehr niedrig über die Arbeitsstelle flog (der Hamburger Flugplatz liegt ganz dicht bei) sagte *Regierungsrat Ellerhusen* einem mit einem Gewehr versehenen Posten: »Wenn sie Flugblätter abwerfen, dann schießen Sie sofort.«

Anfang Oktober war bei den Neuzugängen ein Jude, der etwa 50 Jahre zählte. Er wurde von einem Wachtmeister empfangen mit den Worten: »Aha, da bist Du ja, Du alte Judensau. Um den freien Platz. Marsch, marsch.« Als der Jude Blumenthal herum[gerannt] war, meldete er: »Befehl ausgeführt«. Darauf schrie der Wachtmeister: »Du sollst weiterlaufen, Du Schwein, bis Du umfällst.« Nachdem der alte Jude vollkommen erschöpft war, ließ man von ihm ab. Später erfuhr ich dann, daß er den ganzen Weltkrieg mit Auszeichnungen mitgemacht hatte. Ich war Zeuge des Vorganges, weil ich im Hof mit Gartenarbeit beschäftigt war. *Regierungsrat Ellerhusen* hat solche Vorgänge öfters mit angesehen. Während der Mißhandlungen am Tage wird durch einen SS.-Mann die Orgel gespielt, um das Schreien der Gequälten zu übertönen.

Aus dieser Schilderung können Sie entnehmen, wie die *wirklichen Zustände* in Deutschland sind. Und — es ist dies nur ein Fall von Hunderten. Jeder wahrhaft national denkende deutsche Mann und jede wahrhaft deutsche Frau muß sich empören über solche Zustände in einem Vaterland, das von sich behaupten konnte, eines der höchsten Kulturstaaten zu sein. Können wir das heute noch?

Darum muß jeder deutsche Mann und jede deutsche Frau, jeder wahrhafte Christ mit dafür sorgen, daß Deutschland bald aus diesem bösen Traum erwacht.

Quelle: Dokumente, S. 254 ff.; vgl. auch den ähnlichen Bericht in: Deutschland-Berichte 3. 1936, S. 1.015 ff.

Materialien 5:

Zielsetzung der SOPADE Ende 1935

Die illegale Arbeit
1. Grundsätzliches

In dem halben Jahr, das seit der letzten innerpolitischen Übersicht vergangen ist, hat sich die Situation in Deutschland im Grunde wenig verändert. Äußerlich hat sich vieles ereignet: Der Terror gegen die illegal arbeitenden politischen Parteien, gegen die Juden und die katholische Kirche ist außerordentlich verschärft worden, die Lebensmittel sind knapp geworden und die Preise sind scharf gestiegen, die N.S.D.A.P. hat eine Reihe neuer Kraftanstrengungen gemacht, um das Problem der Einheit von Partei und Staat zu lösen, der Stahlhelm ist aufgelöst und die schwarzweißrote Fahne abgeschafft worden. Aber die Haltung der Bevölkerung ist durch diese Ereignisse nur wenig beeinflußt worden. Die Mißstimmung ist weitergewachsen, sie hat heute größeren Umfang als die »Meckerei« im Vorjahre, aber sie hat nicht mehr Kraft. Sie äußert sich offener, aber sie hat ebenso wenig politischen Inhalt. Zu der Redensart: »So kann es nicht mehr weitergehen« kommt die andere: »Schlimmer kann's nach Hitler auch nicht werden«; aber hinter diesen Redensarten steht weder ein Wille, das System zu stürzen, noch eine Vorstellung über das, was an seine Stelle treten sollte.

Die Arbeiterschaft macht von dieser allgemeinen Haltung der Bevölkerung keine Ausnahme. Wir haben im Rahmen unserer Betriebsberichterstattung seit Beginn des Jahres auf die Widerstandsregungen aufmerksam gemacht, für die sich in einzelnen Betrieben bescheidene Ansätze zeigten. Wir haben von Anfang an vor einer Überschätzung dieser Ansätze gewarnt und die Frage offen gelassen, ob es sich um Reste der alten Arbeiterbewegung handelt, oder ob Menschen und Kreise, die von der alten Arbeiterbewegung nicht erfaßt waren, neu in den Kampf eintreten. Diese Frage ist auch heute noch nicht eindeutig zu beantworten. Jedenfalls steht auf Grund unserer Betriebsberichte — im Gegensatz zu den in Deutschland und im Auslande herumschwirrenden Gerüchten — fest, daß diese Widerstandsregungen keine nennenswerte Ausdehnung erfahren haben. Aber daß die Kette dieser Widerstände nicht abreißt, daß unsere Berichterstattung trotz wachsender Bedrückung immer wieder neue Fälle zutage fördern kann, auch das schließt schon eine wichtige Feststellung ein: Es zeigt, daß die Erfassung der Arbeiterschaft durch den Nationalsozialismus keine weiteren Fortschritte mehr macht und daß es nicht gelungen ist, den Geist des Widerstandes völlig zu zertreten.

Unter diesen Umständen muß man auf Grund der bisherigen Erfahrungen damit rechnen, daß wie jedesmal auf die Meckerwellen Perioden der allgemeinen Enttäuschung und Ernüchterung gefolgt sind, auch diesmal die breiteste Meckerer-Bewegung in die allgemeinste Gleichgültigkeit und Resignation umschlagen kann. Auf das: »es kann ja nicht mehr so weiter gehen«, folgt dann: »es hat doch alles keinen Zweck, die Nazis sitzen eben fest.« Diese außerordentlichen Stimmungsschwankungen, die für Hitler-Deutschland charakteristisch sind, stellen an die seelische Widerstandsfähigkeit aller Träger der illegalen Opposition große Anforderungen. Sie dürfen in Zeiten stark steigender Mißstimmung nicht das Augenmaß und nüchterne Urteil über die innere Kraft dieser Bewegung verlieren, aber sie müssen sich nach dem jeweiligen Stimmungsumschwung dagegen wehren, mit in die allgemeine Mutlosigkeit hineingezogen zu werden. Aber auch dem, der gelernt hat, den schweren Weg des illegalen politischen Arbeiters unbeirrt von Schwankungen der allgemeinen Volksbestimmung und unbeeinflußt vom Aufsteigen und Versinken immer wieder neuer Illusionen zu gehen, stellt sich die Frage nach dem Sinn illegaler politischer Arbeit stets aufs neue. Sie stellt sich nicht nur gegenüber den Anfechtungen derer, die diese Arbeit entweder für überflüssig halten, weil das Dritte Reich demnächst ohnehin von selbst zusammenbreche, oder für aussichtslos, weil nach über zwei Jahren noch immer kein Erfolg zu erkennen sei, sie stellt sich schon allein aus der Verantwortung für die Opfer, die diese Arbeit gefordert hat und immer weiter fordert.

Neuer Vorwärts
Sozialdemokratisches Wochenblatt

Verlag: Karlsbad, Haus „Graphia" — Preise und Bezugsbedingungen siehe Beiblatt letzte Seite

Aus dem Inhalt:
Die programmatische Stellung der Deutschen Sozialdemokratie
Segers abenteuerliche Flucht aus der Hölle von Oranienburg
Neue Sensation um Lubbe: Der Hingerichtete war begnadigt
Hitlers Kosakenlegion gegen Rußland

Kampf und Ziel des revolutionären Sozialismus
Die Politik der Sozialdemokratischen Partei Deutschlands

Ein Jahr lang lastet die nationalsozialistische Diktatur über Deutschland, über der Welt. Grundstürzend hat der Sieg der deutschen Gegenrevolution das Wesen und die Aufgaben der deutschen Arbeiterbewegung geändert. Der Knechtschaft und Gesetzlosigkeit preisgegeben ist das Volk, im totalen faschistischen Staat. Im revolutionären Kampf der Knechtschaft durch das Recht der Freiheit, die Gesetzlosigkeit durch die Ordnung des Sozialismus zu überwinden, ist die Aufgabe der deutschen Arbeiterbewegung.

I.

sich dabei bewußt, daß sie der ständigen Mitwirkung und Beratung der Leiter der illegalen Gruppen bedarf.

Die Ziele der Massenbewegung.

Die Organisation ist das Werkzeug für den revolutionären Kampf. Welches sind seine Bedingungen, was ist sein Ziel? Bedingungen und Ziele des Kampfes lassen sich nicht willkürlich bestimmen, sie erwachsen aus den sich zuspitzenden ... der kapitalistischen Gesellschaft. Tatsachen der national...

inneren Zusammenhang dieser Kämpfe mit dem Ziel des Sturzes der Diktatur den Kämpfenden zum Bewußtsein zu bringen, ist eine der ersten Aufgaben der revolutionären Arbeit.

Die Wiedereroberung demokratischer Rechte wird zur Notwendigkeit, um die Arbeiterbewegung als Massenbewegung wieder möglich zu machen und den sozialistischen Befreiungskampf wieder zu führen. Jedes demokratische Recht wird aber zur Bedrohung des Fortbestandes der Diktatur ... um die Demokrat...

...nachtung des besiegten Gegners. Das erfordert:

Einsetzung eines Revolutionstribunals. Aburteilung der Staatsverbrecher, ihrer Mitschuldigen und Helfer in der Politik, der Bürokratie und Justiz wegen Verfassungsbruches, Mordes und Freiheitsberaubung unter Aberkennung der staatsbürgerlichen Rechte.
Aufhebung der Unabsetzbarkeit der Richter.
Besetzung aller entscheidenden Stellen der Justiz durch Vertrauensmänner der revolutionären Regierung.
...undlegende Umgestaltun...

a) Die Überwindung des Systems

Wenn die Frage nach dem Sinn der illegalen Arbeit gestellt wird, dann muß die erste Antwort darauf immer und immer wieder lauten: das System bricht nicht von allein zusammen, es muß gestürzt werden. Es ist bitter, wenn den illegalen Arbeitern gerade aus den Reihen der Genossen vorgehalten wird: Ihr seht doch, die Nazis richten sich in ihrer Unfähigkeit ganz allein zugrunde, schade um jeden Genossen, der wegen illegaler Arbeit ins Gefängnis oder ins Zuchthaus wandert. Oder wenn der marxistisch Geschulte dieselbe Auffassung wissenschaftlicher formuliert: Die Nationalsozialisten können die immanenten Widersprüche der kapitalistischen Gesellschaft nicht lösen und deshalb wird die Geschichte schließlich über sie hinwegschreiten. Allen, die sich so oder so eine Theorie für das Nichtstun zurechtmachen, ist das eine Beispiel entgegenzuhalten: 1923, am Ende der Inflationszeit, war die wirtschaftliche und gesellschaftliche Zerrüttung Deutschlands zweifellos sehr viel größer als Anfang 1933 oder als heute und doch ist die Republik damals nicht zusammengebrochen, weil die Kraft der Gegner, die sie stürzen wollten, noch nicht ausreichte. Gewiß wird das nationalsozialistische System nur in einer schweren Krise gestürzt werden können, von der heute noch niemand sagen kann, wann und in welcher Form sie kommen wird. Aber das System wird mehr als eine dieser Krisen überstehen, wenn nicht die Gegner da sind, die entschlossen und stark genug sind, es zum Teufel zu jagen.

Aber das nationalsozialistische System muß nicht nur gestürzt, es muß überwunden werden. Es gilt nicht nur, den Sinn der illegalen Arbeit gegen diese oder jene Anfechtung zu rechtfertigen, es gilt auch, diesen Sinn in seiner ganzen Tiefe zu erfassen. Das System überwinden — das heißt, es geistig und moralisch niederringen. Gewiß kann sich keine politische Bewegung die Umstände aussuchen, unter denen sie die Nachfolge ihres Gegners antreten will, und es ist deshalb töricht, zu sagen: wir dürfen nicht wieder eine so furchtbare Erbschaft antreten wie 1918. Immer wird die Erbschaft furchtbar sein, die eine Diktatur ihrem Überwinder hinterläßt. Aber darin besteht eben die tiefere Aufgabe der Opposition, dafür zu sorgen, daß in der Diktatur nicht nur die Lasten der Erbschaft wachsen, sondern auch die geistigen und moralischen Kräfte derer, die dann berufen sein werden, diese Lasten abzutragen. Das ist es, worum es schon jetzt für die sozialistische Opposition geht: es soll nicht nur wieder zu einem Zusammenbruch kommen wie 1918, den das Volk in seiner großen Masse ein-

fach hinnimmt, ohne seine wahren Ursachen erkannt zu haben. Sondern das Volk soll das nächste Mal begreifen, daß der Zusammenbruch kommen mußte, weil es zum zweiten Mal sein Schicksal in die Hände eines Gewaltregimes gelegt hatte. Es soll erkennen, daß es die Verachtung und die Preisgabe der Freiheit waren, die zu diesem Zusammenbruch führen mußten und es soll daraus die unverlierbare Lehre ziehen, daß es seine Freiheit nie wieder preisgeben darf, so schwere Tage in seiner Geschichte auch immer kommen mögen. Es geht um eine tiefe innere Wesensänderung unseres Volkes, um die Überwindung jenes Untertanen-Ungeistes, der das Produkt unglücklicher Anlagen und einer unheilvollen Geschichte ist. Was sich die großen westlichen Demokratien vor Jahrhunderten erkämpft haben, was das deutsche Bürgertum im 19. Jahrhundert nicht zuwege gebracht hat, das soll das deutsche Volk im Kampfe gegen ein Regime von beispielloser Brutalität und Verschlagenheit auf einer höheren Stufe erkämpfen: Die Selbstorganisation der Gesellschaft im Geist der Freiheit und der Selbstverwaltung.

Es ist nötig, sich diesen Sinn der illegalen Arbeit vor Augen zu führen. Wir müssen uns erst daran gewöhnen, der ganzen Größe unserer Aufgabe ins Auge zu sehen, ohne zu erschrecken und mutlos zu werden. Wir werden dann um so weniger ungeduldig und um so eher imstande sein, vorübergehende Rückschläge zu ertragen, die in unsere Hand gelegt ist. Die Entrechtung und Unterdrückung des Volkes, sie ist nicht nur eine unerhörte Erschwerung unserer Arbeit, sie ist auch eine unerhörte Chance. Das geschlagene und geschundene Volk, es wird wieder zu einer weichen formbaren Masse. Es wird geknetet werden durch seine Erfahrungen und Erlebnisse, aber geformt kann es nur werden durch Ideen und Erkenntnisse. Ein Volk, das immer noch ratlos vor der Frage an die Zukunft steht: was soll werden? — ein solches Volk wird aufnahmefähig für Vorstellungen und Werte, für die es noch wenige Jahre vorher kein Verständnis gehabt hat. Die Erfahrungen unserer täglichen Arbeit verschmelzen mit den Anforderungen der geschichtlichen Situation: es ist nach wie vor die entscheidende Aufgabe der Opposition, dem deutschen Volke Vorstellungen darüber zu vermitteln, was nach Hitler kommen soll und muß.

b) Der geistig-politische Reifeprozeß

Illegale Arbeit in diesem Sinn erfordert freilich mehr, als sich regelmäßig am Biertisch zu treffen und Gedanken und Informationen auszutauschen, mehr auch, als eine illegale Zeitung zu lesen und sie dann entweder sorgfältig aufzuheben »für später« — so etwas kommt immer noch vor — oder sie ebenso sorgfältig zu vernichten. Sie erfordert ebenso sehr, die alten Formen organisatorischer und agitatorischer Wirksamkeit neu zu durchdenken und sie in Einklang mit den Bedingungen der illegalen Arbeit zu bringen. Diesen Formen ist in der Illegalität nicht nur größtenteils der Boden entzogen, sie reichen auch geistig nicht mehr aus. Es kann nützlich sein, Streuzettel zu streuen und Anschriften anzumalen — aber es genügt nicht. Es genügt nicht, von Zeit zu Zeit auf diese Weise dem Volke und dem System zu zeigen, daß die Sozialdemokratie lebt, es kommt darauf an, ihre Ideen, die Ideen des Sozialismus und der Freiheit im Volke wieder zum Leben zu erwecken. Es genügt also nicht, daß die illegale Arbeit nach außen sichtbar wird, die Ideen, die ihre Träger beseelen, müssen wirksam werden. Es genügt deshalb auch nicht, die Träger der illegalen Bewegung zu schulen und fortzubilden. Ernste Arbeit an sich selbst zu leisten, ist selbstverständliche Aufgabe jedes illegalen Sozialisten, aber er darf die Erkenntnisse dieser Arbeit nicht ängstlich in sich verbergen, bis einstmals der Tag kommt — es könnte sonst sein, daß dieser Tag niemals kommt.

Die Überwindung des Systems ist nicht nur eine Aufgabe für Organisation und Agitation, sondern zugleich ein geistig-politischer Reifeprozeß, den wir mit allen Kräften fördern müssen. Dieser Prozeß kann sich nur im Zuge einer Entwicklung abspielen, die viele Stufen umfaßt. So lang diese Stufenfolge auch erscheinen mag — die erste Stufe ist schon erreicht. Die Gläubigkeit der breiten Massen der Nazianhänger ist erschüttert, die Hoffnungen sind verflogen. Man nimmt das System hin, weil es einmal da ist — aber immer größer wird die Zahl derer, die ihre Gefühle zusammenfassen in dem Satz: »So kann es nicht weitergehen!« Mit der Verwurzelung dieser Überzeugung in breiten Massen fangen alle Revolutionen an. Dieser »Entzauberung« der Massen muß bewußt nachgeholfen werden — das ist der erste Abschnitt der großen Aufgabe, die der illegalen Bewegung gestellt ist. Ein ganzes Volk wird immer nur durch Ereignisse und Schicksale zur Umkehr gelangen — aber es wird dann Vertrauen zu denen fassen, die es lange als Prediger in der Wüste allein gelassen hat.

Die Erkenntnis, daß es sich um einen Reifeprozeß handelt, muß den Geist unserer Arbeit bestimmen. In der illegalen Arbeit ist kein Platz für oberflächliche Illusionisten und bauernschlaue Parolenschuster. Wer in der illegalen Arbeit nicht den Mut aufbringt, den Tatsachen ins Auge zu sehen, auch wenn sie unbequem sind, der soll diese Arbeit anderen überlassen. Wer nach wie vor glaubt, auch der illegalen Bewegung seine Wunschträume als Tatsachen aufschwatzen zu können, der ist entweder hoffnungsloser Selbsttäuschung verfallen oder er treibt die Politik eines betrügerischen Bankerotteurs. Mit diesen Methoden haben die Nationalsozialisten groß werden können, aber damit können wir sie nicht überwinden. Mit diesen Methoden kann man ein politisch unerfahrenes Volk in den Sumpf der Barbarei locken, aber damit kann man dieses Volk nicht dazu befähigen, sich aus diesem Sumpf herauszuarbeiten und eine Ordnung der Freiheit und des Sozialismus aufzubauen. Der Arbeit am Sturz des Systems ist keine Angelegenheit der propagandistischen Winkelzüge und der taktischen Manöver. Weder die raffinierteste Taktik noch die ausgeklügelste politische Strategie vermögen jemals die Kraft ehrlicher Überzeugung und mannhafter Gesinnung zu ersetzen.

c) Einigung im Grundsätzlichen

In diesem Geiste muß auch an die Aufgabe der Einigung der oppositionellen Kräfte in Deutschland herangegangen werden. Die Kraft echter Gesinnung und ehrlicher Überzeugung, der durch Verantwortungsbewußtsein und Sachlichkeit gehärtete und geläuterte politische Wille, das sind die geistigen und sittlichen Werte, von denen eine Einigung getragen sein muß, die die Basis für den Sturz des Gewaltregimes bilden soll. Dies sind die Werte, die das System am tiefsten unterdrückt und zu denen sich alle bekennen können, die wirklich willens sind, die Herrschaft der Barbarei und der Knechtschaft durch ein Reich der Freiheit und Gesittung zu überwinden. Die Nationalsozialisten konnten die Mehrheit des Volkes auf ihre Seite bringen, indem sie allen alles versprachen, denn ihnen ging es nur um die Eroberung der reinen Macht und sie waren von Anfang an entschlossen, die eroberte Macht mit den Mitteln der nacktesten Gewalt zu verteidigen. Eine Bewegung aber, die von der Erkenntnis ausgeht, daß der Aufbau der neuen gesellschaftlichen Ordnung die gemeinsame Aufgabe der großen Mehrheit des Volkes sein muß, eine solche Bewegung kann sich nicht von der Devise leiten lassen: zur Erreichung der Macht ist mir jedes Mittel recht, auch das des Betruges und das der taktischen Täuschung. Wenn die illegale sozialistische Bewegung die Führung der antifaschistischen Opposition übernehmen will, dann darf sie sich nicht scheuen, die geistigen und sittlichen Werte erneut auf den Schild zu heben, zu denen sie sich immer bekannt hat. Man kann ein Volk nicht durch List und Tücke auf den Weg zur Freiheit und zum Sozialismus führen. Das Bekenntnis zu Verantwortungsbewußtsein und Überzeugungstreue aber schließt die kämpferische Haltung nicht aus, es hebt sie nur auf eine höhere Ebene. Ohne entschlossene Machtpolitik, ja ohne harte Gewaltmaßnahmen gegen alle Feinde der Freiheit und der gesellschaftlichen Neuordnung kann weder das Alte gestürzt noch der Bestand des Neuen gesichert werden. Aber es ist ein Unterschied, ob eine Bewegung die Macht- und Gewaltanwendung zum obersten Prinzip ihrer Politik macht, oder ob sie sich zwar bewußt ist, daß ihre Aufgaben weiter reichen, als die Gewalt jemals zu wirken vermag, aber zugleich erkennt, daß sie bei der Begrenztheit aller menschlichen Mittel die Erfüllung dieser Aufgaben auch mit starker Hand sichern muß.

Die Einigung der Arbeiter ist ein wichtiges Teilproblem der allgemeinen Aufgabe der Einigung aller oppositionellen Kräfte in Deutschland. Sie ist die wichtigste Teilaufgabe, weil die Arbeiterschaft infolge ihrer gesellschaftlichen Lage und ihrer politischen Erziehung am ersten berufen ist, die Führung der Opposition gegen Hitler zu übernehmen. Aber sie ist nicht in erster Linie eine organisatorische Aufgabe. Nicht die Einheit der Organisation, sondern erst die Einheit der grundsätzlichen Auffassungen sichert die Einheit des Handelns, auf die es schließlich ankommt. Eine einheitliche Organisation, selbst wenn sie unter den gegenwärtigen Verhältnissen in Deutschland überhaupt geschaffen werden könnte, in der die alten Gegensätze der politischen Grundauffassungen fortbeständen, wäre keine wirkliche Überwindung des bisherigen Zustandes und würde weder die äußere noch die innere Kraft der deutschen Arbeiterbewegung stärken. Die Einheit im Grundsätzlichen aber kann nur erwachsen aus dem gedanklichen Ringen um den wahren Inhalt sozialistischer Zielvorstellungen. Es handelt sich nicht darum, eine »Einigungsformel« zu finden, sondern es handelt sich darum, einer Überzeugung zur allgemeinen Anerkennung zu verhelfen. Unsere Überzeugung ist, daß Sozialismus und Freiheit sich gegenseitig bedingen, daß man das eine nicht ohne das andere wollen kann. Diese Überzeugung wollen wir zum Siege führen, zum Siege in der Arbeiterschaft, zum Siege aber auch in den anderen arbeitenden Volksschichten. Ebensowenig wie der Sozialismus, ebensowenig kann die Freiheit — oder die Demokratie als die gesellschaftliche Organisation der Freiheit — für uns eine Frage der Taktik sein. Es heißt die große Aufgabe der Einigung der Arbeiterschaft, der Einigung aller arbeitenden Schichten im Kampf gegen das System zu einem kleinen Manöver erniedrigen, wenn man mit der Demokratie taktisch Schindluder treibt.

Quelle: Deutschland-Berichte 2, 1935, S. 1.363ff.

Materialien 6:
Walter Schmedemann:
Die Tätigkeit der Eilbeker Genossen in der Widerstandsbewegung nach dem Verbot der SPD im Jahre 1933, Hamburg 1948

Ich setze bei diesem Bericht voraus, daß es schwierig ist, ohne Unterlagen aus dem Gedächtnis heraus den größten Teil der Arbeit zu rekonstruieren. Ich werde deshalb auch nach Möglichkeit die Nennung von Namen einzelner Genossen vermeiden, da allzu leicht die Gefahr besteht, daß ein verdienter Genosse nicht erwähnt wird. Trotzdem wird es nicht zu verhindern sein, einzelne Begebenheiten in Verbindung mit Namen einzelner Aktivisten zu bringen.

Nach der Verhaftung des Parteiausschusses in der Großen Theaterstraße, bei der auch der Genosse Götel als mein Vertreter mit verhaftet wurde, wurden in Eilbek sofort vorbereitende Maßnahmen für die Weiterführung der Partei ergriffen. Die noch vorhandenen Gelder wurden benutzt, um Durchschlagpapier, Farben für den Vervielfältigungsapparat, Wachsbogen und insbesondere Abzugpapier zu beschaffen. Schon diese Beschaffungen stießen auf Schwierigkeiten und mußten getarnt vorgenommen werden, da die Papierhändler anscheinend Mitteilung hatten, sich nach den Käufern zu erkundigen. Wenige Tage nach dem Parteiausschuß wurde auch ich verhaftet. Nach einer mehrwöchigen Haft wurde der gesamte Keis wieder entlassen mit der strengen Anweisung durch den Polizeisenator Richter, jegliche politische Tätigkeit zu unterlassen.

Meine Rückkehr wurde dazu benutzt, zunächst sofort die aktiven Eilbeker Genossen zusammenzufassen, deren Zahl absichtlich recht klein gehalten wurde. Alsdann wurde an die Zusammenfassung der früheren Bezirksführer, soweit sie bereit waren mitzumachen, herangegangen. Es zeigte sich, daß sich kaum einer ausschloß. Regelmäßige Zusammenkünfte, eine Maifeier, Wanderungen und Versammlungen im Freien lösten einander ab und sorgten für den notwendigen Zusammenhalt. Wie zuverlässig unsere Mitgliedschaft war, beweist die Tatsache, daß die Staatspolizei von diesen Zusammenkünften niemals Kenntnis erhielt.

Die Beitragssammlung erfolgte durch Photographien und besonders signierte Ansichtskarten. Bei dieser Gelegenheit passierte die erste Panne.

Der Genosse Wolgast wurde plötzlich verhaftet und im Anschluß daran auch ich. Bei den Vernehmungen zeigte sich, sowohl bei Wolgast als auch bei mir, daß die Staatspolizei im Besitz eines Protokolles war, aus dem hervorging, daß der Vertrieb dieser Karten der Fortführung der Partei diente. Uns beiden wurde von einem Beamten mehrfach der Name des früheren Genossen Boge genannt, der für die Anzeige verantwortlich sei. Der Genosse Wolgast erhielt eine Anklage und eine geringfügige Freiheitsstrafe. Er hatte es in seiner geschickten Weise verstanden, den Vertrieb der Karten als eine eigensüchtige Handlung hinzustellen, bei der er den Versuch unternahm, sich auf unlautere Art und Weise in den Besitz von Geld zu setzen und auf diese Weise die Tatsache der Beitragssammlung zu verschleiern. Seine Verurteilung erfolgte wegen Verstoßes gegen ein Gesetz, das unerlaubte Sammlungen verbietet und aus den zwanziger Jahren stammte. Auch ich wurde dann nach kurzer Zeit, weil der Zusammenhang zwischen mir und Wolgast nicht zu beweisen war, aus der Haft entlassen. Es paßte sich sehr gut, daß Wolgast und ich während unserer Haft beim Spaziergang auf dem Hof hin und wieder Gelegenheit hatten, einige Worte zu wechseln, die es uns ermöglichten, unsere Aussagen aufeinander abzustimmen.

Von diesem Augenblick an setzte eine intensive illegale Arbeit der Eilbeker Genossen ein. Da von seiten der Parteileitung keinerlei Anzeichen vorlagen, die für eine Wiederaufnahme der politischen Arbeit sprachen, ergab es sich, daß sich nach und nach einzelne Distrikte mit den Eilbekern in Verbindung setzten, um eine Abstimmung über die zu leistende Arbeit herbeizuführen.

Wir waren in Eilbek in der glücklichen Lage, einen Vervielfältigungsapparat zu besitzen, der nunmehr bis zum Heißwerden benutzt wurde. Zunächst wurde ein Mitteilungsblatt für alle als zuverlässig angesehenen Mitglieder der früheren Partei herausgebracht. Zu diesem Zweck beschafften wir uns deutsch- und fremdsprachige ausländische Zeitungen. Der Inhalt unserer Blätter bestand aus Auszügen und uns wichtig erscheinenden Mitteilungen aus diesen Zeitungen. Da sich aber in unseren Reihen kein publizistisch bewanderter Genosse befand, mußten wir diese Arbeit recht und schlecht machen. Mehrfache Versuche bei früheren Genossen, die führend politisch und journalistisch beim »Hamburger Echo« tätig gewesen waren, uns Beiträge für unsere Zeitung zu liefern, schlugen fehl, so daß die Kritik an unserer Zeitung »es sei nicht viel mit ihr los« sicherlich ihre Berechtigung hatte. Es war für uns allerdings eine Entschuldigung, daß wir, nachdem wir von Jugend an im Geiste des Widerstandes gegen die Gegner der Demokratie erzogen waren und noch bis in die letzten Tage hinein von dem unbeugsamen Willen unserer Partei gesprochen hatten, nunmehr völlig auf eigene Füße gestellt waren. Wenn die Kritik an dem Inhalt unserer Zeitung deshalb als berechtigt angesehen werden mußte, so dürfte doch der Milderungsgrund, daß uns kein qualifizierter Mitarbeiter zur Verfügung stand, nicht außer Betracht gelassen werden. Diese von uns als »rote Blätter« bezeichnete Zeitung erschien wöchentlich einmal und wurde in einer erheblichen Auflage, sehr oft überstieg sie die Zahl 5000, hergestellt. Sie ging in die verschiedensten Distrikte und wurde darüber hinaus nach Bremen, Hannover und Hildesheim versandt. Einzelne Aktionen möchte ich am Schluß dieses Berichtes kurz schildern.

Ohne daß darüber ein Beschluß gefaßt worden war, zeigte sich im Laufe der Zeit, daß die Konzentration der Arbeit, insbesondere die Herstellung illegalen Materials, fast ausschließlich in Eilbek lag. Wir waren im Spätsommer des Jahres 1933 so weit, daß sämtliche Distrikte Hamburgs wieder erfaßt waren und sich eine Leitung für diese Organisation bildete. Sie bestand damals aus den Genossen: Dr. Dietrich, Paul Künder, Helmut Weidt, Emil Auhagen, Willi Schmedemann (der im Sommer 1933 emigrieren mußte) und mir. Allwöchentlich wurden die geplanten Aktionen bei der Genossin Inga Dengler besprochen. Die Entwicklung unserer Arbeit führte dazu, daß nach einiger Zeit unser Material nicht nur in Hamburg, sondern, weil es auch in andere Gegenden gelangt war, von dort angefordert wurde. So waren es insbesondere Bremen, Hannover und Hildesheim, die uns laufend beliefert wurden.

Leider spielte bei der Herstellung des Materials die Geldfrage eine erhebliche Rolle und bedeutete für uns den größten Gefahrenherd, da wir durch 10-Pfennig-Beiträge unsere Druckschriften finanzieren mußten. Hätten uns damals erheblichere Geldmittel zur Verfügung gestanden, wären mindestens 200 Sozialdemokraten vor einer Bestrafung bewahrt geblieben, da ihre Anklage nur auf Beitragszahlung lautete und sie deshalb verurteilt wurden. Es sind in damaligen Prozessen Genossen wegen einmaliger Zahlung von 20 Pfennig vom Oberlandesgericht zu Freiheitsstrafen verurteilt worden. Trotzdem war es bewundernswert, daß bei der großen Ausdehnung der Organisation ein direkter Verrat niemals erfolgte (Böge gehörte nicht zur illegalen Organisation, sondern hatte sich seine Kenntnisse von unserer Arbeit aufgrund seiner früheren Mitgliedschaft erschlichen).

Nach den Besprechungen bei der Genossin Inga Dengler wurden die dort gefaßten Beschlüsse an die Distrikte weitergeleitet. In Eilbek war es der Genosse Krüger (im Zuchthaus gestorben), in dessen Wohnung die Zusammenkünfte der leitenden Mitglieder Eilbeks stattfanden.

Von Krüger übrigens ein Erlebnis. Er war verhaftet worden, und zunächst hatte man von den Zusammenkünften in seiner Wohnung keine Kenntnis. Auf mehrfache Aufforderung hin, alles zu sagen, hatte er immer wieder erklärt, mehr wisse er nicht. Als dann im Laufe der verschiedenen Vernehmungen, die bei ihm stattgefundenen Zusammenkünfte zur Sprache kamen und man ihm dann vorhielt, daß er davon doch längst etwas hätte sagen müssen, erwiderte er treuherzig auf Plattdeutsch: »Dorno hebbt ji mi jo nich fragt.«

Eines unserer schwierigsten Probleme war immer die Herstellung der Schriften. Dies geschah meistens nachts. Der Apparat stand auf Wolldecken, da er sonst zu viel Geräusch machte, und dann wurde die ganze Nacht durchgearbeitet. Dabei war es unumgänglich notwendig, den Apparat nach jedemaliger Benutzung an einen anderen Ort zu schaffen. So wanderte er von Wohnung zu Wohnung und von Schreberlaube zu Schreberlaube, eine Arbeit,

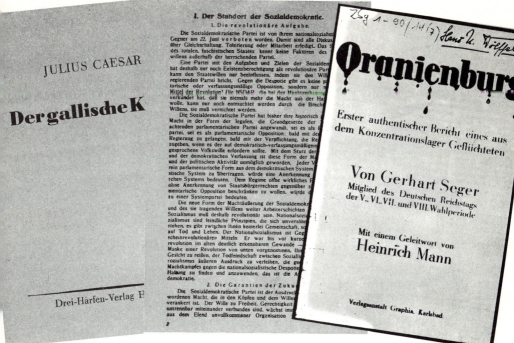

die nicht ungefährlich war, wenn man bedenkt, daß keinem Außenstehenden zu trauen war. — Ein besonderes Kapitel war auch das Fortschaffen der hergestellten Druckschriften. Hierbei sind es insbesondere einige Genossinnen, die hervorragende Arbeit leisteten und für alle Zeiten unter Beweis gestellt haben, daß sie in ihrem Widerstandsgeist den Männern nicht nachstehen wollten. In Waschkörben, auf denen zur Tarnung einige Wäschestücke lagen, wurden die Zeitungen teilweise mit der Bahn in die Stadtteile transportiert.

Inzwischen hatten wir auch die Verbindung nach Kopenhagen aufgenommen. Wenn wir auch keine finanzielle Unterstützung von dort erreichen konnten — manchmal mußten wir tatsächlich das Fahrgeld für den Kurier selbst bezahlen — so gelang es uns doch, über Kopenhagen und von dort aus auch über die Tschechoslowakei Material nach Hamburg zu schaffen. Getarnte Broschüren mit einem harmlosen Titel und in kleinstem Druck hergestellte Zeitungen gelangten auf die abenteuerlichste Art nach Hamburg. Faltbootfahrer brachten aus der Tschechoslowakei das Material zu uns. Genossen aus Flensburg, ich denke insbesondere an den später auch verurteilten Genossen Jensen, waren unsere treuesten Grenzgänger. Wir hatten einen parteigenössischen Fahrer in Flensburg, der laufend die Grenze passieren durfte. Nicht einmal ist den Häschern an der Grenze die Idee gekommen, daß er in seinen Reserverreifen, die an seinem Wagen befestigt waren, keinen Schlauch, sondern wohlverpackte Zeitungen hatte, die er uns brachte. Auf diese Art erhielten wir auch die Seeger-Broschüre, die als erste in der Welt Aufsehen erregte, weil sie einen Bericht des Genossen Seeger über seine Erlebnisse im Konzentrationslager Oranienburg brachte. Diese Broschüre, die nach meiner Erinnerung mindestens 120 Druckseiten hatte, wurde von uns vollinhaltlich mit unserer Rotationsmaschine nachgedruckt. Sie kursierte unter den Mitgliedern und war uns eine erhebliche Einnahmenquelle, da jeder die Verpflichtung übernahm, die Broschüre zu bezahlen und sie trotzdem dem Nächsten weiterzugeben, der wiederum seinen Beitrag dafür abführen mußte. Auf diese Art gelang es uns immer wieder, unsere finanziellen Verhältnisse in Ordnung zu halten, denn es kam ja hinzu, daß im Laufe der Zeit eine Reihe von Genossen emigrieren mußten. Auch diese Kosten wurden fast in allen Fällen von der illegalen Organisation übernommen. Ein gut funktionierender Apparat in Flensburg sorgte dafür, daß die Genossen an sicherer Stelle über die Grenze gebracht wurden.

Bis zu meiner Verhaftung im November 1934 stand die illegale Organisation in ununterbrochener Stärke da. Die Zahl der erfaßten Menschen nahm trotz hin und wieder vorgenommener Verhaftungen nicht ab, sondern noch zu. Wenn ich hier einmal eine Gruppe von Menschen nennen darf, so waren es die jungen Reichsbannerkameraden der Sportriegen 10, 17 und 11, die sich für die Arbeit zur Verfügung stellten. Die Sportriege 10 hatte bei ihrer Auflösung rund 120 Mitglieder, von denen, soweit ich mich erinnere, im Höchstfalle 10 ausgeschieden sind; alle anderen standen restlos in der aktiven Arbeit. Diese Sportriege hat auch die größte Zahl der Verhafteten zu verzeichnen und steht an der Spitze mit den Jahren an Freiheitsstrafen, die über eine geschlossene Gruppe verhängt worden sind.

Nach meiner Verhaftung setzten die für diese Fälle instruierten Genossen die Arbeit fort, aber nicht nur das, sondern, wie ich es sogar aus meiner Haft heraus feststellen konnte, die Arbeit wurde in verstärktem Maße durchgeführt. Es war eine Verabredung getroffen worden, um eventuelle verhaftete führende Genossen zu entlasten und sie von der Belastung, verantwortlich für die illegale Arbeit zu sein, frei zu machen, daß dann in verstärktem Maße schriftliches Material herauszugeben sei. Während meiner Vernehmungen habe ich mehrfach feststellen können, daß diese Abmachung tatsächlich eingehalten wurde, da die Beamten der Staatspolizei mir versicherten, sie hätten geglaubt, daß ich für das herausgebrachte Material verantwortlich sei, daß aber die Schriften nach wie vor erschienen. Bis zum Jahre 1935 wurde die illegale Arbeit von immer neu in die Bresche springenden Genossen aufrechterhalten, bis sie dann, wie ich im Zuchthaus erfuhr, langsam unmöglich gemacht wurde.

Zum Abschluß möchte ich noch einige durchgeführte Aktionen schildern.

1. Wir hatten aus Kopenhagen zehntausende gummierter Klebezettel mit Parolen und Sprüchen erhalten. Eine unserer wichtigsten Forderungen war immer, daß durchzuführende Aktionen an einem bestimmten Zeitpunkt starten mußten, d.h. für einen bestimmten Tag und eine Zeit, die nicht überschritten werden dürfte, festzusetzen waren. Nach Ablauf dieser Frist, die meistens 1 Stunde betrug, war jeder Genosse verpflichtet, das noch verbleibende Material zu vernichten. Auch für die folgende Aktion ist festzustellen, daß bei dieser politischen Arbeit niemals eine Panne passierte. Es war erstaunenswert, am nächsten Tage festzustellen, wie überall in Hamburg die kleinen Zettel klebten.

2. Eine Gruppe junger Eilbeker Genossen hatte sich im Jahre 1933 vorgenommen, den allzu begeisterten Anhängern der Nazis, die ihre riesigen Fahnen aus den Fenstern hängten, einen Streich zu spielen. Sie hatten sich Fahrradsatteltaschen mit einer Blecheinlage gebaut, in die sie Benzin füllten. Abends spät fuhren sie dann mit drei Mann los, füllten eine Spritze aus der Tasche mit Benzin und zündeten die so besprengten Fahnen alsdann an. Man mag heute sagen, es handelte sich um einen Dummenjungenstreich, für diese Genossen war es jedenfalls mehr, nämlich der Ausdruck ihres unauslöschlichen Hasses gegen die so zahlreich vertretenen »Märzgefallenen« und gegen das Naziregime überhaupt.

3. Wir hatten einen Apparat aufgezogen, der die Aufgabe hatte, verdächtige Erscheinungen in der Bewegung zu beobachten. So war eines Tages ein Mann aus Holland erschienen, der sich mit einer Reihe führender Hamburger Genossen in Verbindung setzte und bei uns erhebliches Mißtrauen erregte (Zu seiner Rechtfertigung sei gesagt, wir wissen heute, daß er kein Verräter war, aber er möge die von uns angewandte Vorsicht begreifen). Es bestand berechtigter Verdacht, insbesondere, da wir auch aus der Emigration Warnungen erhielten, daß es sich um einen Nazispitzel handele. Wir haben ihm dann eines Tages Material zugeteilt mit der Mahnung, es so aufzubewahren, daß es nicht bei ihm gefunden wurde. Dann erhielten drei Genossen aus der Überwachungsorganisation den Auftrag, noch an demselben Abend bei ihm eine Haussuchung vorzunehmen. Es handelte sich um drei Genossen, die schon bei ihrem bloßen Erscheinen ihrer Größe wegen Schrecken einflößten. Sie waren ordnungsgemäß mit Polizeischildern ausgerüstet und bereit — darüber mag man heute lächeln — wenn es sich um einen Spitzel handeln sollte und sie ihn als solchen überführen sollten, die letzten Konsequenzen aus seinem Verhalten zu ziehen. Auch für diesen Zweck waren sie ausgerüstet. Trotz schärfster Durchsuchung der Wohnung wurde aber kein belastendes Material gegen ihn gefunden. Was mir Beruhigung einflößte, war, daß er am nächsten Tage bei mir erschien, um mir mitzuteilen, daß bei ihm eine Haussuchung stattgefunden hatte. Ich mußte

schmunzeln, als er mir über das entschiedene und fachmännische Auftreten der »Gestapobeamten« berichtete.

4. Eine besondere Schwierigkeit war selbstverständlich die sichere Verwahrung des Adressenmaterials aus Hamburg und anderen Städten. Es zeigte sich auch die Notwendigkeit, daß man derartiges Material manchmal bei sich tragen mußte. Zu diesem Zweck baute mir mein Schwager, ein Fachmann auf diesem Gebiet, einen Füllfederhalter, der hohl war. Sämtliche Adressen wurden, auf sehr dünnem Papier geschrieben, in diesem Füllhalter verwahrt.

Ich erwähnte diese Begebenheit nur deshalb, weil es ein herrliches Gefühl für mich war, als bei meiner Verhaftung, bei der mir sofort sämtliche Sachen abgenommen wurden, auch dieser Füller mit »sichergestellt« wurde. Bei meiner Einlieferung ins Konzentrationslager wurde dann ein Effektenverzeichnis angelegt, und da der Gestapobeamte keinen Federhalter bei sich hatte, schrieb er mit jenem Füllfederhalter, den er allerdings in Tinte tauchen mußte.

5. Die jetzt folgende Aktion erwähne ich deshalb besonders, weil sie auch in der heutigen Zeit ein erhebliches politisches Gewicht hat. Wenn heute alle verantwortlichen Nazihäuptlinge und auch sonstige Hamburger Würdenträger behaupten, von den Zuständen im Konzentrationslager Fuhlsbüttel nichts gewußt zu haben, so sind wir mit einer ganzen Reihe Hamburger Sozialdemokraten in der Lage, diese Behauptungen zu widerlegen.

Nach meiner zweiten Entlassung aus dem Konzentrationslager Fuhlsbüttel habe ich mich sofort hingesetzt und aus frischer Erinnerung heraus einen Bericht geschrieben über Dinge, die ich dort erlebte. Ich habe Mißhandlungen unter Namensangabe der Täter und der genauen Daten gebracht; ich habe meine Kenntnis über den Tod eines parteigenössischen Redakteurs (dessen Namen mir im Augenblick entfallen ist; ich glaube, er war aus Braunschweig) niedergelegt. Jedenfalls handelte es sich um einen eingehenden Bericht über einen

Zeitraum von etwa vier Wochen, mit dem jeder Staatsanwalt und überhaupt jeder anständige Mensch etwas hätte anfangen können, wenn er es nur wollte. Entscheidend ist aber noch folgendes:

Dieser Bericht wurde in sehr großer Auflage durch uns hergestellt, obgleich unsere Genossen teilweise warnten, weil sie glaubten, man könnte allzu leicht den Schreiber ermitteln. Mit Hilfe des Adreßbuches und telefonischer Erkundigungen haben wir alsdann sämtlichen Hamburger Staatsanwälten und Richtern, Senatoren, Pastoren, dem Gauleiter und uns sonst wichtig erscheinenden Persönlichkeiten einen derartigen Bericht zugestellt. Außerdem hatten wir sämtliche Hamburger Polizeiwachen mit einem Exemplar bedacht. Dabei war als Anordnung herausgegeben, weil wir wollten, daß diese Exemplare auch wirklich zugestellt wurden, daß nur im äußersten Notfall die Post benutzt werden sollte. Auch diese Aktion war für eine nur kurze Zeitspanne an einem Abend festgesetzt, und es passierte auch hierbei keine Panne. Die eingehenden Berichte nach der Aktion gaben allerdings oft Anlaß zur Heiterkeit.

Sämtlichen Polizeiwachen war das Schreiben in einem Umschlag durch einen Genossen überreicht worden mit der trockenen Bemerkung, er solle das abgeben. Ebenfalls sind die Berichte bei den von mir bezeichneten Persönlichkeiten in fast allen Fällen an den Haustüren abgegeben worden. »Ich habe es nicht gewußt« ist deshalb eine unwahre Entschuldigung; es könnte höchstens heißen: »Ich habe es nicht glauben können.«

6. Von welchem Opfergeist unsere Genossen erfüllt waren, sieht man an zwei Beispielen, die ich vielfach vermehren könnte.

Bremen mußte Zeitungen haben. Die Genossen Trummer und Marczinski übernahmen den Auftrag und fuhren eines Tages mit ihrem Fahrrad nach Bremen. Es galt das Fahrgeld zu sparen.

Der Genosse Berthold Wiele, einer unserer eigenwilligsten, aber treuesten und opferbereitesten Männer, hatte den Auftrag, nach Flensburg zu fahren und die »Sozialistische Aktion« zu holen. (Was ich hier schildere, erlebten wir öfter mit ihm.) Er legte sich an die Ausfallstraße nach Flensburg in den Chausseegraben und wartete auf einen Lastzug, den er um Mitnahme bat. Genau so verfuhr er auf der Rückreise. Unvergeßlich bleibt sein schmunzelndes Gesicht, wenn er seine wertvolle Ladung auspackte und das ihm übergebene Fahrgeld daneben legte.

Sicherlich gibt es noch eine ganze Reihe von Erlebnissen, die wert sind, geschildert zu werden. Ich bin überzeugt, daß mancher Genosse, der es verdient hätte, genannt zu werden, hier nicht genannt werden konnte. Man möge mir das verzeihen. Diese Begebenheiten liegen immerhin 15 Jahre zurück, und eine Überbeanspruchung der Arbeitskraft heute dient auch nicht dazu, sich in aller Ruhe einmal hinsetzen zu können, um mit anderen aktiven Genossen aus der illegalen Zeit Erlebnisse in Erinnerung zu rufen. Es scheint mir aber doch notwendig zu sein im Interesse des Geistes unserer Organisation und als immerwährende Mahnung für die neu und jung zu uns stoßenden Menschen, ihnen zu zeigen, welcher Geist in den damaligen Menschen gesteckt hat. Und als letztes mögen diejenigen, die von hoher Warte auf uns herabsehen und auch damals gesehen haben, berücksichtigen, daß wir alle zusammen nach den damaligen Begriffen kleine, unscheinbare Funktionäre waren, denen der weite politische Horizont fehlte, die auf sich selbst gestellt waren und das Beste für die sozialistische Idee herzugeben bereit waren, die, obgleich sie fast alle Familienväter waren, tagtäglich ihre Freiheit aufs Spiel setzten, wobei sich gezeigt hat, daß ihre Frauen und Angehörigen während der manchmal recht langen Zeit ihrer Inhaftierung zu ihnen standen.

Sicherlich hätte manches besser gemacht werden können, aber Leitmotiv all ihrer Handlungen waren die letzten Worte des Genossen Meitmann auf der Vertrauensmännerversammlung im Gewerkschaftshaus:

»Genossen, denkt immer daran, daß ihr Sozialisten seid, bleibt eurer Idee treu, auch wenn sie Opfer von euch verlangen sollte!«

Quelle: Forschungsstelle, Ordner 8332.

Quellen- und Literaturverzeichnis

1. Ungedruckte Quellen

a) Archiv der coop Hamburg:
Schnellhefter: Neugründung der »Produktion«, Nachlaß Ferdinand Vieth.
b) Staatsarchiv Hamburg:
Bürgerschaft I, B 1, Bd. 122.
NSDAP, B 201.
Polizeibehörde I, Nr. 496.
c) Forschungsstelle für die Geschichte des Nationalsozialismus in Hamburg:
Ordner 8332, 8333, 8338, Sammlung Albert Blankenfeld.
d) Interviews: Albert Blankenfeld, Herbert Dau, Otto Grot, Heinz Gärtner, Harry Imbeck, Emmi und Hellmut Kalbitzer, Fritz Kessler, Gesa und Karl Schneider.

2. Zeitungen, gedruckte Quellen und Literatur

Anpassung oder Widerstand? Aus den Akten des Parteivorstandes der deutschen Sozialdemokratie 1932/33, hrsg. und bearb. v. Hagen Schulze, Bonn-Bad Godesberg 1975.
Arbeiterwiderstand in Hamburg 19331945, Dokumentensammlung, hrsg. v. Kuratorium »Gedenkstätte Ernst Thälmann« e.V., Hamburg o.J.

Bär, Curt, Von Göttingen über Osleb nach Godesberg. Politische Erinnerungen eines Hamburger Pädagogen 1919-1945, Hamburg 1979.
Beier, Gerhard, Erinnerte Geschichte als erzählte Erfahrung. Treffen von Gewerkschaftsveteranen im Bildungszentrum der Gewerkschaft Nahrung-Genuß-Gaststätten in Oberjosbach vom 9. bis 11. Februar 1979, in: IWK 15. 1979, S. 263-272.
ders., Die illegale Reichsleitung der Gewerkschaften 1933-1945, Köln 1981.
Broszat, Martin, Resistenz und Widerstand. Eine Zwischenbilanz des Forschungsprojekts, in: ders. u.a. (Hg.), Bayern in der NS-Zeit. Herrschaft und Gesellschaft im Konflikt, Bd. IV, München 1981, S. 691-709.
ders., Der Staat Hitlers. Grundlegung und Entwicklung seiner inneren Verfassung, München 1981[9].
Brügmann, Klaus-Dieter u.a., die anderen. Widerstand und Verfolgung in Harburg und Wilhelmsburg. Zeugnisse und Berichte 1933-1945, Hamburg 1981[2].
Büttner, Ursula, Hamburg in der Staats- und Wirtschaftskrise 1928-1931, Hamburg 1982.
Büttner, Ursula/Hochmann, Werner, Hamburg auf dem Weg ins Dritte Reich. Entwicklungsjahre 1931-1933, Hamburg 1983.

Christier, Holger, Sozialdemokratie und Kommunismus. Die Politik der SPD und der KPD in Hamburg 1945-1949, Hamburg 1975.

Danner, Lothar, Ordnungspolizei Hamburg. Betrachtungen zu ihrer Geschichte 1918-1933, Hamburg 1958.
Deutschland-Berichte der Sozialdemokratischen Partei Deutschlands 17, 1934-1940, Frankfurt 1980[4].
von Dohnanyi, Klaus, Widerstand und Menschenrechte. Zehn Prinzipien für Bonns Politik, in: Die Zeit Nr. 31, 28.7.1978.
Dokumente zur Gleichschaltung des Landes Hamburg 1933. Hg. v. Henning Timpke, Frankfurt 1964.

Fraenkel, Ernst, Der Sinn illegaler Arbeit, in: ders., Reformismus und Pluralismus. Materialien zu einer ungeschriebenen politischen Autobiographie. Zusammengestellt und herausgegeben v. Falk Esche und Frank Grube, Hamburg 1973, S. 240-247.

Mit dem Gesicht nach Deutschland. Eine Dokumentation über die sozialdemokratische Emigration. Aus dem Nachlaß von Friedrich Stampfer ergänzt durch andere Überlieferungen, hg. v. Erich Matthias, bearb. v. Werner Link, Düsseldorf 1968.
Gespräch mit Martha Damkowski. Aufgezeichnet von Elke Kröplin, in: Der alltägliche Faschismus. Frauen im Dritten Reich, Berlin/Bonn 1981, S. 162-179.
Gespräch mit Irma Keilhack. Aufgezeichnet von Sonja Pape, in: Der alltägliche Faschismus ..., S. 80-89.
Die freie Gewerkschaft, Offizielles Mitteilungsblatt des ADGB. Ortsausschuß Groß-Hamburg, 1930-1933.
Das Gewissen steht auf. 64 Lebensbilder aus dem deutschen Widerstand 1933-1945, gesammelt von Annedore Leber, hg. in Zusammenarbeit mit Willy Brandt und Karl-Dietrich Bracher, Berlin/Frankfurt 1954.
Grebing, Helga, Flucht vor Hitler? Historiographische Forschungsergebnisse über die Aussichten des Widerstandes der Arbeiterbewegung gegen die nationalsozialistische Machtübernahme, in: Arbeiterbewegung und Geschichte. Festschrift für Shlomo Na'aman zum 70. Geburtstag, hg. v. Hans-Peter Harstick/Arno Herzig/Hans Pelger, Trier 1983, S. 113-135.
Günther, Dieter, Gewerkschafter im Exil. Die Landesgruppe deutscher Gewerkschafter in Schweden 1938-1945, Marburg 1982.

Hamburger Echo, 1932 u. 1933.
Hamburger Nachrichten 1933.
Hamburger Tageblatt 1932 u. 1933.
Hebel-Kunze, Bärbel, SPD und Faschismus. Zur politischen und organisatorischen Entwicklung der SPD 1932-1935, Frankfurt 1977.
Heer, Hannes, Burgfrieden oder Klassenkampf. Zur Politik der sozialdemokratischen Gewerkschaften 1930-1933, Berlin 1971.
Herzig, Arno/Langewiesche, Dieter/Sywottek, Arnold (Hg.), Arbeiter in Hamburg. Unterschichten, Arbeiter und Arbeiterbewegung seit dem ausgehenden 18. Jahrhundert, Hamburg 1983.
Hochmuth, Ursel/Meyer, Gertrud, Streiflichter aus dem Hamburger Widerstand 1933-1945. Berichte und Dokumente, Frankfurt 1980[2].
Hoegner, Wilhelm, Flucht vor Hitler. Erinnerungen an die Kapitulation der ersten deutschen Republik 1933, München 1977.

Jaspers, Karl, Die Schuldfrage. Für Völkermord gibt es keine Verjährung, München 1979.

Kershaw, Ian, Der Hitler-Mythos. Volksmeinung und Propadanga im Dritten Reich, Stuttgart 1980.
Klatt, Inge/Peters, Horst, Kiel 1933, Dokumentation zur Erinnerung an den 50 Jahrestag der Machtergreifung der Nationalsozialisten in Kiel, hg. v. d. Ferdinand-Toennies-Gesellschaft, Kiel 1983.
Krogmann, Carl-Vincent, Es ging um Deutschlands Zukunft 1932-1939. Erlebtes täglich diktiert von dem früheren Regierenden Bürgermeister von Hamburg, Leoni 1976.

Link, Werner, Die Geschichte des Internationalen Jugend-Bundes (IJB) und des Internationalen Sozialistischen Kampfbundes (ISK), Meisenheim am Glan 1964.
Löwenthal, Richard, Widerstand im totalen Staat, in: ders./Patrik von zur Mühlen (Hg.), Widerstand und Verweigerung in Deutschland 1933 bis 1945, Berlin/Bonn 1982, S. 11-24.

Mason, Timothy W., Sozialpolitik im Dritten Reich. Arbeiterklasse und Volksgemeinschaft, Opladen 1978[2].
Matthias, Erich, Die Sozialdemokratische Partei Deutschlands, in: ders./Rudolf Morsey (Hg.), Das Ende der Parteien 1933. Darstellungen und Dokumente, Nd. Königstein/Ts. 1979, S. 101-278.

Mommsen, Hans, Beamtentum im Dritten Reich. Mit ausgewählten Quellen zur nationalsozialistischen Beamtenpolitik, Stuttgart 1967.
Moraw, Frank, Die Parole der »Einheit« und die Sozialdemokratie. Zur parteiorganisatorischen und gesellschaftspolitischen Orientierung der SPD in der Periode der Illegalität und in der ersten Phase der Nachkriegszeit 1933-1948, Bonn-Bad Godesberg 1973.
von Münch, Ingo/Brodersen, Uwe (Hg.), Gesetze des NS Staates. Dokumente eines Unrechtssystems, Paderborn 1982².

Petzina, Dieter/Abelshauser, Werner/Faust, Anselm, Sozialgeschichtliches Arbeitsbuch III. Materialien zur Statistik des Deutschen Reiches 1914-1945, München 1978.
Peukert, Detlev, Die KPD im Widerstand. Verfolgung und Untergrundarbeit an Rhein und Ruhr 1933 bis 1945, Wuppertal 1980.
Peukert, Detlev, Volksgenossen und Gemeinschaftsfremde. Anpassung, Ausmerze und Aufbegehren unter dem Nationalsozialismus, Köln 1982.
Plum, Günter, Die Arbeiterbewegung während der nationalsozialistischen Herrschaft, in: Jürgen Reulecke (Hg.), Arbeiterbewegung an Rhein und Ruhr. Beiträge zur Geschichte der Arbeiterbewegung in Rheinland-Westfalen, Wuppertal 1974, S. 355-383.

Reichhardt, Hans J., Möglichkeiten und Grenzen des Widerstandes der Arbeiterbewegung, in: Der deutsche Widerstand gegen Hitler. Vier historisch-kritische Studien von Hermann Graml, Hans Mommsen, Hans Joachim Reichhardt u. Hans Buchheim, Köln/Berlin 1966, S. 169-214.
Rohe, Karl, Das Reichsbanner Schwarz Rot Gold. Ein Beitrag zur Geschichte und Struktur der politischen Kampfverbände der Weimarer Republik, Düsseldorf 1966.

Saggau, Wolfgang, Faschismustheorien und antifaschistische Strategien in der SPD. Theoretische Einschätzungen des deutschen Faschismus und Wierstandskonzeptionen in der Endphase der Weimarer Republik und in der Emigration, Köln 1981.
Schramm, Christa, Entmachtung und Verbot der SPD in Hamburg im Jahre 1933, Hausarbeit Hamburg 1960.
Schumann, Hans-Gerd, Nationalsozialismus und Gewerkschaftsbewegung. Die Vernichtung der deutschen Gewerkschaften und der Aufbau der »Deutschen Arbeitsfront«, Hannover, Frankfurt 1958.
Spliedt, Franz, Die Gewerkschaften. Entwicklung und Erfolge. Ihr Wiederaufbau nach 1945, Hamburg o.J.
Staudinger, Hans, Wirtschaftspolitik im Weimarer Staat. Lebenserinnerungen eines politischen Beamten im Reich und in Preußen 1884-1934, eingel. u. hg. v. Hagen Schulze, Bonn-Bad Goesberg 1982.

Vogt, Hannah, Georg Diederichs, Hannover 1978.
Voß, Angelika/Büttner, Ursula/Weber, Hermann, Vom Hamburger Aufstand zur politischen Isolierung. Kommunistische Politik 1923-1933 in Hamburg und im Deutschen Reich, Hamburg 1983.

Warnke, Helmuth, Der verratene Traum. Langenhorn. Das kurze Leben einer Hamburger Arbeitersiedlung, Hamburg 1983.
Weissbecker, Manfred, Gegen Faschismus und Kriegsgefahr. Ein Beitrag zur Geschichte der KPD in Thüringen 1933-35, Erfurt 1967.
Widerstandsrecht. Hg. v. Arthur Kaufmann in Verbindung mit Leonhard E. Backmann, Darmstadt 1972.
Witt, Friedrich-Wilhelm, Die Hamburger Sozialdemokratie in der Weimarer Republik. Unter besonderer Berücksichtigung der Jahre 1929/30-1933, Hannover 1971.

Zipfel, Friedrich, Die Bedeutung der Widerstandsforschung für die allgemeine zeitgeschichtliche Foschung, in: Forschungsinstitut der Friedrich-Ebert-Stiftung (Hg.), Stand und Problematik der Erforschung des Widerstandes gegen den Nationalsozialismus, Bad Godesberg 1965, S. 1-19.

Geschichte der Produktivkräfte

dargestellt mit Bildern und Texten als Synchronopse auf fünf Faltplakaten, Vierfarbdruck, in einer Mappe; DM 19,80

Von der Urgesellschaft bis zur Gegenwart werden die Entwicklungen von Werkzeugen und Techniken, aber auch die der menschlichen Fertigkeiten aufgezeigt. Der gestalterische Aufbau besteht aus Illustrationen, Darstellungen, Fotos, Karten und Texten, die ein integriertes Ganzes ergeben.

Arno Klönne / Hartmut Reese

Die deutsche Gewerkschaftsbewegung

Vom Frühkapitalismus zur Gegenwart

VSA

A. Klönne/H. Reese
Die deutsche Gewerkschaftsbewegung
Vom Frühkapitalismus zur Gegenwart
180 Seiten; DM 17,80

In einer Geschichte der Gewerkschaftsbewegung in Deutschland dürfen nicht nur Organisation und Programmatik vorkommen, sondern die gesellschaftspolitische "Lage" der Arbeiterschaft und die Entwicklung ihrer Interessenvertretung müssen im Mittelpunkt stehen. Und eine Geschichte der Arbeiterbewegung, die in einer Zeit des Kampfes für Arbeitszeitverkürzung geschrieben wird, darf Gewerkschaftsgeschichte nicht schreiben, als hätte sie sich immer auf ein Ziel hin bewegt. Die Lektüre soll zum Engagement anregen und nicht bestätigen, alles bereits gewußt zu haben.

Die Arbeit von Klönne/Reese ist eine kritische Gewerkschaftsgeschichte. Sie enthält neben der knappen Information über die wirtschaftlichen und politischen Rahmendaten die Darstellung der Lage der Arbeiterschaft und ihre besondere Situation gegenüber Unternehmerschaft/Staat und im Betrieb/Arbeitsplatz, die organisierten Handlungen sowie deren Folgen für den jeweiligen Zeitabschnitt, mit besonderem Gewicht auf die Zeit in der Weimarer Republik und in der "Neuordnung" und dem "Wirtschaftswunder" nach dem Krieg.

Spaltung der Arbeiterbewegung und Faschismus

Sozialgeschichte der Weimarer Republik

VSA

Spaltung der Arbeiterbewegung und Faschismus

Sozialgeschichte der Weimarer Republik
240 Seiten; DM 16,--

In der Faschismusdiskussion wird die Tatsache, daß der Faschismus eine Massenbewegung mit tieferen sozialen Grundlagen ist, gegenüber der Funktion des Herrschaftswechsels für Kapitalinteressen vernachlässigt. Die Forderung und Stimmungen breiter Massen, die unterliegenden Bedürfnisse und die Entwicklung der Bewußtseinsformen dieser Bevölkerungsgruppierungen, all dies erscheint als unbedeutendes Vermittlungsglied eines objektiv bedingten Funktionswandels der Bourgeoisieherrschaft. Hier wird eine differenziertere Analyse versucht.

- Das Ghetto der Arbeiterbewegung
- Die Massenbasis des Faschismus
- Wirtschafts-, Sozialpolitik und die politische Entwicklung in der Weimarer Republik
- Thesen zur Faschismusdiskussion